图书在版编目（CIP）数据

南方丝绸之路史 / 段渝, 邹一清著. -- 成都 : 巴蜀书社, 2025.6
ISBN 978-7-5531-2105-5

Ⅰ.①南… Ⅱ.①段…②邹… Ⅲ.①丝绸之路—研究 Ⅳ.①K928.6

中国国家版本馆CIP数据核字（2023）第219373号

NFANG SICHOUZHILU SHI

南方丝绸之路史

段渝 邹一清 著

出品人	王祝英
策　划	周　颖　吴焕姣
责任编辑	徐雨田　王　莹　杨梦潇
责任印制	田东洋　谷雨婷
封面设计	周伟伟
图文设计	四川胜翔数码印务设计有限公司
出　版	巴蜀书社
	四川省成都市锦江区三色路238号新华之星A座36楼
	邮编：610023　总编室电话：（028）86361843
网　址	www.bsbook.com
发　行	巴蜀书社
	发行科电话：（028）86361852
经　销	新华书店
印　刷	成都东江印务有限公司
版　次	2025年6月第1版
印　次	2025年6月第1次印刷
成品尺寸	170mm×240mm
印　张	22.5
字　数	300千
书　号	ISBN 978-7-5531-2105-5
定　价	98.00元

本书若出现印装质量问题，请与工厂联系调换

History of the Southern Silk Road

巴蜀書社

◎ 前言

就欧亚古代文明的视域而言，位于东亚大陆的中国与东南亚、南亚、中亚和近东地区的文化及贸易联系与交流，至少在公元前第2个千纪就已初步开启。而承载中外文明联系、交流和互鉴的通道，就是被德国地理学家李希霍芬（F.von Richthofen）于1877年命名而为各界所认同，并且在国际上一直处于所谓"显学"地位的"丝绸之路"。时至今日，考古学新发现的推动，以及国际间学术交流的加强，打开了学术界的新视野，于是对于丝绸之路的内涵和外延的认识得以大大扩展，不再局限于从河西走廊至中亚达叙利亚的地理空间范围，也不再局限于中国西北的沙漠绿洲丝绸之路。

当前学术界对丝绸之路所取得的共识是，古代中国在与外部世界的交通和交流中，有东西南北方向四条大的交通干线：西北方向为著名的沙漠绿洲丝绸之路（习称"北方丝绸之路"），北方为长城以北的草原丝绸之路，西南方向为南方丝绸之路，东部和东南沿海方向为海上丝绸之路。其中前三条丝路的开通均可追溯到先秦时期，后一条则自汉代始通。古代中国与外部世界的交通和交流主要就是依赖于东西南北方向四条大的交通干线及其各条支线。"丝绸之路"是一个整体概念，东西南北各条丝绸之路共同构成古代东西方交通和文

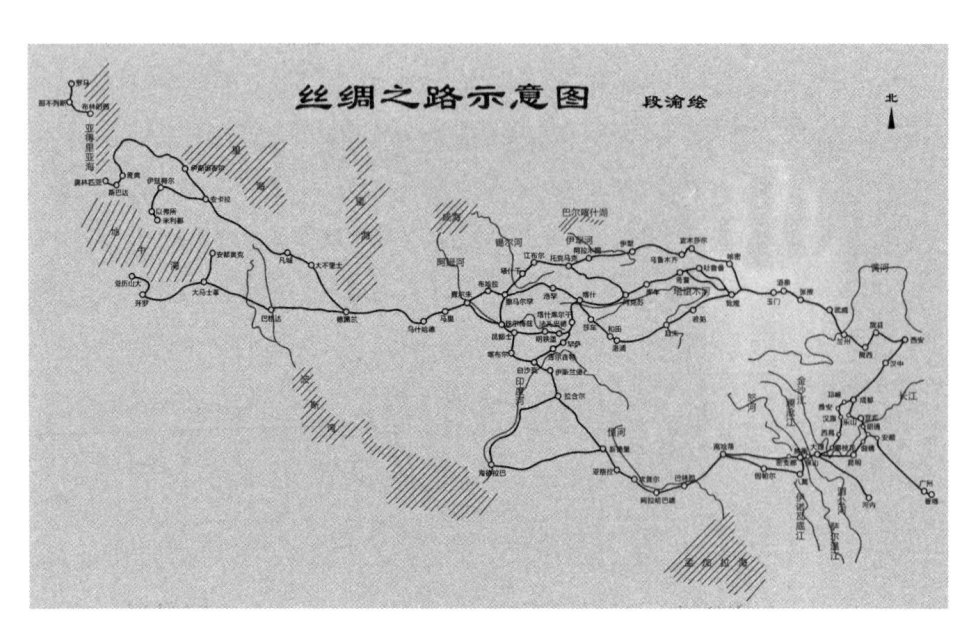

丝绸之路示意图

明交流的总体系。

丝绸之路起于先秦，发展于两汉，在魏晋南北朝及以后的历史时期发生了若干变化。南方丝绸之路在从先秦到清代的整个古代史上都一直存在着盛衰兴替的发展变化，北方丝绸之路在唐代以后变化较大，海上丝绸之路在魏晋南北朝以后得到较大发展，草原丝绸之路则在汉晋以后随北方草原民族势力的消长而时有盛衰。

南方丝绸之路与北方丝绸之路、海上丝绸之路的线路是相通的。南方丝绸之路的起点成都，向北可通过蜀道（陈仓道、褒斜道、金牛道等道路的总称），经今四川德阳、绵阳、广元，至陕西汉中。蜀道自先秦时期便已开通，是成都平原通往中原的交通线，并且将南方丝绸之路与北方丝绸之路相连接。从北方丝绸之路输出的中国商品，如丝绸、茶叶等，主要产自四川。

南方丝绸之路国内段东线即可通往广西、广东，进而出南海，与海上丝绸之路相连接。中国西南地区的丝绸、瓷器、茶叶等商品，也大量经由海上丝绸之路输往东南亚及西方。

在不同的历史时期，不同的政治、军事、经济形势背景下，各条丝绸之路有着不同的重要性和地位。秦汉王朝之前，南方丝绸之路是中国西南地区对外交通的唯一官道。汉武帝凿空西域之后，北方丝绸之路勃兴，成为中国与西方交通最主要的官道。唐朝存在西南割据政权时期，尤其是在唐与吐蕃、南诏长期交战期间，南方丝绸之路的政治、军事地位大大提升。五代及以后，中国经济重心南移，海上丝绸之路得到空前大发展，北方丝绸之路因在境外受阻而衰落，南方丝绸之路则保持了官道的性质，主要是民间贸易以及南亚、东南亚国家使臣朝贡、觐见的道路，有时也承担着军事行动的重任。

20世纪80年代中期，西南地区四川、云南、贵州学术界在以往"蜀身毒道"研究的基础上，提出"南方丝绸之路"的概念并进行了初步研究。经过40年的探索，逐步明确了南方丝绸之路的主要内涵、线路走向、功能性质等。在概念方面，学术界达成共识，即将古代从四川经云南出域外，分别至东南亚、南亚、中亚、西亚及欧洲地中海地区的国际交通线，称为"南方丝绸之路"或"西南丝绸之路"，简称"南丝路"。

从世界文明史的大背景看，南方丝绸之路不仅仅是一条贸易通道，它实际上是古代中国同东南亚、南亚、西亚、北非以至欧洲等地各文明之间碰撞、交流、互动的重要纽带，是欧亚大陆相互影响、促进发展的文明载体之一。它对欧亚古代文明的发展和繁荣有着非常重要的历史作用，而古代中国与欧亚文明关系的发展又对南方丝绸之路的演变产生了重要影响。

自20世纪80年代以来，南方丝绸之路研究经历了三个发展阶段。首先是20世纪80年代中期，在改革开放大背景下，学术界提出"南方丝绸之路"的概念，并在20世纪90年代形成了研究热潮。第二个阶段是进入21世纪之际，在大力推进我国西南地区与南亚、东南亚经济文化交流与合作的形势下，学术界将这一阶段研究的突破口定位在南方丝绸之路促进国际文化交流的功能上。研究内容包括川、滇、黔三省之间经由南方丝绸之路的文化交流，西南地区与中原地区之间的文化交流，西南地区与南亚、西亚以及东南亚地区的文化交流。2013年9月和10月，国家主席习近平分别提出建设"新丝绸之路经济带"和"21世纪海上丝绸之路"的合作倡议。随着"一带一路"建设的不断推进，学术界以更大热情投入各条丝绸之路的研究，南方丝绸之路研究也在以往研究成果的基础上全面推进，掀起了第三次学术高潮。这一时期的学术研究重点是南方丝绸之路与欧亚古代文明的形成与发展，对中国西南地区以古蜀文化、古滇文化、古笮文化为代表的古代文明在整个欧亚古代文明形成与发展中的地位与作用进行系统研究。经过三次学术研究高潮的推进，南方丝绸之路研究取得了相当程度的进展，引起学术界和社会各界的普遍认同和关注。

在丝绸之路的总体研究体系里，南方丝绸之路研究是一个大有可为的新兴领域，需要我们去努力探索，更有相当多的问题还没有进入学者们的视野，需要我们去深入发掘、深入钻研，以期在中外文明交流互鉴的研究中作出应有的贡献。

目录

第一章
先秦时期的南方丝绸之路 / 001

第一节 南方丝绸之路的开通 / 002
一、中国西南的国际交通线 / 002
二、南方丝绸之路与中国丝绸西传 / 006

第二节 古蜀文明与南亚文明 / 009
一、锦绣之路 / 009
二、海贝之路 / 012
三、象牙之路 / 015
四、成都与"支那"（Cīna）名称西传 / 018
五、赛里斯（Seres）与成都 / 021

第三节 古蜀文明与西亚近东文明 / 026
一、三星堆金杖、青铜雕像的文化来源 / 026
二、三星堆黄金制品的文化来源 / 029

三、成都平原青铜短剑的文化来源 / 031

四、"瑟瑟"来路觅踪 / 032

五、偶像式构图与情节式构图艺术形式的来源 / 035

六、巴蜀文化中的"英雄擒兽"母题 / 037

七、三星堆文化的带翼兽 / 040

第四节　古蜀文明与东南亚文明 / 041

一、古蜀文明南传东南亚的原因 / 041

二、蜀王子安阳王的南迁 / 043

第五节　西南夷与南方丝绸之路 / 046

一、南方丝绸之路的必经之地 / 047

二、西南夷海贝的来源与蜀身毒道 / 049

三、古蜀丝绸在西南夷地区的传播 / 050

四、三星堆与西南夷青铜文化 / 052

第二章

秦汉时期的南方丝绸之路 / 055

第一节　秦汉王朝对巴蜀的改造和经营 / 056

一、秦王朝对巴蜀的改造 / 056

二、汉王朝对巴蜀的改造 / 059

三、秦汉王朝对巴蜀社会组织的改造 / 061

四、秦汉王朝对巴蜀的移民 / 062

　　五、秦汉王朝对巴蜀的文化变革和引导 / 067

　　六、成都：西南国际都会的形成 / 068

第二节　秦王朝对西南夷地区的经营 / 079

第三节　西汉王朝对南方丝绸之路的经营 / 081

　　一、打通西夷道、南夷道 / 082

　　二、汉武帝求通蜀身毒道 / 085

　　三、打通滇越道 / 089

第四节　永昌郡与中外交通 / 092

　　一、永昌郡的设置 / 092

　　二、南方丝绸之路西线全线打通 / 094

第五节　道路维修与管理 / 097

第六节　蜀商与南海道贸易 / 098

第三章

三国两晋南北朝时期的南方丝绸之路 / 105

　　第一节　丝绸之路重心的南移 / 105

　　第二节　诸葛亮南征与南方丝绸之路的拓展 / 109

　　　　一、诸葛亮南征 / 109

　　　　二、诸葛亮南征的影响 / 113

第三节　三国两晋南北朝时期的南方丝绸之路 / 115

一、道路的畅通 / 115

二、贸易的发展 / 117

三、南传佛教 / 119

四、道教传入印度 / 125

五、连通东南亚 / 131

第四章

隋唐时期的南方丝绸之路 / 137

第一节　隋唐时期南方丝绸之路区域的政治格局 / 138

一、南方丝绸之路的修复 / 138

二、隋朝对南方丝绸之路区域的治理 / 140

三、唐朝初期的南方丝绸之路 / 143

四、南诏国与唐朝的关系 / 147

第二节　锦绣都会的繁盛 / 150

一、蜀锦天下 / 150

二、商业都会的繁荣 / 153

第三节　国内外贸易的拓展 / 155

一、国内贸易 / 155

二、对外贸易 / 156

第四节　文化交流与民族迁徙 / 167

　　一、宗教人士往来 / 167

　　二、民族迁徙 / 170

第五节　中国文明对外传播及影响 / 171

　　一、南亚及以西地区 / 172

　　二、东南亚地区 / 186

第六节　唐代南方丝绸之路的交通路网 / 193

　　一、唐代南方丝绸之路道路里程及驿站 / 193

　　二、南诏时期的道路交通网络 / 198

第五章

五代两宋时期的南方丝绸之路 / 207

第一节　南方丝绸之路沿线的政治格局 / 207

　　一、四川地区 / 208

　　二、云南地区 / 209

　　三、贵州地区 / 211

　　四、广西地区 / 212

　　五、越南北部地区——大瞿越国 / 212

　　六、缅甸地区——蒲甘王朝 / 213

第二节　丝帛所产，号为天下繁侈 / 214

一、丝绸之都，衣被天下 / 214

　　二、富丽之都，号为天下繁侈 / 218

第三节　国内外贸易的进一步拓展 / 220

　　一、茶马贸易的兴起 / 220

　　二、对外贸易的发展 / 225

第四节　文化交流的拓展 / 230

　　一、以大理国为媒介 / 230

　　二、中国人入仕越南朝廷 / 232

　　三、民族迁徙 / 233

　　四、宗教人士往来 / 234

第五节　中国文明对外传播 / 235

　　一、南亚及以西地区 / 236

　　二、东南亚地区 / 239

第六节　五代两宋时期南方丝绸之路道路建设 / 244

　　一、影响交通体系变化的主要因素 / 244

　　二、五代两宋时期的南方丝绸之路 / 248

第六章

元明清时期的南方丝绸之路 / 253

第一节　元明清时期南方丝绸之路区域政治形势 / 253

一、统一及镇守西南边疆 / 254

　　二、土司制度的兴废及其对南方丝绸之路区域的影响 / 257

　　三、屯田制的推行及其重要作用 / 261

第二节　元明清时期南方丝绸之路道路建设 / 272

　　一、道路建设 / 273

　　二、驿站制度 / 277

　　三、南方丝绸之路主要交通线路 / 278

第三节　中国文明对外传播 / 291

　　一、对外文化传播的途径 / 292

　　二、中国文明对外传播及影响 / 305

主要参考文献 / 315

　　一、古典文献类 / 315

　　二、考古报告类 / 319

　　三、国内论著类 / 322

　　四、海外论著类 / 340

第一章

先秦时期的南方丝绸之路

"丝绸之路"这一名称，是德国地理学家李希霍芬于1877年提出来的，指以丝绸为主要贸易内容的东西方商路和交通路线。古代中国的丝绸之路有四条：南方丝绸之路、北方丝绸之路、草原丝绸之路和海上丝绸之路。由于丝绸在这些商道上流通的各类商品中最为珍贵，最为引人瞩目，所以这些交通路线都被冠以"丝绸之路"的美称，"丝绸之路"也因此成为从中国出发纵贯欧亚大陆的国际交通线的代名词。

先秦时期，从四川经云南西出中国至缅甸、印度的国际交通线已初步开通。以成都平原为中心，翻越横断山区、云贵高原的崇山峻岭，古代的商贾们将以丝绸为代表的众多商品输送到缅甸、印度，再继续西传至中亚、西亚。其实，商业活动只是人们在这条通道上的活动之一，古代四川、云南与南亚、中亚、西亚的文化交流和互动，都是经由这条道路进行的。由于这条古老的国际交通线位于中国的南方，所以被学术界称为"南方丝绸之路"。

第一节　南方丝绸之路的开通

距今4000多年前,在我们所居住的地球上,北纬15°至40°之间,以城市起源为主要标志的古代文明曙光,分别从西亚的美索不达米亚、北非的尼罗河、南亚的印度河、中国的黄河流域和长江流域跃然升起,普照着亚非大地。这些文明的诞生,使人类社会最终脱离了野蛮状态。由于城市对文明社会的形成具有特殊意义,英国著名考古学家柴尔德(V. G. Childe)把人类从史前进入文明的巨大社会变革称为"城市革命"。

就在这个伟大的时代,黄河流域、长江流域几乎同时掀起了"城市革命"的浪潮,在黄河中游和下游,在河套地区,在长江中游、下游和上游地区,都出现了以城墙、城壕围筑起的最早的"城池",标志着中国城市起源时代的来临。

在长江上游的崇山峻岭之中,镶嵌着一个绿宝石般的盆地——四川盆地。四川盆地被一系列边缘山地围绕,又有大江阻隔,使得其成为一个独立的地理单元。在这一地理单元内,地势由四周边缘山地向盆地中部逐渐下降,河流也呈现为不对称的向心结构。正是这种向心结构,加上盆地优越的自然条件,使得其容易吸引周围边缘山地经营高地农业的群体向低地发展定居,吸引各种古文化沿着下趋的河谷和山间谷地走向盆地中部的成都平原,从而为古文化的交融提供了自然基础,使成都平原孕育出发达的古蜀文明。同时,岷江、嘉陵江、沱江及它们所汇入的长江又呈放射状,将古蜀文明传播辐射到四面八方,其中从古蜀地区通往外域的中外国际交通线就是南方丝绸之路。

一、中国西南的国际交通线

古代从四川经云南、贵州和两广出外域的国际交通线,学术界称为"南方丝绸之路"。南方丝绸之路的起点为古蜀文明的中心——成都[①]，向南分为东、中、西三条线路：西线为从成都到印度的蜀身毒道，或称为川滇缅印道；中线为从成都到中南半岛的安南道；东线为成都到南海的夜郎道。

西线从成都出发南行，分为东、西两路。西路沿牦牛道南下，出四川双流、新津、邛崃，经名山、雅安、芦山、荥经、汉源、越西、西昌、会理、攀枝花和云南大姚、姚安、楚雄，西折至大理。东路从成都南行，经今四川彭山、乐山、犍为、峨眉山、宜宾，再沿五尺道经今云南大关、昭通、曲靖，西折经昆明、楚雄，进抵大理。两道在楚雄汇为一道，又继续西行，经云南保山、腾冲，抵达缅甸密支那，或从保山出瑞丽进抵缅甸八莫，向北进至印度东部阿萨姆和曼尼普尔[②]，再行至南亚、中亚、西亚以至地中海地区。这条国际交通线的线路最长，途经国家最多，可谓古代亚洲的交通大动脉[③]。

南方丝绸之路中线也分为东西两路。西路即步头道，是一条水陆相间的道路，从成都南行，经四川宜宾至云南昆明、晋宁，至通海利用红河下航越南。《蛮书》卷六："通海城南十四日程至步头，从步头航行沿江三十五日出南蛮。"通海之南步头所在，众说纷纭，但诸说都认为步头是出云南至越南的水路分程地点，以下即沿红河下航[④]。方国瑜先生在《南诏通安南道》中认为，步头道在红河之元江经河口以至河内一线，这条线路是沟通云南和中南半岛

[①] 一般认为，南方丝绸之路的起点是成都。不过，从三星堆出土文物分析，在商周时代尤其商代，南方丝绸之路国内段应是以成都平原古蜀都城为中心。

[②] ［法］伯希和：《交广印度两道考》，冯承钧译，中华书局，1955年；桑秀云：《蜀布邛竹传至大夏路径的蠡测》，《"中央研究院"历史语言研究所集刊》41本1分册，1969年；饶宗颐：《蜀布与Cīnapaṭṭa——论早期中、印、缅之交通》，《"中央研究院"历史语言研究所集刊》45本4分册，1974年。

[③] 段渝：《古代巴蜀与近东文明》，《历史月刊》1993年第2期；段渝：《古代巴蜀与南亚和近东的经济文化交流》，《社会科学研究》1993年第3期。

[④] 参阅〔唐〕樊绰：《蛮书校注》，向达校注，卷六，中华书局，1962年。

交通的最古老的一条水道①。东路即进桑道，严耕望先生在《汉晋时代滇越道》②中认为，进桑约在今越南河江境，此道行程，北由贲古县东南行，沿叶榆水（今盘龙江）而下，经西随县（约今云南文山壮族苗族自治州），达交趾郡（今越南河内地区）。据此，东路从蜀入滇，至昆明，经弥勒，渡南盘江，经文山，出云南东南隅，经河江、宣光，循盘龙江，直抵河内③。

南方丝绸之路东线从成都南下，在今四川泸州合江县沿赤水河南下，经贵州赤水、习水，跨娄山关，抵夜郎，沿红水河经广西、广东至南海。商周时期，三星堆文化的牙璋就已传播到广东和香港。两周之际，开明氏即经夜郎线路自鳖入蜀。先秦秦汉独产于蜀的枸酱，也经此路输于夜郎，再转输番禺（今广东广州）。

中国是丝绸的原产地，早在商周时期丝绸织造就已达到相当水平④，而四川是中国丝绸的原产地之一，丝织素称发达，到商周时期，蜀地的丝绸业已有相当发展⑤。春秋战国时代，蜀地的丝绸业已达到很高的水平，湖南长沙和湖北江陵出土的战国织锦和刺绣，即古代蜀国的产品⑥。不少学者认为，张骞在大夏看见的"蜀布"，其实就是蜀地生产的丝绸。扬雄《蜀都赋》说蜀地"黄润细布，一筒数金"⑦，意思是蜀地的丝绸以黄色的品质尤佳。印度考古学家乔希（M.C.Joshi）指出，古梵文文献中印度教大神都喜欢穿中国丝绸，湿

---

① 方国瑜：《中国西南历史地理考释》上册，中华书局，1987年，第521—530、566—586页。
② 严耕望：《汉晋时代滇越道》，《"中央研究院"历史语言研究所专刊》之八十三，1986年。
③ 参考李绍明：《南方丝绸之路滇越交通探讨》，载肖先进主编：《三星堆研究第二辑：三星堆与南方丝绸之路青铜文化研讨会论文集》，文物出版社，2007年，第4—7页。
④ 夏鼐：《我国古代蚕、桑、丝、绸的历史》，《考古》1972年第2期。
⑤ 段渝：《黄帝、嫘祖与中国丝绸的起源时代》，《中华文化论坛》1996年第4期。
⑥ 武敏：《吐鲁番出土蜀锦的研究》，《文物》1984年第6期。
⑦ 〔汉〕扬雄：《蜀都赋》，《丛书集成初编》，商务印书馆，1935年。

婆神尤其喜欢黄色蚕茧的丝织品①。这种黄色的丝织品，也许就是扬雄所说的"黄润细布"②。从印度古文献来看，湿婆神的出现至晚相当于中国的两周时期，那时中原尚不知九州以外有印度的存在，而古蜀经由西南夷已与印度有了丝绸贸易关系。公元前4世纪印度古书里提到"'支那'产丝和纽带"，又提及"出产在'支那'的成捆的丝"③，即指成都出产的丝和丝织品。季羡林先生指出："古代西南，特别是成都，丝业的茂盛，这一带与缅甸接壤，一向有交通，中国输入缅甸，通过缅甸又输入印度的丝的来源地不是别的地方，就正是这一带。"④由此看来，先秦时期中国丝绸的西传，应当或主要是从蜀身毒道西行的。阿富汗喀布尔附近发掘的亚历山大城的一座堡垒内曾出土大量中国丝绸，据研究，这批丝绸是经南方丝绸之路，由蜀身毒道转运到中亚的蜀国丝绸⑤。喀布尔正当南方丝绸之路要道⑥，这批丝绸出现在那里不是偶然的。

南方丝绸之路以成都平原为初始点和发源地，有其客观的条件与原因。正如苏秉琦先生在《中国文明起源新探》中论述的那样："四川的古文化与汉中、关中、江汉以至南亚次大陆都有关系，就中国与南亚的关系看，四川可以说是'龙头'。"⑦正是四川古代文化的"龙头"地位，决定了古蜀地区成为南方丝绸之路的源头。

---

① 转引自[印]谭中、[中]耿引曾：《印度与中国——两大文明的交往和激荡》，商务印书馆，2006年，第71、72页。
② 事实上，至今四川出产的生丝仍略带黄色。
③ 《国事论》，或译《政事论》，第11章，81节，转引自季羡林：《中国蚕丝输入印度问题的初步研究》，载氏著：《中印文化关系史论文集》，生活·读书·新知三联书店，1982年，第76页。
④ 季羡林：《中国蚕丝输入印度问题的初步研究》，载氏著：《中印文化关系史论文集》，生活·读书·新知三联书店，1982年，第75页。
⑤ 童恩正：《略谈秦汉时代成都地区的对外贸易》，《成都文物》1984年第2期。
⑥ [英]哈维：《缅甸史》，姚枬译注，陈炎校订，商务印书馆，1957年，第51页。
⑦ 苏秉琦：《中国文明起源新探》，生活·读书·新知三联书店，1999年，第85页。

二、南方丝绸之路与中国丝绸西传

早在商周时期，古蜀地区便初步发展了与印度的陆上交通，成都丝绸通过上缅甸、印度东部阿萨姆地区传播到印度全域和中亚、西亚以至地中海地区，这条国际贸易线路便是南方丝绸之路。西方考古资料也表明，中国丝绸早在公元前11世纪已传至埃及[1]，至少在公元前600年就已传至欧洲，希腊雅典凯拉米克斯遗址一处公元前5世纪的公墓里出土了五种不同的中国平纹丝织品，到公元前四五世纪时，中国丝绸已在欧洲尤其是古罗马盛行。这两种情况，与早期中西交通的开通年代是吻合的。

如果仅仅根据中国古文献的记载，至公元前2世纪末叶汉武帝时，汉王朝才开通西域丝绸之路，这就远远晚于考古发现所真实反映的中国丝绸西传欧洲的年代。而草原丝绸之路的开通约在战国时期，用以交易的丝绸主要是蜀锦。海上丝绸之路开通于汉代，但它的兴盛是在宋代及以后，贸易的物品主要是瓷器而不是丝绸。历史事实表明，成都丝绸的西传引起丝绸之路的开通，成都是丝绸之路的源头所在。

成都平原销往南亚的代表性商品是丝绸。蜀地商贾从事长途贸易直至印度的情况，文献记载颇多。如《史记》中的《西南夷列传》和《大宛列传》，详细记载了汉使张骞的西行报告，明言张骞"居大夏时见蜀布、邛竹杖，使问所从来，曰：'从东南身毒国，可数千里，得蜀贾人市。'"大夏商人所得蜀布、邛竹杖，即是在身毒"得蜀贾人市"，"往市之身毒"。明明白白地说出"得蜀贾人市"，证明蜀身毒道贸易是直接的远程贸易，而不是所谓的间接传播。

---

[1] Philippa Scott, *The Book of Silk*, London: Thames & Hudson, 1993, p.78. 又见《新华文摘》1993年第11期关于奥地利考古队在埃及发掘中发现中国丝织品遗物的报道。

《史记·大宛列传》还记载："然闻其西（指昆明族之西——引者）可千余里，有乘象国，名滇越，而蜀贾间出物者或至焉。"《三国志》卷三十裴松之注引鱼豢《魏略·西戎传》亦载："盘越国，一名汉越王，在天竺东南数千里，与益部近，其大小与中国人等，蜀人贾似至焉。"滇越（即盘越）的所在，张星烺以为是孟加拉国；向达以为是剽越，即《广志》所谓剽越，地在今缅甸；法国学者沙畹（É. Chavannes）①、饶宗颐等以为应在阿萨姆与缅甸之间；汶江《滇越考》则认为在今印度东部的阿萨姆，为迦摩缕波②。今案：汶江说甚是。可见，蜀贾人是通过印度东部陆路通道进入印度地区的，这也是蜀、印之间进行直接贸易的重要证据③。

　　成都平原的丝织品进入南亚次大陆，在印度古代文献中也有较多的记载。

　　印度学者Haraprasad Ray教授在他的《从中国至印度的南方丝绸之路——一篇来自印度的探讨》④一文中说道，在印度诗人迦梨陀娑（Kālidāsa）那个时代以前，中国纺织品的名字就已频繁出现。迦梨陀娑确立了这样的事实，即，中国的织品如果不是在贵族中已经普遍使用和已经成为一项为人所知晓的"知识"，就不可能在印度的流行作品中频繁被提及。当诗人迦梨陀娑提到国王Dusyanta的心进退不定、像那迎风飘举的中国布（Chīna-cloth）制成的旗帜的时候，诗人使用Cīnamśuka表示"中国丝绸旗"的意思。那

---

① [法]沙畹：《魏略·西戎传笺注》，冯承钧译，《西域南海史地考证译丛》七编，商务印书馆，1962年，第41—57页。
② 汶江：《滇越考——早期中印关系的探索》，《中华文史论丛》第2辑，上海古籍出版社，1980年。
③ 段渝：《中国西南早期对外交通——先秦两汉的南方丝绸之路》，《历史研究》2009年第1期。
④ [印]Haraprasad Ray：《从中国至印度的南方丝绸之路——一篇来自印度的探讨》，江玉祥译，曾媛媛校，载段渝主编：《南方丝绸之路研究论集》，巴蜀书社，2008年。

时，这种布（丝绸）的名声已经传播得远而广[①]。

迦梨陀娑的另一部著名史诗《鸠摩罗出世》（Kumāra-saṃbhava，Shiva的儿子Kumāra；也作Kartikeya的诞生）也提到中国丝绸（Cīnagsukaiḥ Kalpitaketu malam，即，旗帜飘扬在金色的大门上，微风展开它那丝质的绣饰）[②]。在这两个事例中，皇家的旗帜质地皆是中国丝绸，这说明中国丝绸非常普及。

以上证据清楚地表明，中国丝绸（Cīnapaṭṭa）早在公元前第4世纪已为印度所知。

Haraprasad Ray教授还指出，Cīnapaṭṭa在Kālidāsa时代（在公元前第1世纪至公元400年之间），通称为Cīnamśuka。在公元前第4至前第3世纪的早期阶段，它通称为Cīnapaṭṭa。印度人对它的织物材质是不清楚的，因此他们称之为"中国布"（Chīna-cloth）。Paṭṭa很可能是用亚麻或黄麻制成，因为整个印度东部（inBhojpuriPatua）Paṭṭa的现在形式Pat意谓"黄麻"，这一点是很明显的。从织物材质和外观来看，它类似于丝。同样的词Pat，阿萨姆语意指"丝"，这是由于在阿萨姆丝极其普遍的缘故。这种丝可能从中国传入，替换了亚麻丝或亚麻布，Paṭṭa这个词便用来专指由蚕茧制造成的中国或阿萨姆的丝绸，Paṭṭa（Pat，黄麻）在阿萨姆失去了它的原始意义。早在公

---

① *Abhijnana Sakuntalam*, I. 33, A Scharpe, *Kālidāsa Lexicon*, I, pt. 1, Brugge, Belgie, 1954, p.24; M. R. Kale, ed., *Abhijnana-Sa-Kuntalam of Kālidāsa*, reprint of tenth edn of 1969, New Delhi, 1987, p.54. Kālidāsa is place between lst century B. C. and 400 A. D., see *K. Chattopad-hyaya*, 1926, pp.79–170. Also A. D. Singh, 1977, p.10. 转引自［印］Haraprasad Ray：《从中国至印度的南方丝绸之路——一篇来自印度的探讨》，江玉祥译，曾媛媛校，载段渝主编：《南方丝绸之路研究论集》，巴蜀书社，2008年。

② Suryakanta, ed. *Kumāra-sambhava*, Sahitya Akademi, Ⅶ. 3, New Delhi, 1961, p.86. 转引自［印］Haraprasad Ray：《从中国至印度的南方丝绸之路——一篇来自印度的探讨》，江玉祥译，曾媛媛校，载段渝主编：《南方丝绸之路研究论集》，巴蜀书社，2008年。

元前第5世纪，丝绸可能已从中国传到阿萨姆①。笔者认为，《史记》所记载张骞在大夏看到的来自印度的"蜀布"，印度梵语称为Cīnapaṭṭa，其实就是巴蜀生产的丝绸，也就是扬雄所谓的"黄润细布"②。

纵观整个南方丝绸之路，在国内形成了横贯我国西南及南方地区的巨大交通网络，在国外则与中南半岛、南亚次大陆、中亚、西亚连成一个更大的世界性交通网络。

第二节　古蜀文明与南亚文明

先秦时代巴蜀丝绸传播到西方的主要通道是南方丝绸之路。汉代及以后从北方丝绸之路输往西方的丝绸当中，也以巴蜀丝绸为大宗。而从草原丝绸之路输往北亚的中国丝织品中，目前所见年代最早的亦是巴蜀丝绸。大量事实表明，巴蜀丝绸以其质量优良闻名中外，巴蜀不愧为丝绸的故乡。

一、锦绣之路

中国是丝绸的原产地，早在商周时期丝绸织造就已达到相当水平③，而四川是中国丝绸的重要起源地和主要原产地，尤其是成都丝绸织锦自古称奇，西汉扬雄《蜀都赋》曾称颂蜀锦鲜艳华丽，品种繁多，"发文扬采，转代无

---

① ［印］Haraprasad Ray：《从中国至印度的南方丝绸之路——一篇来自印度的探讨》，江玉祥译，曾媛媛校，载段渝主编：《南方丝绸之路研究论集》，巴蜀书社，2008年。
② 段渝：《中国西南早期对外交通——先秦两汉的南方丝绸之路》，《历史研究》2009年第1期。
③ 夏鼐：《我国古代蚕、桑、丝、绸的历史》，《考古》1972年第2期。

穷"。据传史前时期就有嫘祖后代、古蜀王蚕丛在成都平原"教民养蚕",引起了巴蜀丝绸的兴起,到商代三星堆文化时期,古蜀的丝绸制作已发展到相当成熟的阶段[1]。

广汉三星堆出土的青铜大立人像头戴的花冠、身着的长襟衣服上所饰的有起有伏的各种繁缛的花纹,所表现的正是蜀锦和蜀绣[2]。2021年三星堆新一轮考古发掘,继首次发现丝蛋白后,又在8号坑出土的一件青铜残片上发现附着的丝绸实物残留,经纬组织非常明显,表面有一层类似于涂层的附着物,尺寸为1.8厘米×0.8厘米,是目前三星堆发现的最明显也是最大面积的丝绸残留物[3]。研究团队对1986年出土的1、2号坑的纺织品残留做了排查,在放大30至200倍后,发现13种器类、40多件器物上都有丝织品残留,还在其中的青铜蛇上的残留中发现了平纹之外的斜纹[4]。这表明,三星堆文化时期,不但三星堆的丝织工艺和丝绸使用已普遍存在,丝织工业达到很高水平,而且丝绸已经成为政治权威和宗教权威的重要象征和物化体现,丝织业已是三星堆政治经济的一个重要组成部分,有着相当高的地位。

成都交通巷出土的一件西周早期的蜀式青铜戈,内部纹饰图案以一身作屈曲蠕动状的家蚕为中心,四周分布一圈小圆点,象征蚕沙或桑叶,左侧横一桑树,蚕上部有表示伐桑所用的斧形工具符号[5]。考古工作者在渭水上游宝鸡附近发掘的西周前期古蜀人弓鱼氏的墓葬内[6],发现丝织品痕迹和大量丝织品

---

[1] 段渝:《黄帝嫘祖与中国丝绸的起源时代》,《中华文化论坛》1996年第4期。
[2] 陈显丹:《论蜀绣蜀锦的起源》,《四川文物》1992年第3期。
[3] 田云华、王帅:《三星堆遗址发现最明显、最大面积的丝绸残留物》,《央视新闻》2021年5月30日。
[4] 吴平:《三星堆新发现,丝织品现黄色涂层;神树上还是衣服上,金箔用途未定》,《川观新闻》2021年5月25日。
[5] 石湍:《记成都交通巷出土的一件"蚕纹"铜戈》,《考古与文物》1980年第2期。
[6] 北京市丝绸厂等:《有关西周丝织和刺绣的重要发现》,《文物》1976年第4期。

实物，丝织品有织有菱形斜纹提花图案的绮，有用辫绣针法织成的刺绣，这些丝织品其实就是古蜀丝绸和蜀绣。春秋战国时代，蜀地的丝绸业持续发展，达到很高的水平。在战国时，蜀锦就已蜚声国内，销往各地，在湖北江陵和湖南长沙等地楚墓中出土的精美织锦，就是成都生产的蜀锦[1]，并与四川炉霍卡莎石棺葬内发现的织品相似[2]。成都百花潭中学十号战国墓出土的一件铜壶上刻有采桑图[3]，桑树分为大小两种，可能意味着已有野生桑树和人工培植桑树之别。这些图像都充分表现出古蜀蚕桑业的成熟性和兴旺发达。

与此相映成趣的是，2012年至2013年成都文物考古研究所在成都市天回镇老官山发掘的西汉2号墓内，出土4部蜀锦提花机模型，这是迄今我国发现的唯一有出土单位、完整的西汉时期织机模型，其先进性独步于当时的中国纺织界，而其纺织技术应该是承先秦蜀锦而来。这对研究蜀锦纺织技术的起源和发展有着重大意义。

历代史籍均记载黄帝元妃嫘祖"教民养蚕""治丝茧以供衣服"，称颂嫘祖为中国蚕桑丝绸之祖。黄帝嫘祖为其子昌意娶蜀山氏女，嫘祖氏族与岷江上游蜀山氏（今四川茂县叠溪）通婚，促成了蜀山氏从饲养桑蚕到饲养家蚕的重大历史性转变，由蜀山氏演变为蚕丛氏，从而引发了古蜀丝绸的起源和演进，在中国蚕桑丝绸史上具有里程碑意义。

从蜀山氏到蚕丛氏名称的变化表明，两者关系是前后相续的发展演变关系，也是生物学上的遗传变异关系，包含并体现了深刻的历史内容，而不仅仅是一个名称的交替[4]。

---

[1] 武敏：《吐鲁番出土蜀锦的研究》，《文物》1984年第6期。
[2] 四川省文物考古研究所等：《四川炉霍卡莎湖石棺墓》，《考古学报》1991年第2期。
[3] 四川省博物馆：《成都百花潭中学十号墓发掘记》，《文物》1976年第3期；杜恒：《试论百花潭嵌错图像铜壶》，《文物》1976年第3期。
[4] 段渝：《政治结构与文化模式：巴蜀古代文明研究》，学林出版社，1999年，第319—371页。

从蜀山氏到蚕丛氏的转变，初步完成了蚕桑、丝绸的早期起源阶段，进入发展、传播的新阶段。其后，随着蚕丛氏从蜀山南迁成都平原，"教民养蚕"，推动了古蜀蚕桑和丝绸业的兴起和演进，成都成为中国蚕桑、丝绸业的主要原产地和丝绸生产基地之一。三星堆青铜大立人冠冕和衣着所表现的蜀锦、蜀绣，以及新近发现的丝绸痕迹、丝蛋白、丝绸残片和数十件青铜器碎片上的丝绸残留物，从一个重要方面证实了这种推想，并且为南方丝绸之路的深入研究提供了十分重要的资料。

与此相映成趣的是，20世纪90年代，奥地利的考古队在古埃及的一座金字塔内的一具木乃伊头发上发现了来自中国的丝绸，年代约为公元前11世纪。虽然目前还不清楚这块中国丝绸的来源地究竟为何处，也不清楚它是间接传播的产物还是直接传播的产物，但无疑来自中国。在同一时期的中亚也出现了中国商文化的一些因素。在中国西南古蜀文明地区同样出现了印度古文明和近东古文明的因素，包括在四川广汉三星堆文化祭祀坑中出土的黄金面罩、黄金权杖和青铜人物雕像以及各式青铜眼睛形器等文化因素。如果我们把在古埃及金字塔内发现的中国丝绸，与在中国四川三星堆文化中发现的丝绸及近东和印度的古文明因素相互联系起来看，其是否反映了文明之间的交流互动关系和丝绸的传播呢？

二、海贝之路

三星堆出土的大量海贝中，有产于南海的贝，不过更大量的是产于印度洋的贝，这就是环纹货贝（Monetaria annulus）。这种海贝，日本学者称为"子安贝"，大小约为虎斑贝的三分之一，中间有齿形沟槽，与云南省历年来发现的环纹货贝相同。这种环纹货贝，称为"齿贝"，产于印度洋暖海水域。地处内陆盆地的四川广汉三星堆出现如此之多的齿贝，显然是从印度洋北部地区（主要指孟加拉湾和阿拉伯海之间的地区）引入的。

印度洋地区一直流行以齿贝为货币的传统。中国古文献如《通典》"天竺"条、《旧唐书·天竺传》都说天竺（印度）以齿贝为货币。《岛夷志略》《瀛涯胜览》《西洋番国志》《诸蕃志》等也提及印度洋地区、孟加拉国、马尔代夫、暹罗（泰国）等南亚、东南亚地区使用海𧵅或海𧶠（Cowries）为货币的情况。英国人哈维所著的《缅甸史》，引用唐大中五年（851年）波斯旅行家至下缅甸的记载，说道："居民市易，常用海𧶠以为货币。"今云南仍然称海贝为𧶠（𧵅）海。

印度东部和缅甸富产齿贝的情况，唐人樊绰《蛮书》卷十《南蛮疆界接连诸蕃夷国名》记载："小婆罗门国，与骠国及弥臣国接界，在永昌北七十四日程，俗不食牛肉，预知身后事。出齿贝、白氎、越诺布。"小婆罗门国的所在，历来多有争议，但属于在印度东部和缅甸地区内的古国，则无歧义。当然，印度东部和缅甸的海贝，都是来源于印度洋的贝，这是没有疑问的。

中国西南地区出土来源于印度洋地区的白色海贝，并非只有四川广汉三星堆一处，其他地方也多有所出。例如：云南大理地区剑川鳌峰山的3座早期墓葬中出土有海贝，其中M81出土海贝43枚，M155出土海贝1枚，M159出土海贝3枚。这3座早期墓的^{14}C测试年代为距今2450±90年（树轮校正），约当春秋中期至战国初期。昆明市文物管理委员会在1979年底至1980年初发掘的呈贡天子庙战国中期的41号墓中，出土海贝1500枚。云南省博物馆1955年至1960年发掘的晋宁石寨山古墓群（年代从战国末至西汉中叶），有17座墓出土海贝，总数达149000枚。

川渝地区最早出现海贝的是巫山大溪遗址，但其来源不得而知。岷江上游茂县石棺葬内，亦出土海贝、蚌饰等海产物。云南大理、楚雄、禄丰、昆明、曲靖珠街八塔台和四川凉山州西昌的火葬墓中，也出土过海贝。这些地区没有一处出产海贝，都是从印度洋地区引入的。将这些出土海贝的地点连接起来，正是中国西南与印度洋地区的古代交通线路——蜀身毒道。不过，三星堆遗址出土的海贝，却并非由云南各处间接转递而来。纵观从云南至四川的蜀身毒道上出土海贝的年代，除三星堆遗址外，最早的也仅为春秋时期，而三星堆遗址的年代相当于商代中、晚期，比云南各地出土的海贝差不多要早上千年。再从商代、西周到春秋早期的这1000年间看，云南还没有发现这一时期的海贝。不难看出，三星堆遗址的海贝，应是古蜀人直接与印度洋地区进行经济文化交流的结果。

在三星堆遗址出土的一些陶器上，发现数种刻画符号[①]。在一件Ⅰ式小平底罐的肩部，有三枚成组、两组对称的⋒形符号；在一件Ⅱ式陶盉的裆间，也各有一⋒形符号。这些陶器上的刻画符号，显然不是偶然的刻画痕迹。同一种符号出现在不同的器物上，说明这些符号及其含义已经固定化，约定俗成。从这个字的形体分析，显然是一个象形字，当释为"贝"。在三星堆遗址陶器上，还发现形符号。此符号的形体，象以一绳并列悬系两串贝之形，当释为"朋"。此字与甲骨文"朋"字的字形近似。联系到三星堆遗址1、2号祭祀坑所出土的大多数海贝均有穿孔的情况，释⋒为贝，释为朋，当有根据。

三星堆遗址出土的海贝，大多数背部被磨平，形成穿孔，以便将若干海贝串系起来。这种情形，与云南历年出土海贝的情形相同。三星堆遗址的海贝，出土时一部分发现于祭祀坑坑底，一部分发现于青铜尊、罍等容器中，这也与云南滇池区域青铜时代将贝币盛装于青铜贮贝器里的现象一致。

成都平原深处内陆盆地的底部，从来不产齿贝，因此齿贝为货币，必然是受其他文化的影响所致，而这种影响，必然也同齿贝的来源地区密切相关，主要就是印度洋地区。古蜀人与南亚、东南亚地区的商品贸易以齿贝为媒介

[①] 四川省文物管理委员会等：《广汉三星堆遗址》，《考古学报》1987年第2期。

的情形，恰与三星堆文化所包含的其他南亚文化因素的现象一致，绝非偶然。

从中原商文化使用贝币，而商、蜀之间存在经济文化往来尤其是青铜原料交易的情况，以及三星堆古蜀王国从云南输入青铜原料等情况分析，古蜀与中原和云南的某些经济交往，也是以贝币为媒介的。

在某种意义上或许可以说，从四川经蜀身毒道到印度洋的"海贝之路"，是中国最早的"海上丝绸之路"之一。

三、象牙之路

在1986年发掘的三星堆1号祭祀坑内，出土了13根象牙；在2号祭祀坑内，出土了60余根象牙，它们纵横交错地覆盖在坑内最上层。在2021年3月三星堆新一轮发掘中，多座祭祀坑内出土超过500根象牙。而成都金沙遗址出土象牙的重量，竟然超过1吨。三星堆青铜制品中最具权威、高大无双的2号祭祀坑青铜大立人——古蜀神权政体的最高统治者蜀王的形象，其立足的青铜祭坛（基座）的中层，也是用四个大象头形象勾连而成的。三星堆2号祭祀坑出土的一件戴兽冠人物像，所戴的兽冠亦为象首冠，冠顶两侧有两只斜立的大耳，冠顶正中是一只直立而前卷的象鼻。

古地学资料表明，新石器时代成都平原固然森林茂密，长林丰草，然而沼泽甚多，自然地理环境并不适合象群生存。迄今为止的考古学材料还表明，史前至商周时代成都平原虽有各种兽类，然而诸多考古遗址中所发现的动物遗骸、遗骨，除三星堆祭祀坑和金沙遗址外，没有一处发现大象的遗骸、遗骨，更谈不上数十成百根象牙瘗埋一处。如果成都平原果真产象，那么就已发现的数百根象牙来说，一头大象两根象牙，则意味着有数百头大象被猎获，而象牙被取出后，将会有大量大象遗骨存留下来，但至今的考古资料并不支持这种情况。何况只有公象才有象牙，数百头公象难道就没有母象陪伴吗？估计三星堆和金沙遗址的象牙并非原产于成都平原、蜀之本土。

先秦黄河流域有象，殷墟甲骨文有象字记载，河南为"豫"州，文献里有象牙及象牙制品记载，考古也发现有象牙制品。关于此点，徐中舒先生和郭沫若先生均早已有过精深考证和论述[1]。但在周初，周成王"驱虎、豹、犀、象而远之，天下大悦"[2]，而至汉代则视象为"殊方异物"，由外域进贡中华朝廷。据竺可桢先生研究，汉代气候业已转冷[3]，黄河流域的气候已不适合大象生存。

无论史籍还是考古资料，均不曾有成批殷民逃往或迁往蜀中的任何蛛丝马迹，更不曾有服象的殷民移徙蜀中的丝毫记载。何况殷末时，蜀为《尚书·牧誓》所载参加周武王的诸侯大军、在商郊牧野誓师灭商的"西土八国"之一，协助武王灭纣翦商，而后受封为"蜀侯"，与殷民不共戴天。服象的殷民逃往任何地方，也绝不会自投罗网，投往蜀域中。而商王武丁时期，即在相当于三星堆祭祀坑的年代上下，甲骨文记载商王"登人征蜀"，商、蜀之间还在汉中地区相互置有森严的军事壁垒[4]。此情此景之下，商王朝自然不可能赐象予蜀，何况卜辞和史籍中也全然没有这方面的只言片语。因此，三星堆的象牙，也不一定来源于中原商王朝。

云南西南部及以西的缅甸、印度地区，自古为大象的原产地。汉唐时期的文献对于云南产象的记载，仅限于其西南边陲，即古哀牢以南的地区，这在常璩《华阳国志·南中志》和樊绰《蛮书》里有着清楚的记载。而在云南东部、东北部，即古代滇文化的区域，以及在云南西部，即滇西文化的区域

---

[1] 徐中舒：《殷人服象及象之南迁》，《中央研究院历史语言研究所集刊》2本1分册，1930年；郭沫若：《中国古代社会研究》，人民出版社，1964年，第179、180页。
[2] 《孟子·滕文公下》，文渊阁《四库全书》本。
[3] 竺可桢：《中国近五千年来气候变迁的初步研究》，《考古学报》1972年第1期。
[4] 段渝：《四川通史》第一册，四川大学出版社，1993年，第45页。

中，古今均无产象的记载。由此可知，三星堆遗址和金沙遗址的象牙，也与滇文化区域和滇西文化区域无甚关系。

以上分析表明，商代三星堆遗址的象群遗骨遗骸，以及三星堆遗址和金沙遗址的象牙，估计既不是成都平原自身的产物，也非来自于与古蜀国有关的中国其他古文化区。揆诸历史文献，这些象群和象牙有可能是从象的原产地印度地区引进而来的。

《史记·大宛列传》记载张骞西行报告说："然闻其西（按：此指'昆明'，在今云南大理之西）可千余里，有乘象国，名曰滇越。"滇越即印度古代史上的迦摩缕波国，故地在今印度东部阿萨姆邦[1]。《大唐西域记》卷十《迦摩缕波国》记载道："迦摩缕波国，周万余里。……国之东南，野象群暴，故此国中象军特盛。"《史记·大宛列传》还说："身毒……其人民乘象以战。"《后汉书·西域传》也说："天竺国，一名身毒……其国临大水，乘象以战……土出象、犀……"大水即今巴基斯坦境内的印度河[2]。《史记》和《后汉书》等文献所数称的"大水"（印度河），正是辉煌的印度河文明的兴起之地。考古工作者在印度河文明著名的"死亡之城"摩亨佐·达罗废墟（Mohenjo-daro）内，发现了此地曾有过象牙加工工业的繁荣景象，还发现不少有待加工的象牙。以此联系印度东部盛产大象的情况，以及三星堆祭祀坑内成千枚来自印度洋北部地区的海贝，可以推测三星堆遗址和金沙遗址出土的大批象牙有可能是从印度地区引进而来的。而其间的交流媒介，正是与象牙一同埋藏在三星堆祭祀坑中的大量贝币[3]。

---

[1] 汶江：《滇越考——早期中印关系的探索》，《中华文史论丛》第2辑，上海古籍出版社，1980年。
[2] 夏鼐：《中巴友谊的历史》，《考古》1965年第7期。
[3] 段渝：《热带丛林文化的赠礼》，载屈小强等主编：《三星堆文化》，四川人民出版社，1993年，第521—527页。

四、成都与"支那"(Cīna)名称西传

成都输往印度的丝绸对当地乃至西方所产生的重大影响，从"支那"一词的出现及含义便可明了。

"支那"(Cīna)是古代印度地区对中国的称呼，最初见于梵文，出现年代最迟在公元前4世纪或更早。中外学术界对"支那"一词的语源研究已经开展了1700多年，包括秦国说、楚国说、成都说、瓷器说，等等，众说纷纭，当前以成都说获得共识。

季羡林教授的《中国蚕丝输入印度问题的初步研究》[1]及德国雅各比（H·Jacobi）在普鲁士科学研究会议报告[2]引成书于公元前320年至前315年，为印度孔雀王朝桥胝厘耶（Kautilya）所著的著作，说道"'支那'（Cīna）产丝与纽带，贾人常贩至印度"。成书于公元前4世纪至公元4世纪间的梵文经典《摩诃婆罗多》（Mahābhārata）和公元前2世纪至公元2世纪间的《摩奴法典》（Manusmṛiti）等书中有"丝"的记载及"支那"名称。陈茜认为这些丝织品来自蜀地[3]。而据法国汉学家伯希和（P. Pelliot）考证，"支那"（Cīna）一名，乃是"秦"的对音，"印度人开始知道有中国，好像是这条道路上得来的消息"[4]。

我们曾在《"支那"名称起源之再研究——论"支那"名称本源于蜀之

---

[1] 季羡林:《中国蚕丝输入印度问题的初步研究》，载氏著:《中印文化关系史论文集》，生活·读书·新知三联书店，1982年，第76页。
[2] 《普鲁士科学研究会议录》，1911年，第954—973页。
[3] 陈茜:《川滇缅印古道初考》，《中国社会科学》1981年第1期。
[4] ［法］伯希和:《"支那"名称之起源》，冯承钧译，《西域南海史地考证译丛》一编，商务印书馆，1962年，第36—48页。

成都》中指出[1]，指认"支那"为秦国或楚国，其实是没有什么可靠的材料为依据的。从前法国汉学家伯希和以为，"支那"是印度对秦始皇所建立的秦王朝的称呼[2]。但是秦王朝始建于公元前221年，而"支那"名称在印度的出现却可追溯到公元前4世纪，可见伯希和的说法不能成立。有的学者以为，"支那"是印度对春秋时代秦国的称呼。但是，春秋时代秦对陇西、北地诸戎并没有形成霸权，秦穆公虽然"益国十二，开地千里"，却得而复失，仅有三百里之地[3]。而且，诸戎从西、北、东三面形成对秦的重重包围，阻隔着秦的北上西进道路，秦不能越西戎一步，何谈将其声威远播西方？直到公元前3世纪初，秦在西北地区才最终获胜，而此时"支那"一名早已在印度出现。显然，"支那"名称的起源与秦国无关。至于指认"支那"为"荆"，由于其立论基础不可靠，同样难以成立。

古蜀文化从商代以来就对西南夷地区保有长期深刻的影响，三星堆文化时期古蜀已同印度地区存在以贝币为媒介的商品交易和其他方面的文化交流，这就为古蜀名称远播于印度提供了条件。另据《史记》和《汉书》，蜀人商贾很早就"南贾滇、僰僮"，并进一步到达"滇越"从事贸易，还到身毒销售蜀布、邛竹杖等蜀物。滇越，即今天印度东部阿萨姆地区[4]，身毒即印度。成书于公元前4世纪的印度古籍《政事论》提到"'支那'产丝与纽带，贾人常贩至印度"，所说蚕丝和皮纽带恰是蜀地的特产。这与中国史籍《史记》所记载的汉武帝时张骞在今阿富汗见到当地商人从印度贩回"蜀布、邛竹杖"的

---

[1] 段渝：《"支那"名称起源之再研究——论"支那"名称本源于蜀之成都》，载四川大学历史系编：《中国西南的古代交通与文化》，四川大学出版社，1994年，第126—162页。
[2] 〔法〕伯希和：《"支那"名称之起源》，冯承钧译，《西域南海史地考证译丛》一编，商务印书馆，1962年，第36—48页。
[3] 〔汉〕班固：《汉书》卷七十九《韩安国传》，中华书局，1962年。
[4] 汶江：《滇越考——早期中印关系的探索》，《中华文史论丛》第2辑，上海古籍出版社，1980年。

情况恰相一致。而张骞在中亚所见到的唯一的中国产品就是"蜀布、邛竹杖"等"蜀物",这就表明了战国时期蜀人在印度频繁的贸易活动,而这又是同商代以来三星堆文化与印度文化的交流一脉相承的。在这种长期的交往中,印度必然会对古蜀及其名称产生较之中国其他地区更深的印象和认识。

"成都"这个名称,产生很早,已见于《山海经》。春秋时期的四川荥经曾家沟漆器上还刻有"成造"(成都制造)的烙印戳记。"成"这个字,过去学者按中原中心论模式,用北方话来复原它的古音,以为是耕部禅纽字。但是,从南方语音来考虑,它却是真部从纽字,读音正是"支"。按照西方语言的双音节来读,也就读作"支那"。这表明,"支那"其实是成都的对音。

梵语里的Cīna,在古伊朗语、波斯语、粟特语以及古希腊语里的相对字[①],均与"成"的古音相同,证实Cīna的确是成都的对音或转生语,其他地区的相对字则均与成都的转生语Cīna同源。从语音研究上看,这是应有的结论。而其他诸种语言里"支那"一词的相对字都从梵语Cīna转生而去,也同成都丝绸经印度播至其他西方文明区的传播方向恰相一致,则从历史方面对此给予了证实。因此,从历史研究上看,"支那"一词源出成都,也是应有的结论[②]。

印度古书《国事论》里提到"'支那'产丝和纽带",又提到"出产在'支那'的成捆的丝",即指成都出产的丝和丝织品。Cīna这个名称从印度传播中亚、西亚和欧洲大陆后,又形成其转生语。如今西文里对中国名称的称呼,其来源即与此直接相关。而Cīna名称的西传,是随着丝绸的西传进行的,说明了成都丝绸对西方的巨大影响。

---

① [美]B.劳费尔:《中国伊朗编》,林筠因译,商务印书馆,1964年,第404页。
② 段渝:《"支那"名称起源之再研究——论"支那"名称本源于蜀之成都》,载四川大学历史系编:《中国西南的古代交通与文化》,四川大学出版社,1994年,第126—162页。

五、赛里斯（Seres）与成都

根据古代希腊罗马文献的记载，在东方极远的地方，有一地域叫Seres。大多数西方文献以Seres为中国的代称。中文一般根据其读音译为赛里斯，也有一些论著直接译为中国。

但是，Seres的内涵究竟是指什么？或它究竟是指中国的哪一地域？对于这些问题，国内外学术界向来存在争议，诸家说法不一。

不少学者认同法国汉学家玉尔（Henry Yule）对Seres的解释。玉尔认为：Seres、Serica二字，出于希腊罗马称中国绢缯的Sericon、Sericum，这两个字又由阿尔泰语讹传。中国的丝绸，早为西方欧洲社会所喜爱，自古经索格德拉（Sogodiana）、安息（Parthia）商人输往西方，为希腊罗马士女所珍爱，以至于因缯绢而称呼其产地。Sin、Sinai系统的字，胚胎于秦始皇统一六国后的秦帝国这一名称，后百余年随汉武帝远征匈奴而传至边远之地。他认为，Seres名称的起源，仅能上溯到公元前221年，但缯绢贸易的存在则可上溯到远古[1]。另有一些学者认为Sin为蚕之译音[2]。虽然，蚕字上古音为侵部从纽，读若Cin，与Cīna读音相近。但是，Sin系统的字既然源出阿尔泰语，起源较晚，那么它与起源较早的梵语Cīna系统就不具有同等的关系，应当是来源于梵语，其间关系恰好与中国丝绸从古蜀经印度西传的途径相一致。玉尔以为Seres名称为陆路西传，Cīna名称为海路西传，其实并没有坚实可信的证据。法国汉学家伯希和坚持认为Seres、Sin均出Cīna[3]，美

---

[1] Henry Yule, *Cathay and the Way Thither*, New Edition by H. Cordier, *Vol 1: Preliminary Essay on the Intercourse between China and the Western Nations previous to the Discovery of the Cape Route*, London, 1915. 参考莫东寅：《汉学发达史》，上海书店，1989年，第7页。
[2] 姚宝猷：《中国丝绢西传史》，商务印书馆，1944年，第37、38页。
[3] ［法］伯希和：《"支那"名称之起源》，冯承钧译，《西域南海史地考证译丛》一编，商务印书馆，1962年，第36—48页。

国东方学家劳费尔（B.Laufer）亦赞同这一看法①。应当说，在这一点上，伯希和与劳费尔的看法是正确的。

赛里斯（Seres）和后来产生的秦尼（Thinai）名称，都是公元前后西方人对中国的称呼。赛里斯（Seres）一名初见于公元前4世纪欧洲克尼德（Cnide）的克泰夏斯（Ctesias）关于远东有人居住地区珍异物的记载，秦尼（Thinai）一名初见于公元1世纪末亚历山大城某商人的《厄立特里亚航海记》，公元530年希腊教士科斯麻斯著《基督教世界风土记》，则称为Tzinitza及Tzinista，实与拉丁文出自一源②。而据戈岱司的看法，西语里的秦尼扎（Tzinitza）或秦尼斯坦（Tzinista），"显然就是梵文Cīnathana（震旦）的一种希腊文译法"③。可见，不论是赛里斯（Seres）还是秦尼（Thinai），或是秦尼扎（Tzinitza）、秦尼斯坦（Tzinista），它们的语源都是"支那"（Cīna），而"支那"就是成都的梵语译法④。

公元1世纪末亚历山大城某商人的《厄立特里亚航海记》，是分析希腊时代关于东方地理知识的一份十分重要的文献⑤。《厄立特里亚航海记》谈到，经过印度东海岸以后，向东行驶，到达位于恒河口以东的金州后，再经过一些地区，到达赛里斯，继续行进，一直到达一座名叫秦尼（Thinai）的内陆大城市，该地通过两条不同的道路向印度出口生丝、丝线和丝绸。第一条道路

---

① [美] B.劳费尔：《中国伊朗编》，林筠因译，商务印书馆，1964年，第404页。
② 方豪：《中西交通史》上册，岳麓书社，1987年影印本，第66页。
③ [法] 戈岱司编：《希腊拉丁作家远东古文献辑录》，耿昇译，中华书局，1987年，"导论"，第17—19页。
④ 段渝：《"支那"名称起源之再研究——论"支那"名称本源于蜀之成都》，载四川大学历史系编：《中国西南的古代交通与文化》，四川大学出版社，1994年，第126—162页。
⑤ [法] 戈岱司编：《希腊拉丁作家远东古文献辑录》，耿昇译，中华书局，1987年，"导论"，第16—18页，正文，第17—19页。长期以来，《厄立特里亚航海记》被认为是公元2世纪前半叶希腊史家阿里安（Arrien）的作品，而其实则是公元1世纪末的作品。见戈岱司为《希腊拉丁作家远东古文献辑录》所写的"导论"。

经过大夏到达婆卢羯车（Barygaza，即今之布罗奇）大商业中心，另一条路沿恒河到达南印度。赛里斯国与印度之间居住着称为贝萨特人（Besatai）的野蛮人，他们每年都要流窜到赛里斯国首都与印度之间，随身携带大量的芦苇，芦苇可用来制作香叶（肉桂），这种东西也向印度出口。据德国学者李希霍芬研究，贝萨特人的位置是介于阿萨姆和四川之间，《希腊拉丁作家远东古文献辑录》的编者戈岱司完全同意李希霍芬的看法①。这一研究结论意味着，中印之间的交通线是从四川经云南和缅甸到达印度东部、北部、西北部和中亚的。

　　玉尔《古代中国闻见录》第一卷记载了10世纪时阿拉伯人麦哈黑尔东游写的《游记》，其中说到中国的都城名为新达比尔（Sindabil）。玉尔分析说："谓中国都城曰新达比尔（Sindabil），此名似阿拉伯人讹传之印度城名，如康达比尔（Kandabil）、山达伯尔（Sandabur）等，中国无如斯之城名也，其最近之音为成都府，马可·波罗游记作新的府（Sindifu），乃四川省之首府，五代时，为蜀国之都城。"②这条材料十分重要。10世纪时的中国，最初七年是唐末，多半时间属于五代十国时期，960年以后是北宋，五代十国时期这些政权的首府和唐、宋都城名称的读音，除蜀之成都外，没有一座的发音接近Sindabil和Sindifu，可见当时阿拉伯人是用Sindabil这个名称来指称中国都城的。从语音上分析，不论Sindabil还是Sindifu的词根，都与古希腊语Sina、Seres的词根完全一样，均为sin，而Seres、Sina均源出古印度梵语Cīna，其他音节都是词尾，可见Sindabil、Sindifu的语源是从Sina、Seres演变而来的，而Sina、Seres又是从Cīna演变而来的。这种演变关系

---

① ［法］戈岱司编：《希腊拉丁作家远东古文献辑录》，耿昇译，中华书局，1987年，"导论"，第30页。
② 张星烺编注，朱杰勤校订：《中西交通史料汇编》第2册，中华书局，2003年，第781页。参考莫东寅：《汉学发达史》，上海书店，1989年，第15页。

的原因在于，最初经印度传播到阿拉伯人手中的丝绸是成都生产的，而成都是蜀之都城，所以都城生产的丝绸这一概念在阿拉伯人心目中留下了极为深刻的印象，以至于直到10世纪时不但还保留着成都（Sindabil）这一称呼，而且更用这个名称来指称阿拉伯人所认为的中国都城。玉尔说，阿拉伯人麦哈黑尔《游记》"谓中国都城曰新达比尔（Sindabil），此名似阿拉伯人讹传之印度城名"，恰好揭示出了丝绸产地成都（Sindabil）与丝绸中转地印度（Sindhu）和丝绸到达地阿拉伯之间的历史和路线关系，这是很有意义的。由此可以清楚地看出，不论Seres（赛里斯）、Cīna还是Sindabil所指的地域，其实都是中国西南古蜀之成都。像此类因缺乏直接接触和交流而误解异国历史和现实情况的事例相当多，正如有的中国古文献把Sind（印度河）当作五天竺（五印度），而以条支指称阿拉伯，却不知那些地域由于不同历史时期的政权变化，已引起多次版图变化和名称变化的情况一样。

  印度著名学者谭中教授指出，欧洲人称中亚为Serindia，这个词的Ser是Seres或Serica的缩写，意思是"丝国"，是古代欧洲人对中国的称呼，Serindia的意思是"中印"。这与人们把东南亚半岛称为"印度支那"（Indochina）如出一辙。Serindia和Indochina这两个概念，是指中印文明相互交流、相互激荡的大舞台。欧洲人到了Serindia和Indochina（中印和东南亚半岛），就有中印文明相互交叉影响的感觉，所以这样取名。而印度人自己的"印度"名称，来源于Sindhu这个名称，Sind是河流的名称，即印度河，Sindhu一地现在位于巴基斯坦[①]，是著名的印度河文明的发祥地。根据这个认识来看，Seres这个名称，显然是与Sindhu（Sindhu，在波斯人那里讹变为Hindu，传入希腊后，希腊人又讹变为Indus，此即India名称的由来）

[①] ［印］谭中、［中］耿引曾：《印度与中国——两大文明的交往和激荡》，商务印书馆，2006年，第83、84、88页。

这个名称一道，从印度西传到中亚地区的。欧洲人早在公元前4世纪就已知道Cīna这个名称，而且把梵语的Cīna一词，按照欧洲人的语言，音转成了西语的Seres。由此看来，Seres名称和Sindhu名称同传中亚，应该是从今印度经由巴基斯坦西传的。张骞所说蜀人商贾在身毒进行贸易活动，身毒即Sindhu的汉语音译，指印度西北部印度河流域地区[①]。可以知道，从中国西南到印度，再从印度经巴基斯坦至中亚阿富汗，由此再西去伊朗和西亚、地中海的这条路线正是南方丝绸之路西线所途经的国际交通线。这与中国古文献《魏略·西戎传》所记载的蜀人商贾在"滇越"（印度东部阿萨姆）进行贸易活动、《史记·大宛列传》所记载的蜀人商贾在身毒（印度西北部）进行贸易活动的路线是恰相一致的。

克泰夏斯的生活时代是公元前4世纪，此时"支那"（Cīna）这一名称已经远播于印度[②]。古蜀人经云南、缅甸进入印度，一条主要的通道是从今印度东部阿萨姆经北印度进入西北印度（身毒），这正与克泰夏斯把Seres和北印度联系在一起的记述相吻合，也与古蜀丝绸西传印度的年代、地域和路线相吻合[③]。应该说，这绝不是巧合。

---

① 这里使用的印度这个概念，除特别指出外，多数情况下是指"地理印度"而不是"印度国家"。"地理印度"大致上相当于印度文明的地理范畴，包括今印度和巴基斯坦以及其他一些地区在内。中国古文献对印度的指称，有着多种译名，如：身毒、天竺、贤豆、欣都思、捐毒，等等，而不同时期的译名所指称的地域范围有所差异，例如迦腻色迦创建的贵霜王朝在中国古文献里并不称身毒，而是初称大月氏，后称罽宾。参考［印］谭中、［中］耿引曾：《印度与中国——两大文明的交往和激荡》，商务印书馆，2006年，第80、81页。
② 季羡林：《中国蚕丝输入印度问题的初步研究》，载氏著：《中印文化关系史论文集》，生活·读书·新知三联书店，1982年，第76页。
③ 段渝：《中国西南早期对外交通——先秦两汉的南方丝绸之路》，《历史研究》2009年第1期。

第三节　古蜀文明与西亚近东文明

西亚近东，作为一个地域概念，大致包括西亚、中亚和埃及，也部分地包括爱琴海诸岛①。西亚北非的大河幼发拉底河、底格里斯河、尼罗河，孕育了世界上最早的人类文明：美索不达米亚苏美尔—阿卡德文明、埃及文明②。

中国与西亚近东各文明的联系和交流，在中国史籍里出现较晚，到两汉才见诸记载。但考古学证据表明，中国西南古代文明与西亚近东文明之间的接触和交流，在公元前十四五世纪时就已存在了，其间文化因素的交流往还，就是经由今天所称的南方丝绸之路进行的③。

在从西亚、中亚和南亚传入的文化因素中，青铜人物雕像、黄金人体装饰物、黄金面罩、黄金权杖、柳叶形青铜短剑，以及海贝、象牙和宝石等，对成都平原古代文明产生了一定的影响。

四川广汉三星堆遗址出土的金杖、金面罩、青铜人物全身雕像、人头像、人面像、兽面像，以及成都金沙遗址出土的黄金面罩和青铜雕像等，在形式和风格上都具有自身的独特性，丰富了中华文明的内涵。

一、三星堆金杖、青铜雕像的文化来源

三星堆遗址出土的金杖、金面罩、青铜人物全身雕像、人头像、人面像、兽面像，以及成都金沙遗址出土的黄金面罩和青铜雕像，在文化形式和风格

---

① H. R. Hall, *The Ancient History of the Near East*, Cambridge: Cambridge University Press, 1947.
② H. Frankfort, *The Birth of the Civilization in the Near East*, London: Williams & Norgate, 1954.
③ 段渝：《古代巴蜀与近东文明》，《历史月刊》（台北）1993年第2期；屈小强等主编：《三星堆文化》，四川人民出版社，1993年，第77—93、532—555页。

上具有自身的独特性。在考古学上，至少有三个证据所构成的文化丛，可以表明这些文化因素受到了古代近东文明的影响。这三个证据，就是青铜人物雕像群和金杖、金面罩。

从古代欧亚文明的视角看，至迟在公元前三千年初，西亚美索不达米亚地区就开始形成青铜雕像文化传统。考古工作者在乌尔（Ur），发现了这个时期的青铜人头像[1]。在尼尼微（Nineveh），考古工作者发现了阿卡德·萨尔贡一世（Sargon I of Akkad, 2800 B.C.）的大型青铜人头雕像[2]、小型工人全身雕像[3]，还发现了各种青铜人物和动物雕像[4]。在埃及，1896年发现了古王国第六王朝法老佩比一世（Pepi I, 2200 B.C.）及其子的大小两件一组的全身青铜雕像[5]。古埃及文献所载这类雕像，其铸造年代还可早到公元前2900年[6]。中王国以后，埃及利用青铜制作各类雕像的风气愈益普遍，卡纳克（Karnak）遗址就曾出土大量青铜雕像残片。印度河文明的摩亨佐·达罗城址（City Site of Mohenjo-daro, 2500-2000 or 1750 B.C.），也出土了若干青铜雕像，包括人物雕像、动物雕像和青铜车，其中以一件戴着手镯臂钏的青铜舞女雕像驰名于世。

权杖起源于西亚欧贝德文化第4期（Ubaid IV），年代约为公元前四千年代前半叶[7]。考古工作者在以色列的比尔谢巴（Beersheba），发现了公元前3300

---

[1] ［埃及］尼·伊·阿拉姆：《中东艺术史·古代》，朱威烈、郭黎译，上海人民美术出版社，1985年。
[2] R. Willis, *Western Civilization*, Vol. 1, D. C. Hedth and Company, 1981, p.18.
[3] R. Willis, *Western Civilization*, Vol. 1, D. C. Hedth and Company, 1981, p.16.
[4] ［苏联］罗塞娃等：《古代西亚埃及美术》，严摩罕译，人民美术出版社，1985年。
[5] J. E. Quibell, *Hierakonpolis*, 11, 1902, Plate 1; Mosso, *Dawn of Mediterranean Civilization*, p. 56. see H. R. Hall, *The Ancient History of the Near East*, Cambridge: Cambridge University Press, 1947, p.136.
[6] G. Mokh Tared, *General History of Africa*, Vol. 11, NewYork: Boydell & Brewer, 1981, p.158.
[7] Strommenger, *5000 Years of the Art of Mesopotamia*, NewYork: Harry N. Abrams, 1964, p.12.

年的铜权杖首,在死海西岸以南恩格迪(Engedi)的一个洞穴窖藏中,发现铜权杖首240枚,其他杖首80枚[①]。青铜时代美索不达米亚有用权杖来象征神权和王权的传统,在当时的石刻、雕塑和绘画等艺术品中比比皆是。古埃及也有权杖传统,早王朝初期埃及文字中就有权杖的象形字[②]。埃及考古中出现过大量各式权杖,既有黄金的也有青铜的,有学者认为这与西亚文化的传播有一定关系。后来全世界的许多文化都用权杖来象征权力,其最初根源即在美索不达米亚。

至于黄金面罩,西亚乌鲁克(Uruk)文化时期娜娜女神庙出土的大理石头像,曾覆以金箔或铜箔。叙利亚毕布勒神庙地面下出土的一尊青铜雕像,亦覆盖着金箔[③]。西亚艺术中的许多雕像都饰以金箔,如乌尔王陵中的牛头竖琴,牛头即以金箔包卷而成[④],另外的几尊金公牛雕像也以0.5毫米—2毫米的金箔包卷。埃及的黄金面罩中,最著名的是图坦卡蒙王陵内发现的葬殓面具。迈锡尼文明中屡见覆盖在死者头部的黄金面罩,有学者指出这种文化并非当地的文化形式,而是受到了埃及文化的影响[⑤]。

从青铜雕像、权杖、金面罩以及相关文化因素的起源和发展轨迹看,近东文明这些文化因素相继集结出现在其他文明当中,具有传播学的意义。

古蜀文明的青铜雕像群和金杖、金面罩,可能就是在中华本土文化的基础上吸收了上述文明区域的有关文化因素进行再创作而制成的。

从青铜雕像人物面部形态上看,三星堆青铜人物雕像群中除开那些西南夷的形象外,高鼻、深目的若干面部特征给人留下深刻印象。这类人物阔眉,杏叶

---

① R. F. Tylecote, *A History of Metallurgy*, London: The metals society, 1976.
② A. Gardiner, *Egyptian Grammar*, Oxford: Oxford University press, 1957, p.510.
③ [埃及]尼·伊·阿拉姆:《中东艺术史》,朱威烈、郭黎译,上海人民美术出版社,1985年。
④ R. Willis, *Western Civilization*, Vol. 1, D. C. Hedth and Company, 1981, p.19.
⑤ [美]雷·H.肯拜尔等:《世界雕塑史》,钱景长、钱景渊译,浙江美术学院出版社,1989年,第23、24页。

大眼，颧骨低平，高鼻梁，挺直的鼻尖，大嘴两角下勾，下颌一道直达双耳后面的胡须。这些面部特征，与同出的各式西南夷形象以及华北、长江中下游商周之际的各种人面像明显不同，也与成都指挥街发现的华南人扁宽鼻形的人头骨不同。很明显，如此风格的人物面部形态造型，受到了外来文化因素的影响。

在艺术风格上，三星堆青铜人物雕像群的面部神态庄严肃穆，尤其是双眉入鬓，眼睛大睁，在整个面部处于突出地位，这同西亚雕像艺术的风格十分接近。眼睛的艺术处理，多在脸孔平面上铸成较浅的浮雕，以突出的双眉和下眼眶来显示其深目，这也是西亚雕像常见的艺术手法。对于人物雕像的现实主义刻画和对神祇雕像的夸张表现，也同西亚近东文明早、中期的艺术特点有相近之处。而对于神树的崇拜，则反映了这种文化形式从近东向南连续分布的情景。

在功能体系上，不论西亚、埃及还是爱琴海文明中的青铜雕像群，大多出于神庙和王陵，普遍属于礼器，起着祭祀和纪念的作用。三星堆雕像群也出于祭祀坑内，无一不是礼器，无一不具宗教礼仪功能。它们与近东雕像的意义完全相同，如出一辙，而与中原地区所出雕像主要充作装饰的情况相去甚远。至于用金杖代表国家权力、宗教权力和经济特权，就更与华北用"九鼎"来代表这些权力的传统有着明显差异，展现了中华文明多元共生的一面。

二、三星堆黄金制品的文化来源

在考古学上，中国早期的黄金制品出现于夏代。1976年在甘肃玉门市火烧沟遗址的墓葬中出土的黄金制品，是目前所见出土资料中最早的一例[1]。除

---

[1] 甘肃省博物馆：《甘肃省文物考古工作三十年》，载文物编辑委员会编：《文物考古工作三十年（1949—1979）》，文物出版社，1981年，第142、143、151页。

此以外，在中国其他地区尚未出土夏代的黄金制品。中国早期的黄金制品较多地出现于商代，商代的黄金制品存在南、北之间的系统区别，在中原和北方地区主要出土于北京、河北、河南、山东、辽宁、山西，在南方则集中出土于成都平原。

中国北方地区现已出土的商代黄金制品主要是金箔片、黄金、小片金叶、金臂钏、金耳环、金笄、黄金"弓形饰"，等等。中国北方地区商代黄金制品具有两个明显的共性：第一，它们都出土于墓葬（殷墟金块除外）；第二，它们都是作为装饰品（人体装饰物或器具饰件）来使用的。金叶和金箔片虽然在用途上与其他地点所出作为人体装饰物的金臂钏、金耳环、金笄、黄金"弓形饰"等并不相同，但从作为装饰品这个意义上说，它们则是共同的、一致的①。从欧亚古代文明的视角看，商代黄河流域黄金器物中的人体装饰物，可能与中亚草原文化的流传有关②。

商代南方的黄金制品集中分布在四川广汉三星堆遗址和成都金沙遗址，尤以成都金沙遗址发现的黄金制品最为丰富。

1986年夏考古工作者在广汉三星堆遗址相继发现的两个祭祀坑出土大批青铜、黄金、玉石制品以及大量象牙和海贝③，其中各种黄金制品多达数十件④。三星堆遗址出土的各种黄金制品，主要种类有金杖、金面罩、金果枝、璋形金箔饰、虎形金箔饰、鱼形金箔饰、金箔带饰、圆形箔饰、四叉形器、金箔残片、金箔残屑、金料块，等等。成都市金沙村遗址位于成都市区西部，

---

① 段渝：《商代黄金制品的南北系统》，《考古与文物》2004年第2期。
② 参见马健：《黄金制品所见中亚草原与中国早期文化交流》，《西域研究》2009年第3期。
③ 四川省文物管理委员会、四川省文物考古研究所、四川省广汉县文化局：《广汉三星堆遗址一号祭祀坑发掘简报》，《文物》1987年第10期；四川省文物管理委员会、四川省文物考古研究所、广汉市文化局文管所：《广汉三星堆遗址二号祭祀坑发掘简报》，《文物》1989年第5期。
④ 四川省文物考古研究所编：《三星堆祭祀坑》，文物出版社，1999年。

自2001年2月以来的发掘中，共出土黄金器物200余件，其中有黄金面罩、射鱼纹金带、鸟首鱼纹金带、太阳神鸟金箔、蛙形金箔、鱼形金箔、金盒、喇叭形金器等，是先秦时期出土金器数量最大、种类最多的遗址[①]。

古蜀文明黄金制品的形制、出土情况以及它们与大型青铜制品群密不可分的关系，显示出几个明显的特点：第一，数量多，达到数百件（片）；第二，形体大，尤以金杖、金面罩为商代中国黄金制品之最；第三，种类丰富，为北方系统各支所不及；第四，均与实用器或装饰用品无关，而与大型礼仪、祭典和祭祀仪式有关，或与王权（政治权力）、神权（宗教权力）和财富垄断权（经济权力）的象征系统有关。其中金杖和金面罩的文化形式在商代中国的其他任何文化区均尚无发现。古蜀文化的金杖、金面罩等文化形式，与青铜雕像的文化形式一样，很有可能是通过古代印度地区和中亚的途径，从古代的南方丝绸之路，吸收了西亚近东文明的类似文化因素，而由古代蜀人按照自身的文化传统加以改造创新而成的，它们反映了商代成都平原古蜀文化与南亚、中亚和西亚古代文化之间的交流关系[②]。

三、成都平原青铜短剑的文化来源

中国境内的青铜短剑，最早见于先秦时期的西北和西南地区，时间是在商代中晚期。而近东地区早在公元前三千纪已开始使用剑身呈柳叶形的青铜

---

① 成都市文物考古研究所：《金沙——21世纪中国考古新发现》，五洲传播出版社，2005年。
② 详见段渝：《巴蜀是华夏文化的又一个起源地》，《社会科学报》1989年10月19日；《古蜀文明富于世界性特征》，《社会科学报》1990年3月15日；《商代蜀国青铜雕像文化来源和功能之再探讨》，《四川大学学报（哲学社会科学版）》1991年第2期；《论商代长江上游川西平原青铜文化与华北和世界文明的关系》，《东南文化》1993年第2期；《"支那"名称起源之再研究——论"支那"名称本源于蜀之成都》，载四川大学历史系编：《中国西南的古代交通与文化》，四川大学出版社，1994年。

短剑。这种剑型不久传入中亚地区和印度地区，在公元前二千纪分别从南北两个方向传入中国西北地区和西南地区。中国西北地区出土的青铜短剑，剑身呈柳叶形，多为曲柄剑，或是翼格剑、匕首式短剑，多在剑首处铸有动物形雕像。这种剑型，形制几乎与中亚青铜短剑一致，因而学术界认为这类青铜短剑很有可能是从中亚引入的[①]。中国西南地区出土的青铜短剑，主要分布在以成都平原为中心的四川盆地内外，年代为商代中晚期或更早。成都平原出土的柳叶形青铜短剑，形制几乎与印度河和恒河流域青铜短剑相同，两者之间可能具有同源的关系，都是扁茎，无格，剑身呈柳叶形，剑茎与剑身同时铸成，剑身有宽而薄与窄而厚两种。印度河流域的青铜文化，时代在公元前2500年至公元前1500之间。这个时代，正是古蜀青铜文明从发展走向鼎盛的时代，也是古蜀柳叶形青铜短剑初现的时代。由此看来，古蜀地区的柳叶形青铜短剑这种剑型，可能受到了印度河和恒河流域文明的影响，由古蜀人在古蜀地区自己制作而成。

四、"瑟瑟"来路觅踪

唐代诗圣杜甫寓居成都时，曾写过一首《石笋行》诗，诗中说道："君不见益州城西门，陌上石笋双高蹲。古来相传是海眼，苔藓蚀尽波涛痕。雨多往往得瑟瑟，此事恍惚难明论。恐是昔时卿相墓，立石为表今仍存。"杜工部的疑问，导出了一个千古之谜："瑟瑟"是什么？它从何而来？

"瑟瑟"（sit-sit）是古代波斯的宝石名称，是舒格南语或阿拉伯语的汉语音译。中国古书关于"瑟瑟"的性质有不同说法，主要指宝石，又称"真

[①] 卢连成：《草原丝绸之路——中国同域外青铜文化的交流》，载上官鸿南、朱士光主编：《史念海先生八十寿辰学术文集》，陕西师范大学出版社，1996年，第719页；林梅村：《商周青铜剑渊源考》，载氏著：《汉唐西域与中国文明》，文物出版社，1998年，第39—63页。

珠"，明以后主要指人工制造的有色玻璃珠或烧料珠之类的物品①。唐时的成都西门一带，在先秦曾是蜀王国墓区所在，近年考古工作者于此不断发现大批墓葬。杜甫说这里"雨多往往得瑟瑟"，足见当年随葬品之多，又足见蜀人佩戴这种"瑟瑟"串珠之普遍。既称"瑟瑟"，当然就是来自中亚、西亚地区，并且经由南方丝绸之路而来。

杜甫提出的疑问，曾经有人试为之解，宋人吴曾就是其中之一。他说："杜《石笋行》：'雨多往往得瑟瑟。'按：《华阳记》：'开明氏造七宝楼，以真珠结成帘。汉武帝时，蜀郡遭火，烧数千家，楼亦以烬。今人往往于砂土上获真珠。'又赵清献《蜀郡故事》：'石笋在衙西门外，二株双蹲，云真珠楼基也。昔有胡人，于此立寺，为大秦寺，其门楼十间，皆以真珠翠碧，贯之为帘，后摧毁坠地。至今基脚在。每有大雨，其前后人多拾得真珠瑟瑟金翠异物。今谓石笋，非为楼设，而楼之建，适当石笋附近耳。盖大秦国多璆琳、琅玕、明珠、夜光璧，水道通益州永昌郡，多出异物。则此寺大秦国人所建也。'"②

按照吴曾的看法，杜甫所说石笋街大雨冲刷出来的"瑟瑟"，不是蜀王国公卿将相墓中的随葬品，也不是开明氏七宝楼真珠帘坠散后的遗存，而是大秦寺门楼珠帘遭摧毁后坠地所遗。他的说法有一定根据，但同杜甫之说实为两事，不能混为一谈。

据李膺《成都记》："开明氏造七宝楼，以珍珠为帘，其后蜀郡火，民家数千与七宝楼俱毁。"③《通志》："双石笋在兴义门内，即真珠楼基也。"曹学佺《蜀中名胜记》卷二："西门，王建武成谓之兴义门矣。"据此，真珠楼与杜甫所说石笋不在一处，真珠楼在西门内，石笋街则在西门外。况且，石笋既为

---

① 〔美〕B.劳费尔：《中国伊朗编》，林筠因译，商务印书馆，1964年，第345—347页。
② 〔宋〕吴曾：《能改斋漫录》卷七《杜甫〈石笋行〉》，文渊阁《四库全书》本。
③ 〔明〕曹学佺：《蜀中名胜记》卷二引，文渊阁《四库全书》本。

蜀王开明氏墓志，开明王又如何可能以此为楼基？可见吴曾驳杜甫，是"以其昏昏，使人昭昭"，风马牛不相及。

不过，大秦国胡人曾在真珠楼故地立寺，倒是事实，《蜀中名胜记》引赵清献之说，也提到此事。大秦，是中国古代对古罗马帝国的称呼[1]，其国多出各种真珠、琉璃、璆琳、琅玕等宝物，又有"水道通益州"，早与蜀文化有交流往来，其时代可以追溯到公元以前几个世纪。至于成都出土的古罗马"瑟瑟"，由大秦寺的建立可知，为唐朝时遗物。

上面征引的各种文献还说明，开明氏造七宝楼，以真珠为帘。既称"真珠"，显然属于"瑟瑟"一类"舶"来品，原产地包括西亚和中亚等区域。

除"瑟瑟"之外，古代巴蜀还从西亚地区输入琉璃珠和蚀花肉红石髓珠。从1978年在重庆出土的两颗蚀花琉璃珠的形态和纹饰看，它们极似于西亚的早期同类品。在茂县的早期石棺葬中，曾出土产于西亚的不含钡的钙钠玻璃（琉璃）。在理塘县，也曾出土琉璃珠。而在云南江川李家山、晋宁石寨山亦出土西亚的早期蚀花肉红石髓珠和琉璃珠[2]。在云南昭通发掘的巴蜀墓葬内也出土有蚀花石髓珠。巴蜀和滇文化区西亚石髓珠和琉璃珠的发现，都证明了中国西南与西亚地区的经济贸易和文化交流早已发生。

蚀花肉红石髓珠和不含钡的钙钠玻璃（琉璃）原产地均在西亚，有悠久的历史，后来传播至中亚和印度河地区。这些人工宝石出现在中国西南地区，一般年代为春秋战国之际。从西亚、中亚到南亚再到中国西南这一广阔的连续空间内，出现的文化因素连续分布现象，恰好表明一条文化交流纽带的存在。这条纽带，就是南方丝绸之路。巴蜀文化中的西亚因素，便是通过这条古老的文化纽带而来的[3]。

---

[1] 〔晋〕陈寿：《三国志》卷三十裴松之注引《魏略·西戎传》，文渊阁《四库全书》本。
[2] 张增祺：《战国至西汉时期滇池区域发现的西亚文物》，《思想战线》1982年第2期。
[3] 段渝：《巴蜀古代城市的起源、结构和网络体系》，《历史研究》1993年第1期。

五、偶像式构图与情节式构图艺术形式的来源

史前西起比利牛斯山、东到贝加尔湖的广大欧亚地区，存在着一种所谓"偶像式构图"的艺术形式，它的典型代表是裸体女像，学术界称之为"大地之母"或"早期维纳斯"。历史时期，在近东、中亚到南亚文明中，发展出了与偶像式构图形式相并行的所谓"情节式构图"的艺术形式。

在中国东北地区西辽河流域的红山文化，曾出土裸体女像。但在黄河流域和长江流域，迄今还没有出土这类早期的裸体女像。在先秦时期的中原地区，是不奉行偶像崇拜的。所以在夏商时代，黄河流域中原地区极少有刻有人物图像的器物，青铜器和玉石器不流行人物雕像，而以动物和饕餮图像为主，零星出现的人物像也主要是小型塑像和人面具，没有大型人物造型。春秋战国时代，黄河流域青铜器的纹饰受到斯基泰文化的部分影响，但仍然缺乏偶像式以及具有故事情节性的造像和雕刻。汉代河南南阳和山东等地的画像砖，始有富于情节的图像，但这并不是黄河流域文化传统的产物。

在三星堆遗址和金沙遗址出土的大批文物上，我们可以看到偶像式构图和情节式构图这两种艺术形式的存在。

三星堆青铜神坛的第二层和第四层分别塑造有一组铜立人雕像。其中，第四层（盝顶建筑层）的每个人物都跪坐，双臂平抬前伸，双手呈环状，作抱握状，但我们看不出手中握有什么器物。第二层的每个铜人的手势完全相同，都是双臂平抬于胸前，双手前伸呈抱握状，手中各握一枝形物，此物已经残损，无完整形状。三星堆另一座青铜神坛的圆座上有一立人像，双手作横握拳，收臂状。三星堆二号坑的一件跪坐持璋小铜人像，两臂平抬，双手执握一牙璋。二号坑另出有一件小型铜立人像，两臂向前平伸，双手相握，手中有一竖形孔隙，推测所执之物为牙璋一类器物。不难知道，三星堆二号坑出土的上下四层的青铜神坛，八号坑出土的青铜神殿，二号坑出土玉璋上

的祭山图图案等，其艺术形式均是典型的情节式构图，金沙遗址出土的玉璋所刻四组对称的肩扛象牙跪坐人像同样也是典型的情节式构图。而对于整个三星堆青铜制品群而言，包括青铜人物雕像、动物雕像和植物雕像，如果仅从单件作品看，大量的是偶像式构图；但是这些单件的青铜制品之间是成组成群的组合关系，它们的功能也是集合性的，必须把它们集合到一起才能充分认识其社会功能和艺术功能。

由于三星堆青铜雕像群是古蜀王安置在宗庙里祭祀先公先王的神物，个体之间连续展开，雕像群本身就具有连续性的故事情节，所以三星堆青铜雕像群的总的艺术特征，是偶像式构图与情节式构图相结合的整体性结构，各个雕像之间的关系具有连续性，整个雕像群具有可展开的情节性。

将金沙遗址十号祭祀遗迹玉璋上所刻四组对称的肩扛象牙跪坐人像图案，联系三星堆二号坑出土的牙璋上所刻祭山图图案，以及三星堆祭祀坑内出土的大型青铜雕像群、金杖所刻图案、神坛和神殿立雕等加以分析，可推测商周时期的古蜀文明在艺术形式尤其是绘画和雕刻艺术上，盛行具有连续、成组性的人物和故事情节的图案，并以这些连续、成组的图案来表达其丰富而连续的精神世界，包括哲学思想、政治观念、意识形态以及价值观和世界观等。

三星堆青铜制品群既是蜀王作为西南夷各族之长的艺术表现，又是古蜀政治权力宗教化的艺术表现。从这个意义上认识，三星堆大型青铜雕像群是为了表现古蜀神权王国的政治目的和意识形态意图而制作的，对它们的艺术表现形式自然也应当从这个角度出发去认识，才有可能切合实际。

三星堆文化运用连续性分层空间，从而构成故事情节或场景的立体性和完整性的艺术表现手法，与近东文明十分相似。古蜀连续性分层空间的情节式构图艺术形式，与同一时期中原玉器和青铜器图案的艺术表现形式和内涵有很大不同，而与近东文明艺术形式的某些方面有着表现手法上的相似性。

这种情形，当可以再次证实古蜀文明与近东文明之间所存在的某种关系。

商周时期古蜀文明这种富于形象思维的表现特征，在它后来的发展史上凝为传统，成为蜀人思维模式的一个重要方面。而商周时期古蜀文明有关文化和政治内涵的艺术表现形式及其手法，则在战国秦汉时期巴蜀文化以及滇文化中得到了比较充分的继承、发扬和创新。

汉代四川的西王母造像，艺术手法多为圆雕或立雕，这类艺术手法与商代三星堆青铜制品的艺术形式十分相似，很有可能是古蜀文明雕塑艺术传统的传承和演变。从图像形式上看，汉代四川的西王母造像展现出从情节式构图向偶像式构图的转变，反映了它的早期形式应是起源于情节式构图，这与三星堆遗址和金沙遗址出土文物中有故事情节的雕像或雕刻，在形式和表现手法上十分相似。这就说明，不论情节式构图还是偶像式构图的造像艺术，都是古蜀文明的一种固有传统，它们在古代巴蜀是从商代以来一脉相承的。

六、巴蜀文化中的"英雄擒兽"母题

所谓"英雄擒兽"母题，是指近东文明中一种常见的图案，即中间一人或物体，两旁各有一兽。H.法兰克福（H.Frankford）在 *The Birth of Civilization in Near East* 中指出，这种图形最早源于美索不达米亚，后来流传到埃及和古希腊米诺斯文明。这一类符号或图形，在商代青铜器上并不鲜见，李济先生在其《中国文明的开始》一文里，把这类符号称作"英雄擒兽"，并引之为中国文明与美索不达米亚文明存在关联的重要证据。

李济先生认为："这种英雄擒兽主题在中国铜器上的表现已有若干重要的改变。英雄可能画成一个'王'字。两旁的狮子，先是变成老虎，后来则是一对公猪或竟是一对狗。有时这位英雄是真正的人形，可是时常在他下方添上一只野兽。有时中间不是'王'字，代之以一个无法辨识的字。所有这些刻在铜器上的不同花样，我认为是美索不达米亚的原母题的变形。"李济先生关于商代铜器上的这种母题源于近东文明的看法，近年来得到更多材料的支持，国内一些学者将这类图形称为"一人双兽"母题。

巴蜀文化中有一种符号，这种符号的基本结构是中间一个物体，两边分别一个相同的物体。这一类符号屡见于巴蜀印章，在巴蜀青铜器如新都马家大墓出土的青铜戈、青铜钺、青铜钲，宣汉罗家坝M40出土青铜矛的骹部，涪陵小田溪出土的青铜钲以及其他地点出土的青铜器上亦较常见，可以说是巴蜀文化中一种习见的、使用较为普遍的符号。仔细观察巴蜀文化中的这类图案，它们的基本结构与"英雄擒兽"母题即今所谓"一人双兽"母题完全一致，都是中间一个人形，两旁各有一兽。只不过在巴蜀文化中这类图形中间的人形已经简化或变化，两旁的兽形也已同时发生了简化或变化。例如，三星堆金杖上的图案，即"英雄擒兽"母题的变体。

巴蜀文化青铜器和印章中有相当多的"英雄擒兽"母题图案。至于这类图形的含义，在美索不达米亚表现的是"英雄擒兽"，在中国商代演变为家族的族徽，在巴蜀文化中则有可能是家族的族徽或表示其他特殊含义。

在中国西南地区，除在"巴蜀文字"或符号中发现大量"英雄擒兽"母题以外，在一些地方出土的青铜器纹饰上也发现这类母题，而且还有一些青铜器直接被制作成"英雄擒兽"的形制。

在古蜀文明辐射范围内的今四川盐源县境内，发现大量以"英雄擒兽"为母题的青铜器，如被学者称为"枝形器"的青铜杖首和青铜插件。在云南保山也发现有这类图形，如青铜钟上的图案等。在这些地区出土的刻铸有此类图案的青铜器，年代多属于战国至西汉。这些地区都处在古蜀文明对外交流的通道——南方丝绸之路的要冲和枢纽地带。

在四川盐源出土的大量青铜枝形器和青铜杖首，其总体特征是，所刻图像上方或下方有一个腰挎短杖（剑或刀）的人物，人物两旁侧上方各有一匹马，有的图像的马上还有骑手。有意思的是，在巴蜀和西南夷地区，不但发现有这一类所谓"英雄擒兽"母题的文字字形（"巴蜀文字"）或符号，而且还发现有大量同样类型的青铜器造型或图案。这种情况，恐怕仅仅用巧合是难以解释的，二者的这种关联性意味着其中必然有着深刻的内在联系。

铸刻有此类图案的巴蜀青铜器和巴蜀印章，在云南、四川、重庆、湖北、湖南、贵州等地区广泛分布，其中云南、四川南部（宜宾和凉山州以南）和贵州属于古代所谓"西南夷"地区；四川盆地及盆周山地，重庆地区和渝东长江干流夔峡、巫峡、巴峡，长江中游湖北西南部、湘西等巴、蜀文化地区则属于先秦时期的"南夷"之地。由此，我们基本上可以确定以下两方面情况：

第一，不论铸刻有"英雄擒兽"母题图案的青铜器还是刻有相同或类似图案的巴蜀印章，绝大多数都分布在古代西南夷和巴蜀文化的空间范围内，而西南夷青铜文化在很大程度上是受到巴蜀文化的影响发展起来的。

第二，从云南保山经大理北上，分成两条线路，其中一条到昭通，经昭通到四川犍为、贵州兴仁，另一条到四川盐源，经盐源到越西、犍为、芦山、宝兴、荥经、蒲江、成都、新都、什邡，然后向东到四川盆地东部地区的四川宣汉，而后沿长江向东到重庆巴南、涪陵，继续沿江东进直到湖北江陵和湖南常德、古丈。如果我们在地图上把铸刻有"英雄擒兽"母题图案的青铜器或巴蜀印章的出土地点连接起来，可以十分清楚地看到两条路线图，这就是《史记·西南夷列传》和《史记·大宛列传》所记载的张骞所述的古代"蜀身毒道"路线图，也就是今日学术界所称以四川成都为起点的"南方丝绸之路"路线图。在这两条线路中，除三星堆文化金杖的时代为商代外，其他地点出土的刻有"英雄擒兽"母题及其变体图案和类似图案的青铜器和印章的年代大体上为战国时代，有的或晚至西汉。

这种情况显然意味着，在巴蜀和西南夷地区，"英雄擒兽"母题最早出现在古蜀文明的腹心地区成都平原，而后向东和向南分别传播到巴文化地区和西南夷地区。

从迄今为止各地发现的刻有"英雄擒兽"母题图案的青铜器和巴蜀印章的年代序列考察，不难知道，在巴蜀和中国西南地区以至长江中游地区，"英雄擒兽"母题的最早发源地在古蜀文明区域，其次为西南夷地区，再次为巴地，最后为与巴蜀文化有密切关系的长江中游楚文化区域。

前面已经说明，根据 H. 法兰克福的研究，"英雄擒兽"母题原产于美索不达米亚，而后传播到近东文明其他一些区域。李济先生的研究则表明"英雄擒兽"母题也影响到商文化的青铜器纹饰，说明中国早在商代就与近东文明发生了某种关系。而在巴蜀文化中，如前文所述，也是早在商代的三星堆文化时期就与近东文明发生了关系。

七、三星堆文化的带翼兽

中国新石器时代和商周时期是没有带翼兽一类艺术形象的，不论河南濮阳出土的蚌塑龙，还是红山文化出土的玉猪龙、凌家滩遗址出土的C形玉龙，或是陶寺遗址出土的龙纹盘、二里头遗址出土的绿松石龙、湖北黄陂盘龙城遗址出土的金片和绿松石镶嵌的龙，它们的龙身均无翼。三星堆大型青铜神树上的龙，脖颈上生翼，青铜大立人衣着上的龙纹也带翼，青铜神坛下层的神兽同样长着翅膀，它们应是中国最早出现的带翼兽。

有学者认为，中国境内带翼兽的出现是在春秋晚期到战国时期，这其实是指黄河流域中原地区而言。事实上，中国境内最早出现的带翼兽应是在商代中晚期三星堆文化长翅膀的龙。到了汉代，带翼兽图案多分布在西南的四川地区，如四川绵阳的平阳府君阙上的带翼狮，就是最为典型的代表。后来中国各地出现的麒麟等带翼兽，从渊源看，很可能与三星堆带翼兽有关。

第四节　古蜀文明与东南亚文明

从远古时代起，中国与东南亚就发生了若干文化联系。在相互间的各种交往中，中国常常居于主导地位，而东南亚古文化中明显受到中国影响的某些重要因素，其发源地或表现得相当集中的地区，就是古代巴蜀，云南则是传播的重要通道。

一、古蜀文明南传东南亚的原因

据研究，古代东南亚的若干文化因素来源于巴蜀，大致有：农作物中的粟米种植，葬俗中的岩葬、船棺葬、石棺葬，大石文化遗迹，以及一些青铜器的器形和纹饰等[①]。

中国南方青铜时代中，最有可能实现同东南亚文化交往的地区是云南。可是云南青铜文化发祥较迟，不足以给东南亚带来太大的影响。紧邻云南北部的巴蜀地区，则不仅青铜文化发祥很早，而且十分辉煌灿烂，辐射力也相当强劲。巴蜀青铜时代不仅青铜文化发达，而且其他方面的若干因素也很发达，优于南面的滇文化。滇国青铜时代从巴蜀文化中吸收了若干因素，就是很好的证据。在这种情形下，巴蜀文化通过滇文化及其再往南面的交流孔道，南向传播于东南亚地区，从文化人类学的角度看，是完全可能的。而以往的若干证据，则说明了这种可能性完完全全是历史事实。当然，巴蜀文化向东南亚的传播，传播方式有所不同，有的是直接传播，有的是间接传播，不可一概而论。

---

① 童恩正：《试谈古代四川与东南亚文明的关系》，《文物》1983年第9期。

云南与东南亚之间的考古学材料证明，两地的古代民族存在若干共性，有着某种共同的渊源关系。云南南部的古代民族，从史籍记述可知，属于百越或百濮系统。而古代巴蜀地区各族中，百濮民族系统为其荦荦大者。民族源流的相近，民风民俗的相类，无疑是文化联系的有利条件，使得较进步的文化容易向较后进的文化进行播染，这在文化史上是不变的规律[1]。

中国南方的百越族群与东南亚诸多民族具有同源的关系。从浙江绍兴到越南北部，加上云南南部沿边地区，构成半月形的广阔弧形地带，就是最早的百越文化区[2]。百越诸族沿着南方丝绸之路及江河水道，陆续迁移至东南亚各地。民族的称谓发生变化，但民族文化还有着一致性，有着一些相同的文化特征，如种植水稻、傍水而居、干栏建筑、断发文身、习于舟楫、有肩石斧、有段石锛、使用铜鼓等习俗。广泛分布于中国西南及东南亚国家的傣族、壮族、泰族、老族、掸族、布依族、仫佬族等民族，有着十分密切的历史文化渊源[3]。在迁徙中，各族群还进一步分化，泰国的泰族与中国西双版纳的傣族就同为一源。

百越民族从中国南方向东南亚迁徙，将中国南方的经济文化带到了东南亚，在这些国家的民族文化中，烙上了中国文化的烙印。

经由南方丝绸之路，中国文化对东南亚文化的直接传播中，最引人注目的是战国末蜀王子安阳王南迁，和在越南北部建立王朝的历史事件。公元前4世纪末，秦灭古蜀王国，蜀王子安阳王率兵、民共约6万蜀人经南方丝绸之路到古交趾红河地区（今越南河内正北）建立王朝，前后持续了大约130年[4]。

---

[1] 段渝：《濯锦清江万里流：巴蜀文化的历程》，四川人民出版社，2001年，第113页。
[2] 黄惠焜：《从越人到泰人》，云南民族出版社，1992年，第5、6页。
[3] 何芳川主编：《中外文化交流史》，国际文化出版公司，2008年，第309页。
[4] 《水经·叶榆水注》引《交州外域记》。参考段渝：《四川通史》第一册，四川人民出版社，2010年。

二、蜀王子安阳王的南迁

在《水经·叶榆水注》所引《交州外域记》、《史记·南越尉佗列传》索隐所引《广州记》、《唐书·地理志》所引《南越志》，以及《太平寰宇记》所引《日南传》等史籍中，保存了蜀王子安阳王南迁交趾建立王国的珍贵史料。《交州外域记》记载道：

> 交趾（按：指今越南北部红河地区）昔未有郡县之时，土地有雒田，其田从潮水上下，民垦食其田，因名为雒民。设雒王、雒侯，主诸郡县。县乡为雒将，雒将铜印青绶。后，蜀王子将兵三万来讨雒王、雒侯，服诸雒将。蜀王子因称为安阳王。后，南越王尉佗举众攻安阳王，安阳王有神人名皋通，下辅佐，为安阳王治神弩一张，一发杀三百人。南越王知不可战，却军住武宁县。按《晋太康记》，县属交趾。越遣太子名始，降服安阳王，称臣事之。安阳王不知通神人，遇之无道，通便去，语王曰："能持此弩王天下，不能持此弩者亡天下。"通去。安阳王有女名曰眉珠，见始端正，珠与始交通。始问珠，令取父弩视之。始见弩，便盗以锯截弩讫，便逃归报越王。南越进兵攻之，安阳王发弩，弩折，遂败。安阳王下船，径出于海。今平道县后王宫城，见有故处。《晋太康地记》，县属交趾。越遂服诸雒将。

据越籍《大越史记全书》《安南志略》《越史略》诸书的记载，蜀王子安阳王名泮，蜀人，显然就是蜀王开明氏的后代。安阳王既称蜀王子，说明是蜀王后世子孙[1]。开明与安阳，本是一词的同音异写，仅音读稍异[2]。

---

[1] 徐中舒：《论巴蜀文化》，四川人民出版社，1982年，第159页。
[2] 蒙文通：《越史丛考》，载氏著：《古族甄微》，巴蜀书社，1993年，第361、362页。

根据上述史籍的记载，安阳王自开明王朝灭亡后，即率部南迁，经红河进入交趾（今越南北部红河地区），征服当地雒王、雒侯、雒将，建立"蜀朝"。《续汉书·郡国志》"交趾郡"下刘昭注曰"即安阳王国"，《广州记》称安阳王"治封溪县"[1]。越南史籍《大越史记全书》《岭南摭怪》等，均以今越南河内东英县古螺村古螺城（Co Lao）为公元前3世纪蜀人所建造的安阳王城，这与安阳王进入交趾建国的年代相当吻合。越南史籍中的"螺城"，当为"雒城"之讹。

河内东英县古螺城原有外城、内城和宫城三重城墙，外城平面略呈五边形，周长8千米左右，墙基最厚处约25米，现存高度约4米—5米，顶宽约12米；内城平面约呈椭圆形，周长6.5千米，城墙现存高度约2米—3米，顶宽约20米；这两道城墙的间距约30米，内墙已毁不存；宫城平面略呈长方形，周长1.65千米。从形制上看，古雒城与中国四川新津宝墩古城十分近似。宝墩古城现已发现内城和外城，城址平面大致呈不甚规整的五边形，长约2000米，宽约1500米，城墙周长约6.2千米[2]。内城中一处称为"鼓墩子"的地方发现大型建筑遗迹，有可能是古城的中心，或许将来能够发现宫城。从出土器物上看，古雒城城址内出土万余枚青铜箭镞[3]，这也与中国史籍关于安阳王善用弩的记载恰相一致。越史记载说安阳王城为九重，考古发掘证实为三重。这种"重城"形制，及其依河流而建之势，与成都平原古城群极为相似。而且，越史所记载的在安阳王城修建过程中，由金龟相助才得以建成的传说[4]，与战国时期秦

---

[1] 〔汉〕司马迁：《史记》卷一一三《南越列传》索隐引，文渊阁《四库全书》本。
[2] 成都文物考古研究所、新津县文管所：《新津宝墩遗址调查与试掘简报（2009—2010年）》，载成都文物考古研究所编著：《成都考古发现（2009）》，科学出版社，2011年，第67页。
[3] 〔越〕赖文到：《古雒城遗址出土的东山文化青铜器》，《越南考古学》2006年第5期。
[4] 见《岭南摭怪》卷之二《金龟传》，载戴可来、杨宝筠校注：《岭南摭怪等史料三种》，中州古籍出版社，1991年，第27—30页。

人因得神龟帮助才得以建成成都城，因而成都又称为"龟化城"的传说如出一辙。显然，安阳王城是由来自四川的蜀王子安阳王所建。

古螺城东南外建有祭祀安阳王的安阳王庙，还建有祭祀安阳王女儿眉珠的寺庙，在河内还有一条名为"安阳王大街"的大道，这些都与中、越历史文献关于安阳王故事的记载相当吻合，充分说明了蜀王子安阳王南迁交趾的史实。

蜀王子安阳王南迁交趾的史迹，在考古学文化上也有若干反映。近年在四川峨眉符溪、金口河共安和永和、犍为金井、汉源小堡、会理瓦石田、盐源柏林、盐边团结等地均发现大量蜀式器物，反映了安阳王南迁的情况①。云南滇池区域青铜文化中，也有大量蜀式器物，如呈贡龙街石碑村、晋宁石寨山、江川李家山古墓群中，都出土了大量蜀式无胡青铜戈。从流行年代及戈的形制纹饰分析，其中一些与蜀人南迁、蜀文化因素的渗透和影响有关。联系越南北部红河流域发现的形制与三星堆文化相同的歧锋牙璋，越南北部永福省义立遗址发掘出土的与三星堆文化相似的多边形有领玉璧形器、石璧形器、A类灰坑等②，越南红河流域发现的"棘字"戈，以及在四川凉山州、云南和越南青铜时代东山文化发现的大量蜀式三角形援青铜戈和船棺葬等③，它们均应与蜀文化的南传有深刻联系，证实了中、越史籍关于蜀王子安阳王南迁交趾建国的史实。同时说明，先秦时期从四川经云南至中印半岛的交通线是畅通的，这不仅与战国晚期蜀王子安阳王从蜀地南迁交趾有关，而且同从商代以来中越文化的早期交流互动有关。

---

① 王有鹏：《犍为巴蜀墓的发掘与蜀人的南迁》，《考古》1984年第12期。
② 雷雨：《从考古发现看四川与越南古代文化交流》，《四川文物》2006年第6期；四川省文物考古研究院、陕西省考古研究院：《中越两国首次合作：越南义立遗址2006年度考古发掘的收获》，《中国文物报》2007年4月6日。
③ 王有鹏：《犍为巴蜀墓的发掘与蜀人的南迁》，《考古》1984年第12期；[越]黎文兰、范文耿、阮灵等：《越南青铜时代的第一批遗迹》，河内科学出版社，1963年。

广汉三星堆遗址出土牙璋 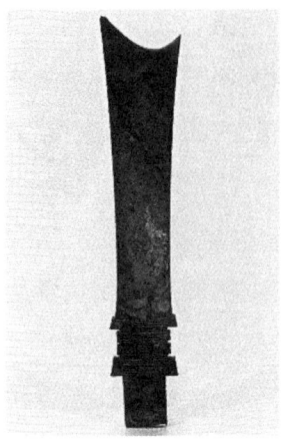　　成都金沙遗址出土牙璋 　　越南东山文化牙璋

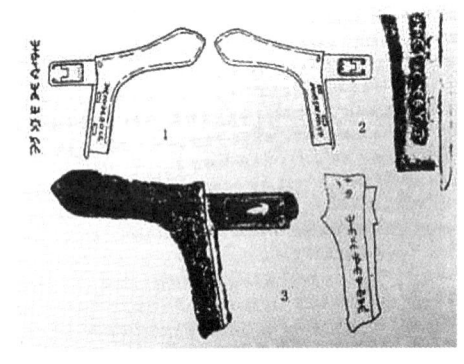

四川出土的"棘字"戈 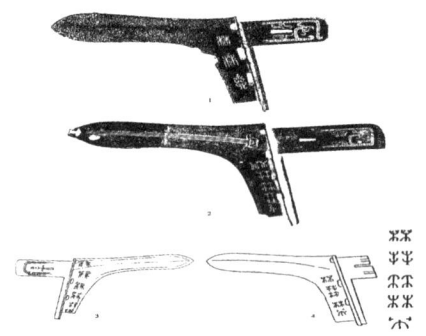　　　　　越南东山文化"棘字"戈

第五节　西南夷与南方丝绸之路

西南夷，是指今四川省西南部和云南、贵州地区，大致与《史记》《汉书》《后汉书》中《西南夷列传》所述区域相当，也就是《华阳国志·南中

志》所述"盖夷越之地"的"南中"。古蜀与南中毗邻而居,自古以来就有密不可分的关系,尤其在民族关系上,均属古代氐羌系或濮越系集团,仅分支不同而已。由此,其间的政治、经济、文化联系便从各个层面铺展开来。

一、南方丝绸之路的必经之地

南方丝绸之路国内段主要是从以成都平原为中心的四川盆地经云南和贵州向南跨入国外段的线路。在南方丝绸之路国内段各地,历年来出土了大量青铜器。从考古学文化角度,在南方丝绸之路国内段,分布有巴文化、蜀文化和西南夷青铜文化。其中,西南夷青铜文化包括13个区域文化:滇东曲靖盆地劳浸、靡莫青铜文化,滇池区域青铜文化,安宁河流域邛都青铜文化,青衣江流域徙青铜文化,雅砻江下游盐源盆地筰都青铜文化,保山盆地嶲青铜文化,洱海区域昆明青铜文化,岷江上游冉駹青铜文化,川北陇东南氐青铜文化,金沙江上游白狼、槃木、唐菆青铜文化,红河流域句町青铜文化,滇南漏卧青铜文化[1]等。

南方丝绸之路从成都出发,纵贯了川西北、川西南山地、横断山区和云贵高原,这一广袤的地区自古便是中国南北民族的迁徙通道,也是中国南北文化的重要交流孔道之一。早在新石器时代,中国南北文化的交流在这一地区就已初见端倪。到了春秋战国时期,分布在南方丝绸之路沿线的各文化都陆续进入青铜时代,并发展出灿烂多姿的各类青铜文化。其中以三星堆—金沙遗址青铜文化为代表的古蜀文化,发展水平最高,时间最早,形成了西南地区的"文化高地"。三星堆—金沙遗址青铜文化自然成为西南地区各青铜文化的"龙头",

---

[1] 参见段渝等:《西南酋邦社会与中国早期文明——西南夷政治与文化的演进》,商务印书馆,2015年。

对西南地区青铜文化产生了重要的影响。与此同时，西南地区各青铜文化也保持着自身鲜明的文化特色，共同构成了丰富多彩的西南地区青铜文化。

从《史记·西南夷列传》和《史记·大宛列传》中记载的中印交通，即学术界所说的南方丝绸之路的开通分析，西南夷主要族群与古蜀的关系早已发生并达到比较密切的程度，在政治和文化联系较为密切的基础上，这条由古蜀腹心地区经由西南夷地区通往印度地区（北印度）的漫长交通线才有可能开通。

比较一下汉武帝为打通汉王朝与大月氏的联系，派遣十余批汉使试图经西南夷地区去大夏而被氐、筰、昆明等族阻碍而无法通过这一史实，就可说明，如果没有同西南夷建立密切的政治与文化联系，就不可能从他们的地盘通过。由此可见，蜀身毒道的开通，必然是在古蜀与西南夷之间建立了良好关系的前提下才有可能初步完成的。

方国瑜先生曾经认为，由于西南地区各部族社会、经济、文化发展到一定阶段，各地部族要求与邻境交换生产品，相互往还频繁，遂开辟了连接各地的道路，如此连贯起来，开成了一条漫长的交通线，即蜀身毒道[①]。例如，位于今四川西昌地区的邛都与蜀的交通路线，在商周时代即已开通。《华阳国志·蜀志》说杜宇以"南中为园苑"，即以其地为附庸[②]。既如此，则交通亦应畅达。在以蜀为起点的南方丝绸之路上，邛都是滇蜀道西段（牦牛道）的中点，北连青衣（今四川雅安）通蜀，南跨泸水（今金沙江）入滇，地位显要。对于金沙江以南的滇、昆明族的交通起着尤为重要的作用。《华阳国志·蜀志》"会无县"下记载："路通宁州，渡泸得堂狼县。"堂狼为今云南会泽、巧家等县地，属滇。《蜀志》又载："（三缝县）道通宁州，渡泸得蜻蛉县。"蜻蛉县为今云南

[①] 方国瑜：《中国西南历史地理考释》，中华书局，1987年，第7页。
[②] 方国瑜：《中国西南历史地理考释》，中华书局，1987年，第15页。

大姚，西临洱海昆明族之地。商周时代蜀王蚕丛国破，"子孙居姚、巂等处"[①]，即沿牦牛道至西昌，再由西昌至会理，渡金沙江入云南，抵大姚及姚安。战国末，开明王子安阳王亦由此道入滇，再沿礼社江、元江而下，入航红河而抵越南。从西昌南下的这两条线路，对于古代中国西南与东南亚、南亚的经济文化交流以及西南各族与内地的政治经济文化交流均有重要的战略意义。

二、西南夷海贝的来源与蜀身毒道

西南夷地区是蜀身毒道即南方丝绸之路西线的必经地带，西南夷各族不仅受到三星堆文化的强烈影响，当西南夷青铜文化形成时，还发展了与印度洋地区的文化和贸易关系，其典型考古证据是来自印度洋地区的海贝。

根据考古资料，云南大理地区剑川鳌凤山的3座早期墓葬中出土有海贝，其中M81出土海贝43枚，M155出土海贝1枚，M159出土海贝3枚。这3座早期墓的^{14}C年代为距今2450±90年（树轮校正），约当春秋中期至战国初期[②]。昆明市文物管理委员会1979年底至1980年初发掘的呈贡天子庙战国中期的41号墓中，出土海贝1500枚[③]。云南省博物馆1955年至1960年发掘的晋宁石寨山古墓群（年代从战国末至西汉中叶），有17座墓出土海贝，总数达149000枚[④]。川渝地区遗址中最早出现海产品的是巫山大溪遗址，但其来

[①] 〔汉〕司马迁：《史记》卷三十《三代世表》正义引《谱记》，文渊阁《四库全书》本。
[②] 云南省文物考古研究所：《剑川鳌凤山古墓发掘报告》，《考古学报》1990年第2期。
[③] 昆明市文物管理委员会：《呈贡天子庙滇墓》，《考古学报》1985年第4期。
[④] 云南省博物馆：《云南晋宁石寨山古墓群发掘报告》，文物出版社，1959年；云南省博物馆：《云南晋宁石寨山第三次发掘简报》，《考古》1959年第9期；云南省博物馆：《云南晋宁石寨山古墓第四次发掘简报》，《考古》1963年第9期。

源不得而知。岷江上游茂县石棺葬内亦出土海贝、蚌饰等海产物[①]。云南大理、楚雄、禄丰、昆明、曲靖珠街八塔台和四川凉山州西昌的火葬墓中，也出土海贝[②]。这些地区均在远离海洋和海岸线的内陆地区，没有一处出产海贝，而这些地方出土的海贝也多为产于印度洋的白色齿贝，显然它们都是从印度洋地区引入的。《马可·波罗游记》说昆明一带"用白贝作钱币，这白贝就是在海中找到的贝壳"，又说大理"也用白贝壳作钱币"，"但这些贝壳不产在这个地方，它们全从印度来的"。马可·波罗所说的白贝壳，其实就是白色齿贝。云南历史上长期用齿贝为货币，是受印度的影响所致。彭信威、方国瑜、张增祺先生等[③]，都持这种主张。如果我们在地图上将西南夷各地出土海贝的地点连接起来，它正是中国西南与印度地区的古代交通线路——蜀身毒道。

三、古蜀丝绸在西南夷地区的传播

2021年，考古学家对三星堆遗址1986年1、2号坑出土的纺织品残留做了排查，在放大30至200倍后，发现13种器类、40多件器物上都有丝织品残留，还在其中的青铜蛇上的残留中发现了平纹之外的斜纹[④]。20世纪70

---

① 四川省文物管理委员会：《四川文物考古工作三十年》，载文物编辑委员会编：《文物考古工作三十年（1949—1979）》，文物出版社，1981年。
② 云南省博物馆：《云南古代文化的发掘与研究》，载文物编辑委员会编：《文物考古工作三十年（1949—1979）》，文物出版社，1981年；王大道：《云南出土货币初探》，《云南文物》1987年第12期；四川省博物馆等：《四川西昌市郊小山火葬墓群试探记》，《考古与文物》1981年第1期。
③ 彭信威：《中国货币史·前言》，上海人民出版社，1958年；方国瑜：《云南用贝作货币的时代及贝的来源》，《云南大学学报》1957年第12期；张增祺：《战国至西汉时期滇池区域发现的西亚文物》，《思想战线》1982年第2期。
④ 吴平：《三星堆新发现，丝织品现黄色涂层；神树上还是衣服上，金箔用途未定》，《川观新闻》2021年5月25日。

年代在宝鸡附近发掘的西周前期古蜀人强氏的墓葬内出土大量丝织品，其中有斜纹提花呈菱形图案的绮。在俄罗斯阿尔泰山乌拉干河畔的巴泽雷克（Pazyryk）古墓群内（约公元前5—前3世纪）出土不少中国的丝织品，其中还有斜纹显花的织锦。这些斜纹丝织品均为来自古蜀的织造品[1]。在云南江川李家山墓葬中出土的铜贮贝器上有七种不同发型的纺织妇女的造像，其上同样还有持伞女铜俑身着三层外衣的造像，肩臂部有华丽的斜纹菱形图案织纹，这些反映的应为古蜀丝绸或其仿制品。此外，在江川李家山69号墓出土的纺织场面铜贮贝器上刻有10名女工正在从事纺织活动，其中一名鎏金女贵妇双手抚膝，高坐铜鼓之上。女贵妇身着衣服华丽，胸襟处有回形花纹，这也应是古蜀丝绸及其织造工艺向西南夷传播的遗痕证据。从身份象征意义上说，古蜀丝绸被视作是极为贵重的奢侈品被交易或赏赐到西南夷贵族手中。古蜀丝绸织品往往被用于身份高贵之人，与普通人形成显性的地位差别。而这些文物所体现出来的场面与历史甚至与文献记载有相合之处，如《后汉书·南蛮西南夷传》中记载哀牢夷"五谷蚕桑，知染采文绣，罽毲帛叠，兰干细布，织成文章如绫锦"。

从商周时期开始，古蜀丝绸制品就被视作是贵族享用的奢侈品，向西南夷及身毒地区输出。据《史记·西南夷列传》和《大宛列传》记载，张骞在出使西域大夏时闻得的"蜀物"，即蜀地民间商人通过民间商道与身毒、大夏之民互市的物品。这条古商道即"蜀身毒道"，今天被称为"南方丝绸之路"。从考古学的证据看，南方丝绸之路的西线（"旄牛道—蜀身毒道"）和中线（"五尺道—滇越道"）是古代中国与南亚、东南亚地区的文化交流大通途。

---

[1] 段渝：《渭水上游的古蜀文化因素》，载屈小强等主编：《三星堆文化》，四川人民出版社，1993年，第601、602页；段渝：《发现三星堆》，中华书局，2021年，第304页。

四、三星堆与西南夷青铜文化

迄今为止的考古资料和研究成果表明，西南地区各种青铜文化大多形成于春秋战国时代，在战国末至西汉达到了鼎盛时期。而其文化则多与其北面的巴蜀文化，尤其是古蜀文化有着深刻的联系。

考古资料揭示，在西南地区的各种青铜文化中，存在着以三星堆遗址和金沙遗址为代表的古蜀文化因素的历时性辐射所带来的不同程度的影响。通过对这些文化因素的来源和传播途径的分析，我们可以看到三星堆古蜀青铜文化在西南地区的辐射、凝聚、传承和创新，由此可以进一步探索先秦时期中国西南广大地区青铜文化的来源、影响、传播、互动等整合过程，探索以青铜文化为表征的西南各族的社会结构、政治制度，以及族群和族群之间的关系，探索西南各族的经济技术水平和文明演进程度；并通过战国秦汉时期巴蜀对西南地区诸青铜文化的影响所引起的西南各族文化的深刻变迁，探索秦汉时期中央王朝通过巴蜀将西南地区诸青铜文化整合进中华文化圈的过程，而这一过程正是中华文明多元一体历史发展格局在西南地区的具体表现。

三星堆祭祀坑中出土了大量青铜人物雕像，其中除古蜀人的形象造像外，还有不少西南夷人物形象的造像[1]。这表明，早在三星堆文化时期，也就是相当于商代中期[2]，西南夷的一些"君长"与古蜀王国之间已存在密切的政治与文化（宗教）关系，这应当就是"蜀身毒道"之所以能够开通的一个重要基础和必要条件。如果没有蜀与身毒国的联系，仅仅是西南夷各族群间道路的开辟，当然就不会有"蜀身毒道"的名称；如果没有古蜀王国与西南夷之间

---

[1] 段渝：《商代蜀国青铜雕像文化来源和功能之再探讨》，《四川大学学报（哲学社会科学版）》1991年第2期。

[2] 三星堆祭祀坑的年代为商代晚期，但瘗埋其内的青铜雕像则属于商代中期的遗物。参考陈德安：《三星堆遗址的发掘与研究》，《中华文化论坛》1998年第2期。

密切的政治、经济和文化关系，同样也就不会有以"蜀身毒道"名义命名的交通线的开辟，这应当是不言而喻的。

以三星堆文化为代表的古蜀青铜文化对西南地区各青铜文化的历时性辐射与影响，最明显地表现在众多的青铜人物和动物造型三角形援铜戈、神树及树形器、金杖和铜杖、有领铜璧、太阳图案及太阳崇拜等几个方面[1]。这些文化因素都沿着南方丝绸之路不同程度地向南传播，并在传播过程中与西南诸青铜文化发生碰撞、交融、整合，在很大程度上影响了西南地区诸青铜文化的发展。三星堆文化和南方丝绸之路沿线诸青铜文化的青铜器，直观地反映了这个过程。

例如，三星堆文化与南方丝绸之路上的一些青铜文化都有单个的青铜人物造型和群体人物造型。三星堆文化的单个人物造型有青铜立人、跪坐人等，滇文化则有单个的跪坐执伞俑和持棍俑。三星堆文化的群体人物造型有神坛上的群神，滇文化的贮贝器与铜鼓上的群体人物造型则是滇青铜器的典型艺术创造之一。此外，筰都文化的青铜器也有群体人物造型的风格。

古蜀多见用鸟兽鱼虫造型装饰青铜器纹饰，常见有鸡、凤、鱼凫、龙、虎、牛、鹿、鱼、蝉等造型。它也为西南地区诸文化所接受、承袭。滇青铜器上装饰的鸟兽鱼虫种类繁多，大到马、牛、熊、鹿，小到蜜蜂、甲虫、蜈蚣；天上飞翔的孔雀、犀鸟、鹰隼，地上奔跑的虎、豹、豺、狼，都被装饰到滇青铜器上。昆明文化、筰都文化、冉駹文化中也多见各种动物造型，如昆明文化中的鸡、鹤、鹰、燕、马、犬、牛、羊；筰都文化中的虎、马、蛇、鸡、燕、鹰；冉駹文化中的犬和鸟等。

---

[1] 参考段渝：《古代中国西南的世界文明》，《先秦史研究动态》1990年第1—2期合刊；《古蜀文明富于世界性特征》，《社会科学报》1990年3月15日；《商代蜀国青铜雕像文化来源和功能之再探讨》，《四川大学学报（哲学社会科学版）》1991年第2期；《论商代长江上游川西平原青铜文化与华北和世界文明的关系》，《东南文化》1993年第2期。

三星堆遗址出土的华丽精美的金杖说明古蜀文化曾经存在过用杖的习俗，三星堆金杖是宗教和世俗权力的代表物。而铜杖和铜杖首却在西南诸文化中大量出现，这种现象至少说明了两个方面的问题，其一是古蜀的用杖习俗在西南地区得到了承袭，其二是用杖的社会面比古蜀有所扩大。

三角形援铜戈是古蜀青铜文化影响西南地区诸青铜文化的又一个范例。从总体上讲，西南地区的铜戈都属于三角形援戈，属于一个大的系统。尽管不同区域的戈拥有各自的独特风格，但它们都以蜀式戈为"祖形"，与蜀式戈存在着"血缘"关系，这种关系又随着该区域与蜀地的远近和与蜀文化关系的密切程度而有所变化。与蜀近邻的地区，蜀式戈直接传入了这些地区；在与蜀相隔较远的地方，则发生了变化，演变出各式各具特点的铜戈，共同组成了西南地区青铜戈的"大家庭"。如冉駹文化区，因与蜀地紧邻，该区域内的三角形援铜戈基本为蜀式戈；笮都文化区与昆明文化区的铜戈则发生了变化，带上了地方文化特色；滇文化区的铜戈在形制上变化最大，种类也最丰富，但它们与古蜀三角形援铜戈的"血脉"关系还是一目了然的[1]。

古蜀青铜文化的南传，基本上是沿着南方丝绸之路传播的。南方丝绸之路是古蜀文明与西南夷和外域的文化传播、交流线路，而古蜀文明的南传对南方丝绸之路国内段沿线的稳定起到了相当重要的作用[2]。

---

[1] 刘弘:《巴蜀文化在西南地区的辐射与影响》，载段渝主编:《南方丝绸之路研究论集》，巴蜀书社，2008年。
[2] 段渝、刘弘:《论三星堆与南方丝绸之路青铜文化的关系》，《学术探索》2011年第4期。

第二章

秦汉时期的南方丝绸之路

秦汉时期是南方丝绸之路全面开通的时期。从公元前316年秦并巴、蜀，中经秦王朝的兴灭，直到西汉中叶，经过两百余年长期不懈的努力，终于从根本上改变了先秦巴、蜀文化的性质，转变了它的发展方向，不再被视为"西僻戎狄之长"[①]"南夷"[②]，从作为独立王国形态和民族性质的文化，转化为秦汉统一王朝的地域形态和中华民族组成部分之一的中华文化亚文化[③]。在此基础上，秦汉王朝得以从巴蜀出发，利用巴蜀作为开发西南夷地区的基地，其间尤其加强了对南方丝绸之路起点——成都的建设。从此，南方丝绸之路的历史掀开了新的一页。

---

① 〔汉〕刘向辑录：《战国策·秦策一》，上海古籍出版社，1995年。
② 〔汉〕班固：《汉书》卷二十八《地理志》，文渊阁《四库全书》本。
③ 刘茂才、隗瀛涛、段渝：《从文化转形谈中介论——关于巴蜀文化转形的研究实例》，《中华文化论坛》1998年第3期。

第一节　秦汉王朝对巴蜀的改造和经营

统一政治经济和整合多元文化，是秦汉时期的两大时代主题。大体说来，秦汉王朝对巴、蜀一类新归并的异质文化区域，着重针对其原先的独立王国政体，在政治上进行大刀阔斧的变革，铲平割据势力，消除割据影响，维系统一局面；在经济上，根据异质文化区域的实际经济结构状况，实行程度不等的变革；在文化上，则采取温和的策略，主要通过文化对政治经济变革的自然反馈和感应，以及文化交流和渗透，来达到整合多元文化的目的。

一、秦王朝对巴蜀的改造

公元前316年秦灭巴、蜀后，随即于公元前314年在巴、蜀置郡，着手对巴、蜀进行政治经济改造。秦对巴、蜀采取了郡县制与羁縻制或分封制相结合的政策，分步骤对巴、蜀实施改造，并根据两地的实际情况，分别采取了不同的治理策略。

在巴地，秦消灭了宗姬巴国的政权，俘虏了巴王，在原巴都江州（今重庆渝中）筑城，置巴郡[1]。在将巴地纳入郡县体制的同时，秦"以巴氏为蛮夷君长"[2]，不改变其血缘集团的社会组织结构，保留大姓统治，并利用大姓首领作为其基层统治代理人，通过他们来实施秦的各项政策、制度和法令。这些措施，既把巴地各族纳入秦国统一的郡县制体制之内，使其政治经济制度的主要方面按照秦制、秦律来运转，又稳定了巴地的社会秩序，因而收到良好

---

[1] 参见〔晋〕常璩：《华阳国志·巴志》，文渊阁《四库全书》本；〔北魏〕郦道元：《水经·江水注》，文渊阁《四库全书》本。
[2] 〔南朝宋〕范晔：《后汉书》卷八十六《巴郡南郡蛮传》，文渊阁《四库全书》本。

的成效。

秦昭王时，为了进一步巩固川东巴地这一战略基地，以支持秦对东方六国愈演愈烈的统一战争，又借板楯蛮射杀白虎有功于民之机与之订立盟约，"乃刻石盟要，复夷人顷田不租，十妻不算，伤人者论，杀人得以倓钱赎死。盟曰：秦犯夷，输黄龙一双；夷犯秦，输清酒一钟。夷人安之"[①]。这在实际上等于免除了板楯蛮的田租和大部分算赋负担，大大有利于巴地政治秩序的稳定。

公元前314年，秦置蜀郡，同时又以蜀为侯国，"贬蜀王，更号曰侯"[②]，实行郡县制与分封制并行的过渡政策。从公元前316年灭蜀，直到公元前285年诛蜀侯绾，经过30余年的时间，秦才最终在蜀地确立起完全的郡县体制，将蜀地真正纳入秦的统治体系当中。

经济方面，秦初并蜀时，一仍蜀国旧制，没有颁行新措施。到诛蜀侯通国后，秦派甘茂入蜀，于武王二年（公元前309年）在蜀颁布由甘茂奉命修订的《为田律》[③]，并在蜀地推行。

《为田律》实际上是重新确定经政局变动后原蜀国民户的田界和田亩面积，以便日后进一步变革蜀地的生产关系[④]。

秦昭王四年（公元前303年），秦在蜀地大规模地变革土地制度和生产关系。《汉书·地理志》记载"秦昭王开巴蜀"，《史记·秦始皇本纪》记载"昭王四年初为田，开阡陌"，两条史料记载的是同一事，即把商鞅变法以来秦国实行的辕田制在巴蜀广大地区推行[⑤]。这改变了蜀地的经济结构，造就了大批

---

① 〔南朝宋〕范晔：《后汉书》卷八十六《巴郡南郡蛮传》，并见《华阳国志·巴志》。
② 〔汉〕司马迁：《史记》卷七十《张仪列传》，文渊阁《四库全书》本。
③ 四川省博物馆、青川县文化馆：《青川县出土秦更修田律木牍——四川青川县战国墓发掘简报》，《文物》1982年第1期。
④ 蜀开明氏王朝的土地制度是国有制，参考段渝：《四川通史》第一册，四川大学出版社，1993年，第70、71页。
⑤ 蒙文通：《巴蜀古史论述》，四川人民出版社，1981年，第65、66页。

新兴个体小农和地主。他们既是新制度的合法受益者，当然又是新制度的坚决拥护者，因而奠定了秦在蜀实施统治的最广泛和最坚强的社会基础。

秦始皇二十六年（公元前221年），秦统一全国，建立起幅员辽阔的统一多民族封建国家。三十一年（公元前216年），秦王朝发布"使黔首自实田"[①]的法令，使占有土地的地主和自耕农按照实际占有的田亩数量向政府申报，不论占有田数多少，均可取得国家法律认可。秦王朝的封建土地制度和法令由此在巴蜀全境全面贯彻实施，使巴蜀的自耕农和地主同时取得了新的合法地位。

在工商业方面，公元前311年，秦惠王令张仪、张若修筑成都城池，"营广府舍，置盐、铁、市官并长丞，修整里阓，市张列肆，与咸阳同制"[②]。将商业市肆集中到少城南部加以统一管理，形成规模很大的"成都市"，与秦都咸阳同制。同时，秦允许巴蜀的盐、铁业和其他手工业继续营业，置盐、铁、市官分别征收盐、铁和贸易税。这些政策推动了蜀地工商业的进一步发展，因而使蜀地的工商业者也成为秦制的积极拥护者。《华阳国志·蜀志》说秦时蜀地"工商致结驷连骑，豪族服王侯美衣"，表明工商业者成为秦制的很大受益者，成为秦王朝在蜀地进行统治的重要社会基础之一。

秦对巴蜀政治制度和经济结构的改造，从根本上使巴蜀从原来的独立王国转变为统一王朝之内的郡县，"法令由一统"，成为以秦王朝为代表的中华民族大家庭光荣之一员。与此同时，由于大批拥护秦王朝统治的巴蜀自耕农、地主和工商业者的兴起，他们分布在巴蜀各地，是秦统治思想的坚决拥护者，因而造就了巴蜀文化对秦文化的直接感应，从而推动了巴蜀文化的转型，逐步与秦文化相整合，成为中华文化圈内的一个地域亚文化区。

---

① 〔汉〕司马迁：《史记》卷六《秦始皇本纪》，文渊阁《四库全书》本。
② 〔晋〕常璩：《华阳国志·蜀志》，文渊阁《四库全书》本。

二、汉王朝对巴蜀的改造

公元前207年十月，秦王朝在农民战争的急风暴雨中全面崩溃。公元前206年，自立为西楚霸王的项羽封刘邦为汉王，"王巴、蜀、汉中四十一县，都南郑"[1]。刘邦用萧何之谋，据巴、蜀、汉中（汉中在先秦时为巴、蜀之地），以为汉军粮饷、兵员的供应基地；又采韩信之策，率军东伐，"留萧何收巴、蜀租，给军粮食"[2]。据《华阳国志·蜀志》记载："汉祖自汉中出三秦伐楚，萧何发蜀、汉米万船而给助军粮，收其精锐以补伤疾。"《汉中志》也载："高帝东伐，萧何常居守汉中，足食足兵。"巴地阆中人范目为汉王募发川东板楯蛮还发三秦，板楯蛮"天性劲勇，初为汉前锋，数陷阵"[3]，"帝（高祖）嘉其功"[4]。这些史实表明，楚汉之争时，巴蜀不但已为汉王所收用，而且对汉王朝的建立做出了重要贡献。

由于巴蜀地区是"帝业所兴"[5]，又是汉王朝重要的粮仓和材官来源地[6]，所以汉王朝建立伊始，就把巴蜀划为"天子自有"之地[7]，"不封藩王"[8]。这样，就使巴蜀地区从楚汉战争以来长期置于中央王朝的直接控制之下。长期处于汉家天下的稳定状态之中，有利于增强巴蜀对汉王朝的认同感，增强汉文化对巴蜀文化的吸引力。

---

[1] 〔汉〕班固：《汉书》卷一《高帝纪上》，文渊阁《四库全书》本。
[2] 〔汉〕班固：《汉书》卷一《高帝纪上》，文渊阁《四库全书》本。
[3] 〔南朝宋〕范晔：《后汉书》卷八十六《巴郡南郡蛮传》，文渊阁《四库全书》本。
[4] 〔晋〕常璩：《华阳国志·巴志》，文渊阁《四库全书》本。
[5] 〔晋〕常璩：《华阳国志·汉中志》，文渊阁《四库全书》本。
[6] 《汉书·食货志》记载：汉初，民大饥馑，高祖"乃令民得卖子就食蜀、汉"，可见巴蜀（汉中原为巴蜀之地）是汉王朝的重要粮仓。又，《汉书·高帝纪下》记载高帝从巴蜀选取"材官"，可见巴蜀是汉王朝"材官"的来源地之一。
[7] 〔汉〕班固：《汉书》卷十四《诸侯王表序》，文渊阁《四库全书》本。
[8] 〔晋〕常璩：《华阳国志·汉中志》，文渊阁《四库全书》本。

汉高祖五年（公元前202年）五月，发布了著名的"罢兵赐复诏"[1]，促使一大批士兵因为建有军功而成为新兴的军功地主，获得爵位和田宅，造就了西汉王朝最坚强的社会基础和有力支柱。巴蜀地区在楚汉战争中是汉军的兵员基地，从军随刘邦出关中定三秦者不在少数。《汉书·高帝纪》多处提到巴蜀民"给军事劳苦"，"士卒从入蜀、汉、关中者"，《华阳国志·蜀志》也说萧何收巴蜀"精锐以补伤疾（按：即补充兵员）"，证明有大批巴蜀民参加汉军。其中当有不少人因军功获得爵位和田宅，成为新兴的军功地主（《华阳国志》记载的蜀中"大姓"，其中很大一部分当与此有关）。他们在罢兵归家后，自然也就成为新兴的汉王朝在巴蜀各地进行统治的坚强支柱。西汉前期巴蜀文化加速向汉文化转型，这是其中十分重要的一个原因。

汉武帝时，实行盐、铁官营制度，在全国40郡国设置铁官49处，其中在巴蜀地区设置三处：蜀郡临邛、犍为郡武阳、犍为郡南安[2]。铁官的设置，强制性地使人们对在其物质文化生产中使用最普遍的铁制农具和工具采用统一的官样形式，从而迅速取代了残存的巴蜀文化器物形制，对于巴蜀特有的青铜文化造成了根本性冲击。由此从物质形态上保留下来的巴蜀文化残余，就最终被汉文化取代了。从考古出土的巴蜀物质文化上看，正是汉武帝时期，传统的巴蜀器物基本上化于无形，表明其主体部分已转型为汉文化。

在汉王朝政治经济政策的直接作用下，巴蜀文化加深了对汉文化的感应和融合，朝着汉文化迅速转化，最终成为汉文化不可分割的重要组成部分。

---

[1] 〔汉〕班固：《汉书》卷一《高帝纪下》，文渊阁《四库全书》本。
[2] 〔汉〕班固：《汉书》卷二十八《地理志》，文渊阁《四库全书》本。

三、秦汉王朝对巴蜀社会组织的改造

秦灭巴蜀后，旋即对巴蜀境内的各种社会组织进行改造。

巴国王室由于已经绝祀，原王族的成员大概下降为一般富户，纳入秦的编户之中。巴地的各个大姓，虽然血缘家族组织仍然保存下来，但包括大姓首领和部众在内也都被同时纳入秦的统一编户体制当中。据史书记载，巴人板楯蛮中出现了许多汉姓，如廖、何、秦、谢、资、袁等。这些姓氏，无疑是秦汉王朝对板楯蛮的社会组织进行改造，将其纳入秦汉的编户以后才新产生的，说明他们已初步从大姓血缘组织中分化出来，成为地缘性的乡、里组织结构中的编户。

在蜀地，从公元前314年至前300年，秦先后分封了三代开明氏为蜀侯，直到公元前285年诛蜀侯绾，开明氏王室才最终灭亡，开明氏作为王族的历史也才最终结束。从秦汉时期蜀中的"大姓"（秦汉及以后蜀中的"大姓"，是时人对豪族的宗族组织的称谓，它与川东的血缘大姓有本质区别）和富户当中没有开明氏的情况看，秦昭王诛蜀侯绾以后，开明氏的家族组织必定是解体了，其族人不是株连遭难，就是被贬为庶民，其族氏则被分解成一个个普通的个体小家庭，变成秦王治下的编户齐民。

汉王朝建立后，由于汉初巴蜀有许多人成为军功地主，均以功晋爵为大夫（第五级爵）[1]，所以这批人在罢兵归家后势力膨胀，逐步形成庞大的家族组织，成为汉代巴蜀地区的大姓，形成新的豪族，"三蜀之豪，时来时往"[2]，对于巴蜀的经济和社会发展有着举足轻重的影响。从《华阳国志》看，蜀中豪

---

[1] 《汉书·高帝纪下》载汉高祖五年诏曰："军吏卒会赦，其亡罪而亡爵及不满大夫者，皆赐爵为大夫……非七大夫以下，皆复其身及户，勿事。"据《汉书·百官公卿表》，大夫为第五爵级。可知，巴蜀从汉军的军吏卒至少为大夫。

[2] 〔晋〕左思：《蜀都赋》，文渊阁《四库全书》本。

族多为汉姓，当是其先世在汉初就已改从汉姓的缘故，这一类情况在内附的少数民族中并不鲜见。

秦汉王朝在改造巴蜀社会组织的同时，还大规模地进行了社区改造。据《华阳国志·巴志》和《汉中志》的记载，秦在巴蜀故地分置3郡31县[①]，西汉在巴蜀故地分置6郡79县[②]，形成数十个新的大社区，各县县治所在地便成为新的社区中心。新社区抑制、削弱以至割断了原先巴蜀地区错综复杂的政治关系和社会关系，又"使民不得擅徙"，由中央王朝委派官吏治理，提高了中央王朝对各个社区的政治整合程度。同时，由于新的社区中心往往就是社区的经济中心，发挥着社区内部和社区之间对于劳动力资源、生产资源、社会财富，以及社会生产、商品流通等的调节、吸引、控制等功能，因而对新的经济秩序、社会秩序的形成都产生了重要作用，也提高了中央王朝对各个社区的经济整合程度。随着政治经济整合程度的提高，意识形态上的、法律上的以及观念上的文化整合，自然也就随之而至了。

四、秦汉王朝对巴蜀的移民

通过移民来控制巴蜀并推动巴蜀文化的转型，是秦汉王朝治理和改造巴蜀所采取的又一个重要战略措施。

---

① 秦在巴蜀故地分置3郡，为巴、蜀、汉中郡，巴、蜀二郡于周赧王元年（公元前314年）置，三年（公元前312年），"分巴、蜀置汉中郡"，见《华阳国志》中的《巴志》《汉中志》《蜀志》。据《华阳国志》中的《巴志》《汉中志》，三郡共置31县，《汉书·高帝纪上》则说共置41县，当以《华阳国志》所记为确。参考刘琳：《华阳国志校注》，巴蜀书社，1984年，第33、34页。

② 汉高帝和武帝时，在原巴蜀地区共分置6郡，为巴、蜀、汉中、广汉、犍为、越巂郡。武帝时曾一度分置汶山郡和沈黎郡，后罢置。六郡共置78县，加上原属巴国、后属南郡的巫县，共79县，其中属今四川省和重庆市的有58县，余分属今陕西、甘肃、云南、贵州等省。

秦对巴蜀地区的移民，分为几种不同的情况，也有不尽相同的历史背景。秦统一中国以前，移民巴蜀的首要目的在于控制当地，防止反抗。秦始皇统一中国前后的移民巴蜀，则有三种情况：一种是控制巴蜀边地，以防生变；一种是迁六国强宗、豪右，使其脱离故土，以便控制；还有一种是流徙刑徒、罪人，主要是原秦政府中犯罪的官员。尽管推行移民举措的最初目的同改造巴蜀并无直接关系，但却在这方面发挥了十分重要的作用。

秦对巴蜀的首次移民发生在公元前314年。据《华阳国志·蜀志》记载，秦惠王灭蜀后，鉴于当时"戎伯尚强，乃移秦民万家实之"。这表明，这次移民的主要目的在于防备"戎伯"，即臣属于蜀王的"西僻戎狄"[①]的反抗。这批移民数量庞大，以万家计。按当时"一夫挟五口"的通常情况，一万家的人口总数已达五万人之众。他们入蜀后，分别移驻不同地点，多数集中分布在成都及周围地区。公元前311年秦蜀守张若"城成都"，这批实蜀的秦民成为成都城垣的首批建设者。一部分秦民屯驻在从成都通往西南夷地区的交通要冲上。四川荥经古城坪发掘的第一期秦墓[②]，当是这一部分秦民所遗。还有一部分秦民集中屯驻于秦、蜀之间的交通要道附近，四川青川郝家坪发掘的早期秦墓[③]，当是这一部分秦民所遗。可见，除重点防卫蜀郡而外，利用移民保卫交通要道也是当时秦国的一个重要战略方针。

史籍所见秦对巴蜀的另一次大移民发生在秦始皇时期。《华阳国志·蜀志》记载："临邛县，(蜀)郡西南二百里，本有邛民，秦始皇徙上郡实之。"这次移民，直接目的在于充实当地守备，保卫临邛城自先秦以来所形成的成都平原

[①] 《战国策·秦策一》："夫蜀，西僻之国也，而戎狄之长也。"
[②] 荥经古墓发掘小组：《四川荥经古城坪秦汉墓葬》，《文物资料丛刊》第4辑，文物出版社，1981年。
[③] 四川省博物馆、青川县文化馆：《青川县出土秦更修田律木牍——四川青川县战国墓发掘简报》，《文物》1982年第1期。

城市手工业和农业经济与南中半农半牧经济进行区域间交流的贸易中心地位。

因罪而被秦王朝夺爵免官，流徙于蜀的移民也为数不少。据《史记·秦始皇本纪》记载，秦始皇镇压了嫪毐之乱之后，清洗其余党，将其舍人轻者罚为鬼薪，"及夺爵迁蜀四千余家，家房陵"。以一家五口计，此次迁蜀共有2万余人①。另据《史记·吕不韦列传》，吕不韦因嫪毐事发而免相后，秦始皇先令其就封河南，继而又赐书令"其与家属徙处蜀"。不过，这几批人徙居蜀地时间并不长，在吕不韦饮鸩身亡以后，秦王朝"乃皆复归嫪毐舍人迁蜀者"②，所以他们在巴蜀地区几乎没有留下多少影响。

除此之外，秦国王族中也有封于蜀者，如秦惠王异母兄弟樗里疾，因战功于公元前312年封于蜀之严道，"号为严君"③。但从樗里疾卒后葬于渭南章台之东的情况看，他似乎并没有前往严道就封。如此说来，樗里疾虽有封蜀之名，却无就封之实，自然也就谈不上在当地留下什么影响。

秦始皇统一六国后，把大量富豪、强宗迁往巴蜀地区，目的在于使这些六国旧贵族脱离乡党，断绝其作乱根基，从政治上对他们进行打击，从经济上削弱其势力。秦王朝强迫迁往巴蜀地区的这类强宗豪右究竟有多少，史籍没有记载，不过从《史记·项羽本纪》所说"秦之迁民皆居蜀"，以及《华阳国志·蜀志》所说"秦惠文、始皇克定六国，辄徙其豪侠于蜀，资我丰土"等材料来看，其数量必定是不小的，如赵王迁被"流于房陵"④（房陵原为巴蜀之境），楚庄王后裔被迁于严道⑤等。迁徙方式，既有大规模迁徙，又有个别迁徙。大规模迁徙的情况，今多已不可考，个别迁徙的情况也大多失考，仅

---

① 房陵古为巴蜀之境，秦时属汉中郡，后改隶新城郡，汉末以为房陵郡，今属湖北省。
② 〔汉〕司马迁：《史记》卷八十五《吕不韦列传》，文渊阁《四库全书》本。
③ 〔汉〕司马迁：《史记》卷五十三《樗里子列传》，并见本传索隐，文渊阁《四库全书》本。
④ 〔汉〕司马迁：《史记》卷四十三《赵世家》集解引《淮南子》，文渊阁《四库全书》本。
⑤ 〔宋〕李昉等：《太平御览》卷一六六引《蜀记》，文渊阁《四库全书》本。

中原赵人卓氏和山东迁虏程郑徙蜀的情况，比较典型而有记载。

《史记·货殖列传》记载："蜀卓氏之先，赵人也，用铁冶富。秦破赵，迁卓氏。卓氏见虏略，独夫妻推辇，行诣迁处。诸迁虏少有余财，争与吏，求近处，处葭萌。唯卓氏曰：'此地狭薄。吾闻汶山之下，沃野，下有蹲鸱，至死不饥。民工于市，易贾。'乃求远迁。致之临邛，大喜，即铁山鼓铸，运筹策，倾滇、蜀之民，富致僮千人，田池射猎之乐，拟于人君。"此篇还记载："程郑，山东迁虏也，亦冶铸，贾椎髻之民，富埒卓氏，俱居临邛。"卓氏、程郑以及其他未见诸记载的六国富豪迁往蜀地（上引《货殖列传》说大多数赵国富豪迁往葭萌。葭萌，蜀地，今属四川广元市），原是秦王朝对他们的一种惩罚性措施。但其中一些迁虏原为工商之家，如卓氏、程郑等，既有专门的技术知识，又有善贾的商业才能，所以他们迁蜀后，反倒如鱼得水，尽其能事，以至暴富。

西汉王朝建立后，对于秦王朝移民巴蜀的政策循而不改。不过，汉王朝的移民巴蜀，并不完全与秦相同。除政府强行迁徙内地豪强、吏民和罪犯于巴蜀外，其他民众也可移居巴蜀。前者如东汉顺帝时的《王孝渊碑》记载："□孝之先，元□关东，□秦□益，功烁纵横。汉徙豪杰，迁□□梁，建宅处业，汶山之阳。"[①] 其先原为关东豪右，汉初被朝廷强徙于蜀。后者如《金石录》所著录的东汉建安十年（205年）的《樊敏碑》记载："其先世出自周人，后其分族辗转入蜀定居。"又如扬雄，据《汉书·扬雄传》"其先出自有周，伯侨者，以支庶初食采于晋之扬，因氏焉……扬在河、汾之间……会晋六卿争权……逼扬侯，扬侯逃于楚巫山，因家焉"，楚汉之争中，其先世徙居江州，汉武帝时迁居蜀郡郫县，"有田一廛，有宅一区，世世以农桑为业"。这两类移民，虽然见诸史乘不多，但从汉代巴蜀大量的汉人姓氏可以看出，外

---

① 谢雁翔：《四川郫县犀浦出土的东汉残碑》，《文物》1974年第4期。

来移民的数量必定为数众多。这些移民来到巴蜀地区后,"建宅处业",购置田产,大多在巴蜀世代居住下来。

由于秦汉王朝相继多次大批移民巴蜀,秦汉的华夏语言、行为方式、价值观念、精神风貌、风俗习惯等逐步对巴蜀产生了影响,经过较长时期的交流、融会,遂引起巴蜀文化的转型。蜀人首先从语言上学会了秦言,从"蜀左言"[①]变为"民始能秦言"[②],至西汉时,古蜀语基本消失,"言语颇与华同"[③]。在语言变化的同时,蜀人的一些风俗时尚,尤其在车服器用、丧葬嫁娶、社会交际等方面,也与时俱进了。对此,《华阳国志·蜀志》有一段十分精彩的论说,录之于下:

> 然秦惠文、始皇克定六国,辄徙其豪侠于蜀,资我丰土。家有盐铜之利,户专山川之材,居给人足,以富相尚。故工商致结驷连骑,豪族服王侯美衣,娶嫁设太牢之厨膳,归女有百两之徒车,送葬必高坟瓦椁,祭奠而羊豕夕牲,赠禭兼加,赗赙过礼,此其所失。原其由来,染秦化故也。……萧鼓歌吹,击钟肆悬,富侔公室,豪过田文,汉家食货,以为称首。盖亦地沃土丰,奢侈不期而至也。

文中所举,都是秦汉移民入蜀后所引起的文化变迁,其中多数还可以从巴蜀的考古发现中征引到确切的实物证据。而诸此种种文化变迁,归根结底,其原因在于"染秦化故也",即以秦为符号的华夏文化(后来是汉文化)在巴蜀地区的大传播,使得巴蜀文化的一些层面迅速"秦化",同秦文化相整合,其后又成了汉文化的一个地域亚文化。

---

① 〔晋〕左思:《蜀都赋》刘逵注引扬雄《蜀王本纪》,文渊阁《四库全书》本。
② 〔唐〕卢求:《成都记·序》,〔清〕董诰等编:《全唐文》卷七四四,文渊阁《四库全书》本。
③ 〔晋〕左思:《蜀都赋》刘逵注引《地理志》,文渊阁《四库全书》本。

五、秦汉王朝对巴蜀的文化变革和引导

秦统一中国以前，除了在政治经济、社会组织等方面对巴蜀进行了急风暴雨般的根本性改造外，在文化方面几乎没有采取什么变革措施。秦蜀守李冰在修筑都江堰时，曾充分利用了蜀人自古形成的尚五宗教观念，"以五石牛以压水精"。李冰准确地抓住了蜀文化的精神实质，因而牢牢把握住了治蜀的精神武器，终于成功地修造了都江堰，创造出历史的奇迹，受到蜀人世代崇敬，也稳定了秦在蜀地的统治秩序。

秦始皇统一中国后，采丞相李斯之议，焚书坑儒，但对巴蜀却几乎没有产生什么制约和影响。巴蜀地区原来就不传《诗》《书》，百家语中仅道、杂两家在巴蜀极少数人中传习，在当时完全不占重要地位。相反，巴蜀文化的精神动力来自从古相传不衰的各种宗教崇拜和观念，卜筮、方术、神仙术之类十分发达，它们非但不在秦王朝的文化专制主义所高压钳制的思想文化之列，反而在秦法予以保留的范围以内。因而，当巴蜀的政治经济、社会组织俱已发生根本变革时，其文化却能够继续保存下来，发扬光大，并一再受到秦王朝的支持和利用。秦始皇"推终始五德之传"，"数以六为纪""而舆六尺"[①]，但在蜀地所开官道却不是六尺，而是"五尺道"[②]，这在秦王朝的皇权主义和文化专制下极为罕见。而蜀中长盛不衰的方术和神仙之术，更是在秦始皇求仙人、事鬼神行迹的激励下蓬勃发展。这样，巴蜀文化的精髓以及精英几乎得以全面保存下来。

正因为秦王朝的文化专制主义几乎没有对巴蜀的文化造成什么影响，所以，到汉景、武之际，文翁为蜀守，"遣张宽诣博士东受七经，还以教授，于是蜀学比于齐鲁。巴、汉亦化之……天下郡国皆立文学，由文翁唱其教，蜀

---

① 〔汉〕司马迁：《史记》卷六《秦始皇本纪》，文渊阁《四库全书》本。
② 〔汉〕司马迁：《史记》卷一一六《西南夷列传》，文渊阁《四库全书》本。

为之始也"①。经文翁治蜀，引导蜀人走向全面汉文化的道路，"教民读书法令"，蜀中父老以其子弟能够接受汉文化教育为自豪，"及司马相如游宦京师诸侯，以文辞显于世，乡党慕循其迹，后有王褒、严遵（君平）、扬雄之徒，文章冠天下"②，标志着汉王朝转化巴蜀文化努力的成功。

六、成都：西南国际都会的形成

秦汉的统一，结束了全中国诸侯割据的分裂局面，为各地经济文化的交流开辟了新前景。大一统局面的形成和日益巩固，打破了先秦时期各个诸侯国画地为牢、以邻为壑的封闭状况，造就了统一的国内市场，因而手工业和商业贸易日益发达。《史记·货殖列传》说："汉兴，海内为一，开关梁，弛山泽之禁，是以富商大贾周流天下，交易之物莫不通，得其所欲。"又因为交通事业的发展，促使商业贸易更加兴盛。巴蜀商业的活跃以至空前发展，正是海内统一、道无不通所带来的重要成果。巴蜀手工业和商业贸易的发展，为成都成为西南国际都会奠定了坚实的经济文化基础，进一步增强了成都作为南方丝绸之路起点的地位。

（一）手工业的新发展

先秦时期，巴蜀手工业创造了灿烂的青铜文明。秦汉时期，巴蜀手工业融入铁器时代的中国文明之中，在若干方面取得了引人瞩目的新成就，饮誉中外。其中，盐、铁、丝绸等的制作对于南方丝绸之路的商业贸易有着非常重要的作用。

---

① 〔晋〕华璩:《华阳国志·先贤士女总赞》，文渊阁《四库全书》本。
② 〔汉〕班固:《汉书》卷二十八《地理志》，文渊阁《四库全书》本。

1. 制盐

历史记载中，中国最早的盐井开凿于巴蜀。据《华阳国志·蜀志》记载，李冰为蜀守时，"穿广都盐井"，首创了开凿盐井取卤制盐的工业。汉代，巴蜀的盐井业继续发展，汉宣帝地节三年（公元前67年），"又穿临邛、蒲江盐井二十所，增置盐铁官"[①]。东汉时，盐井发展更为迅速，今泸州、内江、南溪、三台、南部、忠县等地均凿有盐井，盐井几乎遍及整个巴蜀地区。巴蜀出产的井盐不但满足了自身需要，还常常输往京师，以供官府和百姓之需。汉成、哀之间，成都罗裒擅盐井之利，往返于巴蜀与京师之间行商，以至家资亿万，从一个侧面说明了巴蜀盐井业的发达盛况。

盐井画像砖

---

① 〔晋〕华璩：《华阳国志·蜀志》，文渊阁《四库全书》本。

2. 冶铁

先秦巴蜀已初步发展了冶铁制铁，但尚未形成一个完整的冶铁制铁业。巴蜀归秦后，铁矿的采冶和铁器的制作进一步发展，很快就发展成为一个单独的工业部门。据史载，临邛"有古石山，有石矿，大如蒜子，火烧合之，成流支铁，甚刚"[1]。中原移民卓氏迁到临邛，"大喜，即铁山鼓铸，运筹策，倾（倾销）滇、蜀之民"，由此而"用铁冶富"。山东移民程郑也在临邛冶铸，"富埒卓氏"[2]。从考古资料所见秦时巴蜀及周边地区铁器的分布情况，并结合上引文献来看，秦时巴蜀铁器的主要销售对象是"椎髻之民""滇、蜀之民"，即古代的西南夷地区。

汉代，巴蜀的冶铁业进一步发展。西汉政府在全国设置49处铁官，分置于40郡国，其中有三处在巴蜀地区，一为蜀郡临邛，一为犍为郡武阳，一为犍为郡南安；东汉时，又在巴郡宕渠设置铁官，管理并经营冶铁制铁业。西汉时巴蜀以临邛为最大冶铁中心，南安、武阳规模稍小；东汉时，广都、台登（今四川冕宁泸沽）、会无（今四川会理）等地也发现了铁矿，成为新的矿冶基地。

汉初，巴蜀制作的铁器大量输往西南各地，如云南、贵州，以及巴蜀周边的少数民族聚居地。西汉中期以后，官营的铁器主要供应内地的工农业等之需。东汉时，蜀郡生产的铁器除供应内地需要外，也销往西南各地，在四川凉山州、云南昭通和丽江等地的考古发掘中发现铸有"蜀郡"铭文的铁器，可以说明这方面的情况。

除冶铁业外，秦汉时期巴蜀的冶铜业也有相当的发展。秦时巴蜀各地制作的青铜器，往往见于近年来的考古发掘。青铜器种类，除传统的各种巴蜀

---

[1] 〔晋〕华璩：《华阳国志·蜀志》，文渊阁《四库全书》本。
[2] 〔汉〕司马迁：《史记》卷一二九《货殖列传》，文渊阁《四库全书》本。

式器物外，也有从秦和中原地区传来的一些器物形制。

虽然由于铁器的日益普及，汉代巴蜀地区的铜制兵器、农具和生产工具大幅度减少，但制铜业并没有停止发展，而是转而生产更多的日常生活用品、宗教用品和其他杂器。考古工作中大量出土的铜容器、铜炊器、铜车马器、铜镜、铜摇钱树、铜马等，说明制铜业仍然兴旺发达。这时的巴蜀铜器中，传统的巴蜀古文化的那些独特形制日渐减少，到西汉中期以后，基本上为汉制所取代，反映了传统的巴蜀青铜文化的终结。

3.织锦

秦汉时期，巴蜀地区出产的麻织布和织锦饮誉国内外，不仅数量多，而且质量好，堪称一流。

织锦是成都的特产，所以称为"蜀锦"。蜀锦品质优良，工艺极佳。扬雄《蜀都赋》称赞蜀锦说："若挥锦布绣，望芒兮无幅。尔乃其人，自造奇锦，绒缕缦缜，緂缘卢中，发文扬彩，转代无穷。"品种既多（绒、缦、缜、緂，都是蜀锦的品种之名），花样亦繁（文，指纹路；彩，指色彩）。所以三国时曹丕说："前后每得蜀锦，殊不相似。"可见蜀锦品种、式样和文彩之丰富，令人叹为观止。

蜀锦的制作始于先秦。秦灭蜀之前，秦司马错就说过："得其布帛金银，足给军用。"[①]布指蜀布，帛为丝织品的总称，司马错所指蜀的丝织品，当即蜀锦。秦灭蜀后，果然在成都设置"锦官"[②]，专门管理蜀锦生产。在战国时，蜀锦就已蜚声国内，销往各地，考古发掘中在湖北江陵和湖南长沙等地楚墓中出土的精美织锦，就是成都生产的蜀锦[③]。

---

① 〔晋〕华璩：《华阳国志·蜀志》，文渊阁《四库全书》本。
② 〔清〕顾祖禹：《读史方舆纪要》卷六十七引《华阳国志》，贺次君、施和金点校，中华书局，2005年。
③ 武敏：《吐鲁番出土蜀锦的研究》，《文物》1984年第6期。

秦汉时期，蜀锦生产形成了很大的规模，在成都"二江"岸边，分布着密集的蜀锦作坊，形成蜀锦生产的中心。左思《蜀都赋》说："伎巧之家，百室离房，机杼相和，贝锦斐成，濯色江波。"可以见到蜀锦生产的盛况。据扬雄《蜀都赋》刘逵注引谯周《益州记》说："成都织锦既成，濯于江水，其文分明，胜于初成，他水濯之，不如江水也。"锦工用江水濯洗蜀锦，所以江水称为"锦江"，锦工濯锦之地称为"锦里"，成都则因此而有"锦官城""锦城"之称。

蜀锦很早就因其品质蜚声中外。战国时楚地多见蜀锦，秦人亦觊觎蜀锦。至迟在公元前4世纪，蜀锦已销至印度。不晚于公元前4世纪成书的由印度孔雀王朝月护王之大臣桥胝厘耶（Kautilya，亦名Visnuqupta及Canakya）所著的《政事论》一书，提到"桥奢耶和产生在'支那'的成捆的丝"[1]，还提到"'支那'（Cīna）产丝与纽带，贾人常贩至印度"。这里所说的"支那"，是梵语对于古代成都的同音译名，而不是指秦或荆；"支那"的丝和丝织品，就是古代蜀地成都所产的丝和丝织品。由于成都丝织品在印度的传播，使得中国丝绸连同中国一道为西方所认识，西方语言里包括中亚、西亚和欧洲主要语种关于中国名称的译名，均从Cīna一名转译派生而来，证实成都丝绸在历史上曾经对中西文化交流做出了重要贡献[2]。

秦汉时期，蜀锦在国内外贸易中占有重要位置。考古发掘中，湖北、湖南的西汉墓葬内，往往蜀锦与蜀漆同出，足见其畅销各地的情况。汉末三国时，蜀锦的生产和贸易更为兴隆，以至垄断了中原和江东的丝绸贸易市场。山谦之《丹阳记》记载此种情况："江东历代均未有锦，而成都独称妙。故三国时，魏则市于蜀，而吴亦资西道，至是始乃有之。"表明当时黄河流域和长

---

[1] 转引自季羡林：《中国蚕丝输入印度问题的初步研究》，载氏著：《中印文化关系史论文集》，生活·读书·新知三联书店，1982年，第76页。
[2] 参阅段渝：《"支那"名称起源之再研究——论"支那"名称本源于蜀之成都》，载四川大学历史系编：《中国西南的古代交通与文化》，四川大学出版社，1994年，第126—162页。

江下游的丝织品，以蜀锦独占鳌头。汉武帝开通沿河西走廊出西域的"丝绸之路"后，蜀锦由政府组织的贸易商团源源不断地从这条线路销往西方国家，同外国进行商品交换，有时一次就可销至上万匹，其贸易的盛况，可以想见。

蜀锦还是献纳于朝廷的贡品。除供皇室享用外，朝廷常把蜀锦作为上等赏赐品，赐予权贵和幸臣，其赏赐之多，动辄上千匹，甚至有达数万匹者。

除蜀锦而外，巴蜀地区的丝织品还有刺绣以及罗、缟、绢、绮、绫、纱、紬等品种，其中刺绣颇有声誉，称为"蜀绣"，战国秦汉时几与蜀锦齐名。前面提到的湖北江陵出土的蜀地丝织品中，除蜀锦外，还有大量刺绣品，这些刺绣品的衣袖和衣襟都镶以蜀锦，从其工艺、图案和色彩分析，均当为蜀绣。

由于巴蜀纺织业兴盛发达，巴蜀纺织品行销全国，所以汉代巴蜀被说成是"女工之业，覆衣天下"[1]，成为全国最重要的一个纺织中心。

4. 漆器与扣器

先秦巴蜀即已拥有发达的漆器制造业，到秦汉时期，国内统一市场的形成，更加刺激了巴蜀漆器的生产。同时，秦汉王朝对巴蜀漆器生产非常重视，分置工官、市官进行管理[2]，使之形成更加雄厚的经济实力，从而在产量、质量和工艺上都臻于极致，达到海内最高水平[3]。

巴蜀漆器丰富多彩，品种多样，主要有饮器、食器、生活用器、礼乐器、宗教用器，以及用于军事、交通等的官私用器。在一些漆器上，还附有铜质

---

[1] 〔南朝宋〕范晔：《后汉书》卷十三《公孙述传》，文渊阁《四库全书》本。
[2] 秦置工官管理巴蜀漆器。西汉初期，漆器由市官管理，汉武帝时改为由工官管理。详参段渝：《先秦秦汉成都的市及市府职能的演变》，载罗开玉、罗伟先主编：《华西考古研究》（一），成都出版社，1991年，第324—348页。
[3] 巴蜀漆器在汉武帝时改属工官管理后，由工官耗巨资使其创新创优，品种更加丰富多彩，产量也更大。《汉书·贡禹传》载："蜀、广汉（工官）主金银器，岁各用五百万。"这里所说的金银器，是指金银装饰的漆器，即扣器。蜀郡工官和广汉郡工官每年各耗资五百万制造扣器，足见实力之雄厚。若无工官支撑，巴蜀漆器实难有此种雄厚的实力以取得如此突出的成就。

的钮、环、圈足等附加装置，更有在器口、耳、腹、足部嵌以金银或镀金银的铜部件，这就是蜚声海内外的"扣器"。

扣器最早是由成都漆工发明制作的，年代为战国晚期。秦汉时，扣器制作不但工艺上推陈出新，而且产量也相当大。据《汉书·贡禹传》记载，汉武帝时，蜀郡工官和广汉郡工官每年用于制作扣器的金银，各需耗资五百万，所以其数量、质量均在国内名列前茅。扣器名贵，做工极其精细考究，每做一件，必经若干道工序。《盐铁论·散不足》说"一杯棬用百人之力，一屏风就万人之功"，并非虚语。著录于《骨董续记》的一件蜀漆上的款识记道："永始元年（汉成帝年号，公元前16年）蜀郡西工造，乘舆髹洀画纻黄扣饭盘釦饷架，容一斗。髹工广、上工广、铜扣黄涂工政、画工年、洀工戎、清工东、造工林、造护工卒史安、长孝、丞署、掾谭、守令史通主。"如此精细的分工和严密的程序，才制作出质量上乘的扣器，所以扬雄《蜀都赋》说"雕镂扣器，百伎千工"。

扣器的价格远在一般漆器之上，《盐铁论·散不足》说："一文杯得铜杯十"，一个扣器的价格相当于十个铜杯，足见其名贵。当时扣器多为富贵人家的奢侈之物，"今富者银口黄耳……金错蜀杯"[1]，说明了这种情况。

巴蜀漆器和扣器不但在国内畅销，而且还远销其他国家和地区。在朝鲜乐浪郡的乐浪王盱墓和其他墓葬内，以及蒙古境内诺颜乌拉匈奴贵族墓内，均出土大批精美的西汉蜀郡工官和广汉郡工官所造的纪年铭漆器和扣器，表明巴蜀漆器和扣器蜚声海外，为中外经济文化交流做出了重要贡献。

（二）商业贸易的兴盛

两汉时期，巴蜀商业持续高涨，官私贸易都十分发达。通过褒斜道等道

---

[1] 〔汉〕桓宽：《盐铁论·散不足》，文渊阁《四库全书》本。

路，巴蜀北与中原、秦陇进行贸易。通过长江水路，巴蜀商品东达三楚。通过贵州、广西地区，巴蜀特产东南销至广州。通过南方商道，巴蜀一面输出铁器、竹木等货物，"南贾滇、僰"，一面进行"僰僮""笮马、旄牛"等的交易。《史记·货殖列传》说："巴蜀亦沃野，地饶卮、姜、丹砂、石、铜、铁、竹、木之器。南御滇僰、僰僮，西近邛笮、笮马、旄牛。然四塞，栈道千里，无所不通，惟褒斜绾毂其口，以所多易所鲜。"《汉书·地理志》所载大致相同。《史记·西南夷列传》说到巴蜀民间贸易中，有一种枸酱，"独蜀产"，汉武帝时唐蒙在南越食蜀枸酱，而南越乃从夜郎输入，夜郎的蜀枸酱又是蜀商"窃出"交易。该篇还记载巴蜀有大批行商坐贾，"或窃出商贾，取其笮马、僰僮、髦牛，以此巴蜀殷富"。

由于商品经济的持续发展，秦汉时期巴蜀产生了一批著名的富商大贾。卓氏、程郑等大工商家族，从秦始皇时一直兴盛，至西汉中晚期方始衰落。而"程、卓既衰，至成、哀间，成都罗裒訾至巨万。初，裒贾京师，随身数十百万，为平陵石氏持钱。其人强力，石氏訾次如、苴，亲信，厚资遣之，令往来巴蜀。数年间，致千余万。裒举其半赂遗曲阳、定陵侯，依其权力，赊贷郡国，人莫敢欺。擅盐井之利，期年所得自倍，遂殖其货"[1]。又如东汉时，广汉巨富折像家族，"有资财二亿，家僮八百人"[2]。

巴蜀的官私商业及其商品不仅在国内享有名望，而且还跨出国门，将巴蜀商品大批销往周邻国家或地区。由蜀郡工官和广汉郡工官制造的精美漆器和扣器，多销往今朝鲜境内的乐浪，并为北方草原匈奴贵族所喜爱。而个体商贾则往往铤而走险，沿南方丝绸之路进行边境贸易，还将蜀布、丝绸、邛竹杖等"蜀物"直接贩运到滇越（今印度东部阿萨姆邦）和身毒（今印度），

---

[1]〔汉〕班固：《汉书》卷九十一《货殖传》，文渊阁《四库全书》本。
[2]〔南朝宋〕范晔：《后汉书》卷八十二《折像传》，文渊阁《四库全书》本。

又从南亚诸国购入西方的珍珠、琥珀、珊瑚等宝物，以为奇货可居，在中国市场出售，获利丰厚。

秦汉政府对巴蜀商业的管理，主要通过市官来实施。秦时，在成都设置市官并长、丞。汉承秦制，亦设市官并长、丞。汉初的成都市官不仅有管理市场的职能，还有管理部分手工业如漆器等业的生产和销售的经营职能。在湖南长沙马王堆1号和3号汉墓以及湖北江陵凤凰山8号汉墓内出土的大批漆器上，多有"成市""市府""成市草""成市饱"等烙印戳记。所谓"成市"，即"成都市"的省称；"草"假为"造"，"饱"假为"麭"（再次髹漆）。这表明成都市府对漆器所拥有的生产和销售职能。汉武帝以后，始将地方手工业的经营权收归中央，由中央直接控制工官经营，所以武帝以后不再有成都市府加盖烙印的巴蜀漆器行世。市官职能的这种分化，表明中央对手工业的控制已经加强，但对市官主持市易的职能循而不改，仍由地方政府管辖，这意味着中央对地方商业仍然予以鼓励发展的政策。所以，汉代商业发展很快，而成都得以成为中国南方最大都市和著名国际贸易中心，就不奇怪了[①]。

（三）成都：中国西南内外贸易的枢纽

先秦时代，成都已初步发展成为中国西南的内外贸易枢纽。秦汉时期，成都经济文化建设的高速度发展，使它最终成为一座闻名中外的西南国际大都会。

汉初，"接秦之敝，诸侯并起，民失作业而大饥馑。凡米石五千，人相食，死者过半"，人口急剧减少。但巴蜀偏安一方，未遭战火摧残，所以汉高祖"乃令民得卖子，就食蜀、汉"[②]。巴蜀不仅以其殷富，解决了大批饥民的生

---

① 段渝：《先秦秦汉成都的市及市府职能的演变》，载罗开玉、罗伟先主编：《华西考古研究》（一），成都出版社，1991年，第324—348页。
② 〔汉〕班固：《汉书》卷二十四《食货志》，文渊阁《四库全书》本。

存问题，而且它本身的人口也在经济持续发展的状态中保持稳定增长的势头。东周时代成都约有户55970[①]，口279850，经过西汉初、中期的发展，到西汉末平帝元始二年（2年），据《汉书·地理志》记载，成都人口已大为增长，有"户七万六千二百五十六"，按"一夫挟五口"计，约有口381280。从东周到西汉末，成都人口增长超过10万，即增长超过三分之一，这在当时是很高的人口增长率。东汉时，历史文献虽然没有关于成都人口的直接数据记载，但从《续汉书·郡国志》所记顺帝永和五年（140年）蜀郡人口来计算，较之西汉末增长的比例约为47%。参照这个数据计算，东汉时成都人口约有56万之多，在138年之间人口增长近18万，大大超出西汉时人口的增长速度，也远远超过国内其他大城市的人口增长水平。这从一个重要方面反映出汉代成都经济的繁荣昌盛。

东周时代，成都城内尚有大量农田，城市中也有大批从事农业生产的人员。秦时筑成都大城和少城，以居官府、手工业者和商贾，农田和农业人口则绝大多数被排除在城市之外。《太平寰宇记》卷七十二引《蜀王本纪》记载："秦惠王遣张仪、司马错定蜀，因筑成都而县之。成都在赤里街，张若徙置少城内，始造府县寺舍，令与长安同制。"张泳《益州重修公宇记》引《图经》说："秦惠王遣张仪、陈轸伐蜀，灭开明氏，卜筑蜀郡城，方广十里，从周制也，分筑南北二少城，以处商贾。"大城为郡署之所在，少城为县署之所在，大城少城"周回十二里，高七丈"。少城又分南北二城，北部居官署，南部居商贾，集市亦在少城内外。成都时有七桥，"长老传言：李冰造七桥，上应七星"。汉代成都的布局，基本与秦时同。武帝元鼎二年（公元前115年）又"立成都郭、十八门，于是郡县多城观矣"[②]，更加雄伟壮丽。

[①] 段渝：《四川通史》第一册，四川大学出版社，1993年，第143、144页。
[②] 〔晋〕华璩：《华阳国志·蜀志》，文渊阁《四库全书》本。

汉景帝末年，文翁为蜀郡守①，在成都城南立文学精舍讲堂，作石室，选择成都官吏子弟作学生，以学习文学为主。又派遣隽士张叔等18人到京师"受业博士，或学律令"②，学成归来后，以所学教习其他学生。自此以后，成都文风日甚，"学徒鳞萃，蜀学比于齐鲁"③，风气焕然一新。

　　秦时，成都"与咸阳同制"，是秦的一大经济中心。汉代，与长安相比，成都虽非京师，但于汉家地位十分显要。西汉时除京师外，名闻全国的有五大都市：洛阳、邯郸、临淄、宛、成都。五都之中，成都人口最多，仅次于京师长安，是当时全国的第二大城市。成都县下属"十二乡，五部尉，汉户七万"，远远超出汉代"县大率方百里"的制度，而成都县所辖各乡，在当时也是特大的乡。

　　考古资料证明，汉代成都建有若干个贸易市场，城内有"成市"（成都大市）、"北市"，城外有"中乡之市""南乡之市"等。市场非常繁华，云集了大批行商坐贾。出土于成都西郊和新繁的两块同模所制的市井画像砖，刻绘了当时成都市的规模和盛况。市的平面略呈方形，四周围以市墙，三面设有市门。左面市内隶书题记"东市门"三字，北面市内亦隶书题记"北市门"三字。市内正中有重檐市楼一座，为市府之所在。市内四隧，沿隧两侧列肆，又有市廛、市宅等建筑④。正如左思《蜀都赋》所说："市廛所会，万商之渊。列隧百重，罗肆巨千。贿货山积，纤丽星繁。都人士女，袨服靓妆。贾贸墆鬻，舛错纵横。"扬雄《蜀都赋》描绘成都市，"东西鳞集，南北并凑，驰逐相逢，周流往来"，"万物更凑，四时迭代"，市上所售，不但有巴蜀商品，

---

① 《华阳国志·蜀志》谓孝文帝末年以文翁为蜀守，误。此从《汉书·文翁传》。
② 〔汉〕班固：《汉书》卷八十九《文翁传》，文渊阁《四库全书》本。
③ 〔晋〕华璩：《华阳国志·蜀志》，文渊阁《四库全书》本。
④ 刘志远、余德章、刘文杰：《四川汉代画像砖与汉代社会》，文物出版社，1983年，第59、60页。

还有"江东鲐鲍，陇西牛羊"。这些都表明成都是东西南北货物的商品集散地和贸易中心，成为富冠海内的天下名都。

汉代成都之所以成为西南大都会，除了本身经济昌盛外，还得益于南方丝绸之路国际贸易的发展。沿着这条国际商道，成都生产的蜀布、丝绸等源源不断地销往南亚的印度，又辗转贩卖于中亚阿富汗等国，再转卖至地中海的希腊、罗马等国。而西亚、中亚的商品，如琉璃珠、肉红石髓珠等宝物，也沿南方丝绸之路国际商道进入中国西南市场。作为南方丝绸之路国际贸易的起点，成都国际贸易的发达不难想见，可谓盛极一时。

由上可见，统一的国内市场，良好的区位，密集的城市网络，四通八达的交通，持续增长的工商业，昌盛的文化，以及频繁的国际贸易等因素及其交互感应和作用，是成都得以发展成为一座驰名中外的西南国际大都会的几个主要原因，也使成都从先秦以来一直持续发挥着作为南方丝绸之路起点的重要作用。

第二节　秦王朝对西南夷地区的经营

秦汉王朝对西南夷地区的开发和经营主要是修整道路、设置郡县，把西南夷地区纳入中央王朝的直接管辖之下，并试图以此进一步打通通往印度的道路。秦汉时期的南方丝绸之路不仅是一条联系中央与西南边疆地区的通道，在西南边疆开发和治理过程中发挥着战略作用，还是一条中外经济文化交流大动脉。

秦灭蜀以后，设立蜀郡，在李冰为蜀守期间，大规模地整修通往西南夷地区的道路——开通僰道（今四川宜宾），疏通文井江。《华阳国志》记载："僰道有故蜀王兵兰，亦有神作大滩江中。其崖崭峻不可凿，（冰）乃积薪烧之……冰又通笮道文井江,径临邛,与蒙溪分水白木江会武阳天社山下,合江。"①李冰领导下的这一规模宏大的开道、通河之举,实乃秦汉时期中央王朝对西南夷地区开发的重要开端。

五尺道从古代成都南下南安(今四川乐山),经僰道(今四川宜宾)、夜郎西境(今贵州威宁、云南昭通),直通南中之建宁(今云南曲靖),是古蜀以及中原地区通往西南夷地区的重要通道之一,同时也是古代中国西南与东南亚、南亚地区交流往还的重要线路。早在殷末,杜宇即由此从昭通北上至蜀。春秋时代,蜀王开明氏"雄张僚、僰"②,进一步开通了成都平原与川南、滇东北的交通。以后,"秦时常頞略通五尺道"③。秦始皇兼并天下建立大一统的王朝后,为了进一步加强对西南夷地区的统治,遣常頞对自商周至战国时代已经存在的这条道路予以进一步整修,使得南方丝绸之路从成都经乐山、宜宾至滇中的道路得以畅通,并且成为"官道"。

秦王朝整修五尺道后,"诸此国颇置吏焉",将西南夷置于秦王朝的统治之下。秦王朝沿南方丝绸之路在今四川西昌、汉源及茂汶等地设郡县,在今滇东北置官守。史书记载:"邛、笮、冉、駹者近蜀,道亦易通,秦时尝通为郡县,至汉兴而罢。"④《汉书·地理志》记载,秦地"西南有牂柯、越巂、益州,皆宜属焉",表明秦的势力已经到达了今贵州和云南滇池一带。

虽然秦王朝对西南夷地区的筹划治理在时间上较为短暂,但其总体规划和构思带来的影响却是深刻而长远的。此后,历朝历代在开发和治理西南边疆之时,对秦通五尺道等大力整修交通路线之行为多有借鉴。

---

① 〔晋〕常璩:《华阳国志》卷三《蜀志》,文渊阁《四库全书》本。
② 〔晋〕常璩:《华阳国志》卷三《蜀志》,刘琳校注,巴蜀书社,1984年,第185页。
③ 〔汉〕班固:《汉书》卷九十五《西南夷传》和〔汉〕司马迁:《史记》卷一一六《西南夷列传》作"秦时常頞略通五尺道",常頞或作常颇,文渊阁《四库全书》本。
④ 〔汉〕司马迁:《史记》卷一一七《司马相如列传》,文渊阁《四库全书》本。

第三节　西汉王朝对南方丝绸之路的经营

汉朝立国之初，国力较弱，为了维护新生政权的稳定，对内轻徭薄赋、休养生息；对外，由于北部地区的匈奴肆意猖獗，对政权构成了很大的威胁，需要耗费朝廷的大部分精力来有效应对，因此往往无暇顾及西南边地。于是，朝廷疏于对西南夷地区的经营，甚至于成都平原至西南夷的道路也基本中断，即《史记·西南夷列传》中记载的"汉兴，皆弃此国，而关蜀故徼"[1]。《华阳国志·蜀志》中亦载："（汉高祖）虽王有巴、蜀，南中不宾也。"这一局面持续了一段时间，直到吕后临朝称制之时才有所改观。《华阳国志》中记载："高后六年，城僰道，开青衣。"[2]直到公元前182年，中央王朝才重新重视对西南地区的经营，加强与西南夷的联系。待有雄才大略的汉武帝即位之后，开疆拓土，采取了一系列的重要措施，包括对西南夷地区的大规模开发，至东汉前期，最终全面打通了南方丝绸之路。

西汉王朝对西南夷的经营，开始于汉武帝开发西南夷，主要是打通西南夷的道路，建立行政机构。汉武帝开发西南夷、打通西南交通的努力有三个阶段。

---

[1] 对于究竟是"开蜀故徼"还是"关蜀故徼"，历史文献的记载颇不一致。中华书局1959年点校本《史记》卷一一六《西南夷列传》作"及汉兴，皆弃此国而開蜀故徼"；中华书局1962年点校本《汉书》卷九五《西南夷传》作"及汉兴，皆弃此国而閼蜀故徼"；文渊阁《四库全书》本《史记》《汉书》，《玉海》卷二四《地理》、卷一七三《汉北边城、外城》，《册府元龟》卷九五六《外臣部》，《通志》卷一九七《四夷传四·西南夷序略》，宋杨侃辑《两汉博闻》卷五《西南夷传》等，均作"関蜀故徼""關蜀故徼"或"閼蜀故徼"。从当时的形势看，应作"关蜀故徼"。

[2] 〔晋〕常璩：《华阳国志》卷三《蜀志》，文渊阁《四库全书》本。

一、打通西夷道、南夷道

先秦时期的灵关道,在汉代称西夷道,而将五尺道、牂牁道称为南夷道。

这是汉武帝经营西南夷的第一次行动,打通了成都至西夷、南夷的道路,使中央王朝的统治达到西南夷地区,广布威德,扩大疆域。

根据《史记·西南夷列传》的记载,汉武帝令鄱阳令唐蒙于建元六年(公元前135年)出使南越,在当地品尝到蜀枸酱,便打听此物从何而来,答曰:"道西北牂牁,牂牁江广数里,出番禺城下。"即此蜀枸酱是从西北牂牁江而来。唐蒙回长安之后,又就此事问到蜀地商人,回答说此物唯蜀产,蜀地商人多窃出贩卖至夜郎。"独蜀出枸酱,多持窃出市夜郎。""夜郎者,临牂牁江,江广百余步,足以行船。南越以财物役属夜郎,西至同师,然亦不能臣使也。"[1]也就是说,有一条从蜀地始,途经夜郎抵达南越之路。不仅如此,中央还可借夜郎之精兵十余万,沿牂牁江攻打南越。这一消息对中央王朝来说至关重要,为其加快获得南越地区的控制权提供了一条新的路径。其后,唐蒙很快上书提出可以乘船沿牂牁江而下攻打南越,还可以汉朝之强大、巴蜀之富饶"通夜郎道,为置吏",汉武帝欣然采纳了此建议。

不久之后,汉武帝便采取了措施,任命唐蒙为中郎将,"将千人,食重万余人,从巴蜀筰关入"[2]。唐蒙首先会见了夜郎侯多同,厚赐其缯帛,"喻以威德,约为置吏,使其子为令"。唐蒙代表中央王朝采取的这一策略,恩威并重。在与夜郎成功盟约的同时,还对其周边地区产生了很大的影响。史书记载,夜郎旁小邑"皆贪汉缯帛,以为汉道险,终不能有也,乃且听蒙约"[3]。最

---

[1] 〔汉〕司马迁:《史记》卷一一六《西南夷列传》,文渊阁《四库全书》本。
[2] 巴蜀筰关,《汉书》卷九十五《西南夷两粤朝鲜传》作"巴符关",学者多指为合江(今四川合江)。但以筰关而言,当位于现汉源地界。
[3] 〔汉〕司马迁:《史记》卷一一六《西南夷列传》,文渊阁《四库全书》本。

终，西汉朝廷在此地置犍为郡，领武阳、南安、僰道、江阳、资中、符、牛鞞、南广、汉阳、郁鄢、朱提、堂琅等十二县①。

在南夷地区设置犍为郡后，唐蒙"自僰道指牂牁江"，"发巴蜀吏卒千人，郡又多为发转漕万余人，用兴法诛其渠帅，巴蜀民大惊恐"②。即唐蒙在开通自夜郎经牂牁江到达南越之路时，大量征用巴蜀吏卒，致其士兵役夫劳苦死亡众多，并以汉之军兴法惩杀了巴蜀吏卒的首领，使巴蜀民众人心惶惶。迫于这一形势，中央王朝为了安抚其惶恐之心，不得不派遣相对来说更熟悉巴蜀具体情况的郎官司马相如替换唐蒙，并发《喻巴蜀檄》"喻告巴蜀民以非上意"③，对唐蒙加以"谴责"。

在《喻巴蜀檄》一文中，司马相如动之以情、晓之以理，耐心地开导了巴蜀民众，并仔细地讲解汉武帝"存抚天下，辑安中国"的雄才大略④。至于征发巴蜀地区各五百士民，只是为了"以奉币帛，卫使者不然"，即供奉礼品，保卫使者不发生意外，"靡有兵革之事，战斗之患"。而对唐蒙"发军兴制"一事，指出其"惊惧子弟，忧患长老，郡又擅为转粟运输，皆非陛下意也"。同时，司马相如也对巴蜀父老"今奉币役至南夷，即自贼杀，或亡逃抵诛"的行为进行了批评，认为大家应当"急国家之难，而乐尽人臣之道"。司马相如的这篇文告有效地安抚了巴蜀民众。

之后，司马相如向汉武帝还报时称："唐蒙已略通夜郎，因通西南夷道，发巴、蜀、广汉卒，作者数万人。治道二岁，道不成，士卒多物故，费以巨万计。""巨万"即表明修筑道路的巨额花费。从此处可知，唐蒙在巴蜀地区大征人力的同时，还征发了大量财力，以至于"巴蜀租赋不足以更之"，便

---

① 〔汉〕班固：《汉书》卷二十八《地理志上》，文渊阁《四库全书》本。
② 〔汉〕司马迁：《史记》卷一一六《西南夷列传》，文渊阁《四库全书》本。
③ 〔汉〕司马迁：《史记》卷一一七《司马相如列传》，文渊阁《四库全书》本。
④ 〔汉〕司马迁：《史记》卷一一七《司马相如列传》，文渊阁《四库全书》本。

"募豪民田南夷，入粟县官，而内受钱于都内"①。史籍中记载，元光五年（公元前130年）夏"发巴蜀治南夷道"②、元光六年（公元前129年）"南夷始置邮亭"③，从中可以推测出最迟在汉武帝元光六年（公元前129年），唐蒙耗费了大量人力、物力开凿的通往夜郎的道路已经初步开通。

唐蒙略通夜郎后，西南夷君长为得到赏赐，多有归附之意。《史记·司马相如列传》记载："邛、筰之君长闻南夷与汉通，得赏赐多，多欲愿为内臣妾，请吏，比南夷。"汉武帝就此事询问司马相如，司马相如认为："邛、筰、冉、駹者近蜀，道亦易通，秦时尝通为郡县，至汉兴而罢。今诚复通，为置郡县，愈于南夷。"于是汉武帝拜司马相如为中郎将，令他持节出使，"……司马长卿便略定西夷，邛、筰、冉、駹、斯榆之君皆请为内臣。除边关，关益斥，西至沫、若水，南至牂牁为徼，通零关道，桥孙水以通邛都"④。此处的"零关道"所指即灵关道，汉代时期又称其为西夷道。中央而后在此"置一都尉，十余县，属蜀"，西汉王朝的统治区域扩大到"西至沫、若水，南至牂牁为徼"⑤。

从上可知，此时的西汉王朝以成都为起点，始通从东西两路到西南夷地区之道：西夷道、南夷道，也包括牂牁道。

从诸多史料记载中可知，西汉王朝为打通前往西南夷地区的道路，先派唐蒙、后遣司马相如，其间有着很大的困难和阻力⑥。而此时的西汉王朝，还

---

① 〔汉〕司马迁:《史记》卷三十《平准书》，文渊阁《四库全书》本。
② 〔汉〕班固:《汉书》卷六《武帝纪》，文渊阁《四库全书》本。
③ 〔汉〕司马迁:《史记》卷二十二《汉兴以来将相名臣年表》第十，文渊阁《四库全书》本。
④ 〔汉〕司马迁:《史记》卷一一七《司马相如列传》，文渊阁《四库全书》本。
⑤ 〔汉〕司马迁:《史记》卷一一六《西南夷列传》，文渊阁《四库全书》本。
⑥ 《史记》卷一一六《西南夷列传》："巴蜀四郡通西南夷道，戍转相饟。数岁，道不通，士罢饿离湿，死者甚众。"《史记》卷三十《平准书》："唐蒙、司马相如开路西南夷，凿山通道千余里，以广巴蜀，巴蜀之民罢焉。""汉通西南夷道，作者数万人，千里负担馈粮，率十余钟致一石，散币于邛僰以集之。""西南夷又数反，发兵兴击，耗费无功。"

面临着北方强敌匈奴压境的局面，因此，开发西南夷之巨大的耗费让内焦外困的西汉王朝不得不调整政策[1]。汉武帝元朔三年（公元前126年），公孙弘为御史大夫[2]，"是时方筑朔方以据河逐胡，弘因数言西南夷害，可且罢，专力事匈奴。上罢西夷，独置南夷夜郎两县一都尉，稍令犍为自葆就"[3]。因此，西汉王朝暂时停止了对西南夷的经营。然而，打通西夷道、南夷道的成就不可忽略，它不仅是西汉王朝经略西南夷的重要组成部分，更是经略西南夷的先行条件。

二、汉武帝求通蜀身毒道

这是汉武帝经营西南夷的第二次行动，希望能够打通前往身毒、大夏的道路。

《史记·西南夷列传》记载，汉武帝元狩元年（公元前122年），张骞出使大夏后回朝，向汉武帝报告此番见闻，曰："居大夏时见蜀布、邛竹杖，使问所从来，曰：'从东南身毒国，可数千里，得蜀贾人市。'"《史记·大宛列传》中也有类似记载："臣在大夏时，见邛竹杖、蜀布。问曰：'安得此？'大夏国人曰：'吾贾人往市之身毒。身毒在大夏东南可数千里……'"据此可知，身毒国位于大夏东南方、大汉西南方。同书还记载，张骞一番考量之后，向汉武帝建言通蜀至身毒国道："大夏去汉万二千里，居汉西南。今身毒又居大夏东南数千里，有蜀物，此其去蜀不远矣。今使大夏，从羌中，险，羌人恶之；少北，则为匈奴所得；从蜀，宜径，又无寇。"汉武帝"以骞言为然"，着手寻找西南通往西方的道路，"令骞因蜀犍为发间使，四道并出，出駹，出

---

[1] 即《史记》卷一二三《大宛列传》所言："初，汉欲通西南夷，费多，道不通，罢之。"
[2] 据《史记》卷二十二《汉兴以来将相名臣年表》记载，元朔三年，公孙弘为御史大夫。
[3] 〔汉〕司马迁：《史记》卷一一六《西南夷列传》，文渊阁《四库全书》本。

冉，出徙，出邛、僰，皆各行一二千里"。但这次道路摸索并未取得成功，"其北方闭氐、笮，南方闭嶲、昆明。昆明之属无君长，善寇盗，辄杀略汉使，终莫得通"①。这次探寻所花费的时间却没有定论，《史记·西南夷列传》记为"岁余"，《汉书·西南夷传》则为"四岁余"。尽管这次找寻通往西方之路的尝试和努力并未成功，但也并非一无所获，使者们带回了西南夷地区的一些具体情况，让西汉朝廷对西南夷有了更进一步的了解。

汉武帝以官方之力寻求通往身毒、大夏的道路，虽然没有获得成功，但从文献记载来分析，蜀身毒道在当时是可以通行的②。

《史记·大宛列传》中记载，汉武帝听从张骞的建议，派员出去寻找西南通往身毒的道路，但均受阻，使臣回到朝廷向汉武帝汇报："昆明之属无君长，善寇盗，辄杀略汉使，终莫得通。然闻其西可千余里，有乘象国，名曰滇越，而蜀贾奸出物者或至焉。"汶江先生对所记的滇越国之地望进行了考证，认为滇越不是指滇国，也不是指腾越，而是指印度东部的阿萨姆③。

通过这些记载，以及本书多次引用的《史记》所说张骞出使西域，在大夏市场上看到有蜀地的商品出售，当地人还说是蜀商贾贩运而来的记述等，我们可以断言，蜀地商人是可以偷偷出行，将商品贩卖至其西千余里之外的身毒国的，蜀地经滇至南亚及中亚的交通线必定是畅通的。季羡林先生在《中国蚕丝输入印度问题的初步研究》一文中讲"缅甸道"时就曾提道："张骞想'通蜀身毒国道'，为滇王所阻，没有通成。但这只是官方的失败，而且

---

① 〔汉〕班固：《汉书》卷六十一《张骞李广利传》，文渊阁《四库全书》本。
② 如《史记》卷一一六《西南夷列传》记载："秦时常頞略通五尺道，诸此国颇置吏焉。十余岁，秦灭。及汉兴，皆弃此国而开蜀故徼。巴蜀民或窃出商贾，取其笮马、僰僮、牦牛，以此巴蜀殷富。"
③ 汶江：《滇越考——早期中印关系的探索》，《中华文史论丛》第2辑，上海古籍出版社，1980年。

只是暂时的。"季先生还提出："商人们往来贸易是可以通行无阻的……古代西南一带丝业非常发达，特别是成都的锦更名闻全国。同缅甸的交通又那样方便，我们可以想象到，这样'贝锦斐成，濯色江波'美丽的丝织品事实上会通过这样方便的交通道路传到缅甸，再由缅甸传到印度去。"①

汉武帝打通蜀身毒道的努力失败了，但蜀地商人却能成功行走，这只能说明官方的行为失败了，而民间还是可以行走的，交通线还是存在的。

这是为什么呢？为什么中央朝廷走不通的路，蜀地商人却能够顺利通行呢？笔者认为主要原因有两点。

第一，从民族关系方面来看，蜀地居民与西南夷在民族关系上有千丝万缕的联系。《史记·三代世表》中记载西汉时期褚少孙曰："蜀王，黄帝后世也，至今在汉西南五千里，常来朝降，输献于汉。"其后，唐张守节《正义》引文曰："蜀之先……历虞、夏、商。周衰，先称王者蚕丛，国破，子孙居姚、嶲等处。"由此可知汉时蜀人后裔尚有居于南中之姚（州）、嶲（州）一带。嶲州，大体相当于今四川省凉山彝族自治州范围，而姚州之中心则在今云南省楚雄彝族自治州北部一带，都属于西南夷地区。

继"三代蜀王"之后，入主古蜀王国的先是西周时的杜宇氏，然后是春秋时的开明氏。杜宇本朱提（今云南昭通）人氏，属百濮族群的杜宇部族。开明氏兴起于夜郎国一带，属百濮族群的鳖灵部族。百濮族群世居于西南夷地区。

由上可见，蜀地居民与西南夷部落从来便有着很深的民族关系，其民俗大体相同，正如《汉书·地理志》所说："犍为、牂牁、越嶲，皆西南外夷……民俗略与巴蜀同。"这是他们通达西南夷地区非常有利的条件，这也是

---

① 季羡林：《中国蚕丝输入印度问题的初步研究》，载王树英编：《中印文化交流与比较》，中国华侨出版社，1994年，第79、80页。

秦灭蜀后，蜀王子泮向南迁徙，数万人能够成功经过西南夷地区抵达红河下游今越南北部的重要原因之一。

而汉朝使者却显然没有这样的民族关系。

第二，从对西南夷的影响力方面来看，古蜀王国长期对西南夷地区有很强的影响力。三星堆文化时期，蜀国军事力量进入大渡河流域，蜀文化扩张至西南夷地区。杜宇王朝拓展疆域，"以汶山为畜牧，南中为园苑"。南中即西南夷之地。开明王朝时期，大举向南兴兵，沿岷江南下，征服僚、僰之地，使南中成为蜀国的南疆，形成"东接于巴，南接于越，北与秦分，西奄峨嶓"[1]的王国，成为中国西南首屈一指的泱泱大国。蜀文化也早在三星堆文化时期之前就开始南传，至鱼凫王及其之后的杜宇王、开明王时代，蜀文化更是浸染西南夷。正是在这样的背景下，蜀地商贾可以顺利通过西南夷地区，远行至身毒。

而西汉前期，中央王朝对西南夷地区的影响却非常小。《史记·司马相如列传》中载："邛、筰、冉、駹者近蜀，道亦易通，秦时尝通为郡县，至汉兴而罢。"到"（汉高祖）虽王有巴、蜀，南中不宾也"，直到"高后六年，城僰道，开青衣"[2]，才重新开始了中央王朝和西南夷的联系，但也仅仅将地方政权建立至今川南及川滇黔交界地带。此后不久，汉文、景两代，奉行"与民休息"政策，加上北方匈奴之患，很难齐头并进，便暂时搁置了西南边地之开发，以致成都平原至西南夷的道路基本中断，即《史记·西南夷列传》所说的"汉兴，皆弃此国，而开蜀故徼"，《汉书·西南夷传》记为"关蜀故徼"，笔者考证应为关。汉王朝关闭了通往西南夷的道路达数十年。

于是，当汉武帝想开西南夷的时候，就不容易了，西南夷诸地部落对汉

---

[1] 〔晋〕常璩：《华阳国志》卷三《蜀志》，文渊阁《四库全书》本。
[2] 〔晋〕常璩：《华阳国志》卷三《蜀志》，文渊阁《四库全书》本。

朝使者并不友好。邛、筰、冉、骁等相对靠近蜀境，常互通有无，因此在面对西汉王朝的使者时通常不会过于抵触。但对稍远的南中广大地区来说，西汉王朝很是陌生，从无接触。连基本的了解都缺乏，因此才会出现滇王和夜郎侯问汉朝使者"汉孰与我大"①的尴尬局面。甚至在西南夷通身毒的扼喉昆明之属还有"辄杀略汉使"的情况，致使汉武帝此次以使者沟通西南夷部落，打通蜀身毒道的努力失败。

三、打通滇越道

这是汉武帝经营西南夷的第三次行动，以军事打击为主、和平招降为辅。汉武帝元鼎五年（公元前112年）夏，南越叛乱，同年秋，汉乃平定。在汉所出的五路军队中，有一路为驰义侯何遗"因巴蜀罪人，发夜郎兵，下牂柯江"②，从前文可知，此一路便是沿着当时出任中郎将的唐蒙开辟的南夷道行进的。但是，在南夷征发兵卒时，南夷且兰君担心精兵远行时"旁国虏其老弱"，于是杀了汉使者和犍为太守，决意不从。西汉政府知晓后，欲以原定征伐南越之兵八校尉攻打且兰③，但何遗抢先"发夜郎兵未下，南越已平"④。汉武帝得到南越已平的消息后，立即下令征西南夷。于是，何遗率领八校尉灭"常隔滇道者"之头兰⑤，又"平南夷为牂柯郡"。在这样的情势之下，先前依附于南越的夜郎也请求归附，是为夜郎王⑥。此次武力征伐以"汉诛且兰、邛

---

① 〔汉〕司马迁：《史记》卷一一六《西南夷列传》，文渊阁《四库全书》本。
② 〔汉〕司马迁：《史记》卷一一三《南越列传》，文渊阁《四库全书》本。
③ 〔汉〕司马迁：《史记》卷一一六《西南夷列传》，文渊阁《四库全书》本。
④ 〔汉〕司马迁：《史记》卷一一三《南越列传》，文渊阁《四库全书》本。
⑤ 唐代司马贞《史记索隐》认为"头兰"即"且兰"也。
⑥ 〔汉〕司马迁：《史记》卷一一六《西南夷列传》，文渊阁《四库全书》本。

君,并杀笮侯,冉駹皆振恐,请臣置吏"①告终。

西汉政府奉行宽猛相济、恩威并重之策,因此在付诸武力的同时,也派遣了使节前往招降。《史记·太史公自序》中有"迁仕为郎中,奉使西征巴、蜀以南,南略邛、笮、昆明,还报命"的记载,即太史公司马迁被任命前往西南夷地区招降纳附一事。至元鼎六年(公元前111年),西汉政府"以邛都为越嶲郡,笮都为沈犁郡,冉駹为汶山郡,广汉西白马为武都郡"②,设诸郡之后,汉武帝又以王然于等为使者,"以越破及诛南夷兵威风喻滇王入朝",滇人众多,不计其数,皆不愿听从。位于滇东北的劳浸、靡莫两部甚至"数侵犯使者吏卒"。因此,元封二年(公元前109年),汉武帝"发巴蜀兵击灭劳浸、靡莫,以兵临滇"。此后,滇举国归附,"置吏入朝",中央政府在滇设益州郡,并赐滇王王印,命其继续统治其族众③。

之后,西汉政府为了继续打通蜀身毒道,"遣使柏始昌、吕越人等岁十余辈,出此初郡抵大夏",但此次出使再次受阻,"……皆复闭昆明,为所杀,夺币财,终莫能通至大夏焉"④。加之元封六年(公元前105年),"益州、昆明反"⑤,西汉政府欲攻伐昆明,便派拔胡将军郭昌率"三辅罪人",并在巴蜀地区征发士兵数万人前往,但这次军事行动并未攻下昆明,仅"斩首虏数万人而去"⑥,昆明得以复为寇。这次失利直接导致郭昌由于"击昆明,毋功"被卸职夺印⑦。

为了平定精于水战的昆明、越嶲,疏通前往身毒的道路,汉武帝甚至在

---

① 〔汉〕司马迁:《史记》卷一一六《西南夷列传》,文渊阁《四库全书》本。
② 〔汉〕司马迁:《史记》卷一一六《西南夷列传》,文渊阁《四库全书》本。
③ 〔汉〕司马迁:《史记》卷一一六《西南夷列传》,文渊阁《四库全书》本。
④ 〔汉〕司马迁:《史记》卷一二三《大宛列传》,文渊阁《四库全书》本。
⑤ 〔汉〕班固:《汉书》卷六《武帝纪》,文渊阁《四库全书》本。
⑥ 〔汉〕司马迁:《史记》卷一二三《大宛列传》,文渊阁《四库全书》本。
⑦ 〔汉〕司马迁:《史记》卷一一一《卫将军骠骑列传》,文渊阁《四库全书》本。

长安西南"发谪吏穿昆明池",以练习水战①。《史记·西南夷列传》中明确记载越巂、昆明国有滇池,方三百里。昆明池就是仿此滇池而建。又有《汉书·食货志》载,元鼎年间,"越欲与汉用船战逐,乃大修昆明池"。由此可以知道,早在汉武帝元鼎五年(公元前112年)征伐南越之前,昆明池就已开始着手修建。可见,汉武帝是下了很大的决心要打通往印度以至大夏的道路。然而,由于昆明人的阻碍,汉军虽经数战,但在汉武帝时代,终究还是未能全线打通蜀身毒道。

但是,这并不能说汉武帝对西南夷的经营是完全失败的。因为对西南夷三次大的经营行动之后,汉朝的政权力量已进入了西南夷,并在西南夷地区设立了七个郡:犍为郡、牂牁郡、越巂郡、益州郡、沈黎郡、汶山郡和武都郡,控制了西南夷大部分地区。并且,汉的统治已经发展到西南夷地区的纵深地带,向滇西已经越过博南山,渡过澜沧江。七郡之中的牂牁郡,管辖17县,地域包括今云南的弥勒、丘北、洛平、砚山、富源东、屏边、广南、文山以东等地,正是进桑道所经过的区域。17县中有进桑县,置进桑关,正是进桑道得名之处。

严耕望在《唐代交通图考》中指出:"西汉时代牂牁郡进桑县为郡南部都尉治,置关,几出入进桑(约在今越南河江,22°50′N,105°E)境。是即滇越有通道之明征。故东汉初年,马援在交趾,上言欲自交趾出进桑至贲古(约今弥勒市,24°30′N,103°E),击益州(今云南昆明)也。就《水经注》所记,此道行程,北由贲古县东南行,沿叶榆水(今盘龙江)而下,经西随县(约今文山壮族苗族自治州开化街道,21°25′N,104°15′E),达交趾郡(今越南河内地区)。此道至东汉末年仍见通行。"

---

① 《汉书》卷六《武帝本纪》中有臣瓒注曰:"汉使求身毒国,而为昆明所闭。今欲伐之,故作昆明池象之,以习水战,在长安西南,周回四十里。"

《水经注》"进桑关"下《注》:"进桑县,牂舸之南部都尉治也。水上有关,故曰进桑关也。故马援言从鲊泠水道出进桑王国,至益州贲古县,转输通利,盖兵车资运所由矣。自西随至交趾,崇山接险,水路三千里。"

由上可知,至迟在汉武帝置牂舸郡时,进桑道已经被官方重新开通,成为朝廷控制之下的滇越间通道。

第四节 永昌郡与中外交通

东汉永平十二年(69年),汉王朝在古哀牢地设置永昌郡,终于确立了在西南夷地区的统治地位。设立永昌郡,打通了南方丝绸之路西线。

一、永昌郡的设置

汉朝军队深入澜沧江流域的哀牢地区,多年的交战,致使哀牢国诸部落走向衰落[①]。东汉建武二十三年(47年),在今保山、永平之间的哀牢部落乘船攻打澜沧江下游已经归附汉朝的鹿茤部落,屡败,惧而诣越巂郡求内属,随同内附的还有闽濮、鸠僚等土著。东汉永平十二年(69年),哀牢王柳貌率众人"内附",汉显宗"以其地置哀牢、博南二县,割益州郡西部都尉所领六县,合为永昌郡。始通博南山,度兰仓水,行者苦之"。当地歌谣唱道:"汉德广,开不宾。度博南,越兰津。渡澜沧,为他人。"[②] 兰津,为澜沧江上

---

① 〔晋〕常璩:《华阳国志》卷四《南中志》,文渊阁《四库全书》本。
② 〔南朝宋〕范晔:《后汉书》卷八十六《南蛮西南夷传》,文渊阁《四库全书》本;〔晋〕常璩:《华阳国志》卷四《南中志》,文渊阁《四库全书》本。

的渡口。

据《华阳国志·南中志》记载，永昌郡所辖地域十分广阔，"东西三千里，南北四千六百里"。《后汉书·郡国志五》中载，永昌郡治不韦县，下辖八城，其范围大致包括今滇西大理、保山以及缅甸北部伊洛瓦底江上游地区。

永昌郡物产丰富，有"黄金、光珠、虎魄、翡翠、孔雀、犀、象、桑蚕、绵绢、采帛、文绣。又有貊兽食铁，狸狸兽能言，其血可以染朱罽。有大竹名濮竹，节相去一丈，受一斛许。有梧桐木，其华柔如丝，民绩以为布，幅广五尺以还，洁白不受污，俗名曰桐华布。以覆亡人，然后服之及卖与人。有兰干细布——兰干，獠言纻也，织成文如绫锦。又有罽旄、帛叠、水精、琉璃、轲虫、蚌珠。宜五谷，出铜锡"①。需要说明的是，这之中有些物品如光珠等不是永昌郡本地出产的。永昌郡最发达的是纺织业，达到了相当高的水平。

永昌郡地处南方丝绸之路西线交通要道，逐渐发展成为南方丝绸之路西线重要的商贸之地，多国商人在此地经商。《华阳国志·南中志》"永昌郡"条记载："（永昌）有闽濮、鸠獠、僄越、裸濮、身毒之民。"哈威先生认为，从秦开始，缅甸就成了中国的商业通道。他指出："循伊洛瓦底江为一道，循萨尔温江为一道，尚有一道乃循弥诺江（今亲敦江），经曼尼坡（Mannipur）乘马三月乃至阿富汗，商人在其地以中国丝绸等名产，换取缅甸的宝石、翡翠、木棉，印度的犀角、象牙和欧洲的黄金等珍品。"②汉永昌郡包括了今缅甸北部伊洛瓦底江上游一带，哈威先生所说的第一、第二条交通线，是中国至大秦水路航线的一部分，而第三条，正是南方丝绸之路西线陆路交通线。

这一时期，南亚、东南亚形成了若干国家，如老挝、掸国等，这些国家

---

① 〔晋〕常璩：《华阳国志》卷四《南中志》，文渊阁《四库全书》本。
② ［英］哈威：《缅甸史》，姚枬译注，陈炎校订，商务印书馆，1957年，第51页。

及其他部落与中国建立了官方的关系，派遣使者经由南方丝绸之路进入中国，与中国通好。到中国来的朝贡者都要带一些当地最著名的土特产进贡，称为朝贡品；而中央王朝总要回赠更多的贵重物品，称为回赠品。朝贡品及回赠品虽然不是以对外贸易的形式进行的，在价值上也不对等，但这也是古代中外经济交流的一种形式。因此，有学者认为："从汉唐到元明，所谓到中国朝贡，无非是双边贸易的外衣。"①

永昌郡设立后，今缅甸境内的一些古国和部落纷纷派遣使者，经永昌郡进入中国西南，与中国通好②。东南亚其他古国、部落前来通好的也不少，如东汉"元和元年春正月，中山王焉来朝，日南徼外蛮夷献生犀、白雉"③。《后汉书·南蛮西南夷列传》也记载："日南徼外蛮夷究不事人邑豪献生犀、白雉。"有学者考证，"究不事"即今柬埔寨的古代译名，邑豪为一位当地部落首领④。公元前后，老挝北部的越裳国曾数次至中国朝贡。

二、南方丝绸之路西线全线打通

对于哀牢部的内附，以及其他部落内附汉朝，《后汉书·明帝纪》有这样的记载："西南夷哀牢、儋耳、僬侥、盘木、白狼、动黏诸种，前后慕义贡献。"这样，就将滇西、滇西南乃至缅北伊洛瓦底江上游地区均纳入东汉王

---

① 梁志明等：《古代东南亚历史与文化研究》，昆仑出版社，2006年，第98页。
② 〔南朝宋〕范晔《后汉书》卷八十六《哀牢传》："永元六年，郡徼外敦忍乙王莫延慕义，遣使译献犀牛、大象。九年，徼外蛮及掸国王雍由调遣使重译奉贡珍宝。和帝赐金印紫绶，小君长皆加印绶、钱帛。永初元年，徼外僬侥种夷陆类等三千余口举种内附，献象牙、水牛、封牛。……永宁元年十二月，永昌徼外掸国王雍由调复派遣使者旨阙朝贺，献乐及幻人……明年元会，安帝作乐于庭，封雍由调为汉大都尉，赐印绶、金银、彩缯各有差也。"
③ 〔南朝宋〕范晔：《后汉书》卷三《章帝纪》，文渊阁《四库全书》本。
④ 陈显泗等：《中国古籍中的柬埔寨史料》，河南人民出版社，1985年，第1页。

朝的控制。于是，南方丝绸之路西线蜀身毒道终于开通，一些史籍记载了此交通线上的活动，如《后汉书·哀牢传》记载，汉安帝永宁元年（120年）十二月，"永昌徼外掸国王雍由调复派遣使者旨阙朝贺，献乐及幻人……自言我海西人。海西即大秦也，掸国西南通大秦"。此事在《后汉书·陈禅传》中也有类似记载。大秦是汉朝人对罗马帝国及近东地区的称呼。

这一记载也反映了东汉时期南方丝绸之路西线的一个变化。"公元前1世纪，主要的欧亚陆路在很大程度上得到经过印度洋的海路补充。到公元2世纪，这些海路将地中海的商人带到印度和锡兰沿岸，带到东南亚大陆的部分地区和中国。"[1] 其实，在公元1世纪，南方丝绸之路国外段西线除了陆路之外，还开辟了水路。水路就是中国与大秦的航线，其路线为：水路从埃及出红海，由亚丁湾至南印度的港口穆济里斯，再绕过南亚次大陆南端，至孟加拉湾，在金州（Khersonese——泛指下缅甸和马来半岛）登陆，再溯伊洛瓦底江流域或萨尔温江流域北上。即从下缅甸至上缅甸，至永昌郡，连接南方丝绸之路西线蜀身毒道。此水路也可在缅甸继续航行，绕过中南半岛在交趾登陆[2]。这条道路至迟在公元1世纪便已开通，成书于公元80年前后的《厄立特里亚航海记》(*Periplus of the Erythraean Sea*)为一位侨居埃及的希腊人所著。他驾船游历了亚洲的印度洋沿岸地区后，遂成此书。他在书中说道："过克里斯国抵'支那'国（Thinae）后，海乃止。"陆路之一是从永昌郡循弥诺江（Chindwan）而下，至印度东北部的曼尼普尔，再骑马约三个月越北印度而至阿富汗，商人在那里用中国丝绸换取罗马黄金。另一条陆路是由永昌郡向正西行，经过上缅甸至印度东北部的阿萨姆，再沿着恒河向西行。

从交趾绕东南半岛航行至阿拉伯半岛、北非的航线，即海上丝绸之路。

---

[1] ［澳］A.L.巴沙姆主编：《印度文化史》，闵光沛等译，商务印书馆，1997年，第655页。
[2] 汶江:《古代中国与亚非地区的海上交通》，四川省社会科学院出版社，1989年，第46、47页。

这样，南方丝绸之路在印度洋就与海上丝绸之路相连接了。

中国当地生产的生丝和丝绸，可由陆路运至大夏（今阿富汗），也可由恒河运至李密里斯[①]。海路出永昌郡，沿伊洛瓦底江流域至下缅甸出海，这是中国与罗马进行丝绸、黄金和宝石异物贸易的主要商业线路，大秦商人一般是在金州购买由永昌郡运来的中国丝绸。

至此，汉王朝完全打通、控制了南方丝绸之路全线。

此外，从云南至东南亚扶南国的民间道路也是畅通的。扶南国又称夫南国、跋南国，是公元1世纪至公元7世纪存在于中南半岛上的一个地域辽阔的王国，也是首个出现在中国史籍中的东南亚古国名。扶南国国土大致包括今柬埔寨全境、老挝南部、越南南部和泰国东南部一带。中国史籍《梁书》《吴时外国传》[②]《太平御览》等对扶南国都有记载。扶南国在3世纪时曾经将势力扩展至马来半岛，控制了从南印度海岸、马六甲海峡以及暹罗湾到南中国海域的海上运输与贸易，即使是强大的罗马帝国要与中国通商，也必须有求于扶南人，向其借道航行。扶南国有通往中国的陆路交通线，从其首都特牧城出发，向东北的交通路线大致为：从特牧城向东北经林邑、日南到中国交趾；向北的交通路线为：从特牧城经扎多木（今柬埔寨金边）、马德望进入泰国，再溯蒙河而上至湄公河，继续溯流而上至泰东北高原，再向北进入中国云南的西双版纳、普洱、临沧等地，或者直接从金边溯湄公河而上至中国西双版纳；向西南的交通线路为：在经马德望进入泰国后继续西行、南下马来半岛，或者溯江而上至泰国东北部高原后，再南下至马来半岛。这些交通线，从中国云南出发南下的角度来看，便是沿着澜沧江—湄公河流域，可至中南半岛乃至马来半岛。

[①] 汶江：《历史上的南方丝路》，载伍加伦、江玉祥主编：《古代西南丝绸之路研究》，四川大学出版社，1990年，第42—46页。

[②] 《吴时外国传》为三国时期吴国康泰撰，原书已佚，今散见于《水经注》《艺文类聚》《通典》《太平御览》等古籍。

第五节 道路维修与管理

秦汉时期，地方官府都设有管理道路交通的部门，建立了驿站制度。秦朝十里一亭，亭兼有驿站的功能。汉朝在干道五里一邮，十里一亭，三十里设置一个驿站，并设有督邮。西南地区的官府很重视整修道路，保障道路畅通，这里仅列举南方丝绸之路上一些关于道路维修与管理的例子。

南宋金石学家洪适的《隶续》《隶释》中收录了《蜀郡太守何君阁道碑》《汉安长陈君阁道碑》《青衣尉赵君羊窦道碑》《广汉长王君治石路碑》《嘉州夹江摩崖》《蜀郡属国辛通达李仲曾造桥碑》等资料，是记录汉代官员修道的可靠材料。

《蜀郡太守何君阁道碑》是在雅安荥经县境内发现的，里面详细记录了东汉光武帝建武中元二年（57年）蜀郡太守的治道工程："蜀郡太守平陵何君，遣掾临邛舒鲔，将徒治道，造尊楗阁，袤五十五丈。用功千一百九十八日。建武中元二年六月就。道史任云、陈春主。"该碑文字迹清晰完整，最大字径高约13厘米，宽9厘米。其书法极具早期汉隶的风格，不仅成了汉代南方丝绸之路灵关道走向的证据，还记录了汉朝地方官员管理地方交通的确切情况。《汉安长陈君阁道碑》出自《隶续》，记载了东汉顺帝永建五年（130年）蜀郡修筑道路之事。"此道本有极阁二百余丈□□□穿陷坏绝，车马疆顿，常以农时，发民□治，岁岁造更，直卅余万。君躬自案行，以眇思省去极阁，令就土著，长无劳费，为万世基。百姓行人，欢悦歌咏。"再如《隶释》卷四《青衣尉赵君羊窦道碑》中记载的东汉安帝永初六年（112年）青衣左尉赵孟麟主持修治羊窦新道的情况："羊窦道旧故南上高山，下入深谷，危骏回远，百姓患苦。永初六年，青衣尉南安赵孟麟更易由此道，滨江平泽无盗贼，差近廿里，骑马担负，水弱得过。除去危难，行人万姓，莫不蒙恩。"《广汉长王君治石路碑》载汉桓帝建和二年（148年）治路成功："……冲路危险，侠石磐岩□道，人马□行，为民隆害，历世弥久，靡有留心。长广汉王君，建和二年冬，任掾杨□攻治破壤……得去危就安，功夫九百余日，成就通达。"以上碑文反映了地方官员对道路整修和维护的具体情况。

第六节　蜀商与南海道贸易

秦汉时期，蜀商以其富有闻名海内[①]。蜀商的足迹，不但频繁出现在南方丝绸之路西线蜀身毒道沿途地区[②]，而且还伸入到岭南以至南海区域。

考古学家在岭南地区的汉代墓葬中，发现数量不少的巴蜀青铜器，绝大多数是炊煮器，意味着汉代巴蜀文化沿南方丝绸之路东线牂牁道向岭南地区传播。在岭南地区的汉代墓葬里发掘出大量珠饰，而在巴蜀地区的汉代墓葬中也发现有大量同类珠饰，绝大多数为玻璃珠，也有部分琥珀珠饰。这类珠饰全部产自印度洋和太平洋区域。在当时海上丝绸之路已开通的条件下，岭南地区和巴蜀地区发现的汉代珠饰，应是经由海路而来。

在岭南地区发掘的汉代墓葬中出土大量青铜器，其中的炊煮器主要有鍪、釜等器物。在广州南越王墓出土青铜鍪共16件：Ⅰ型墓出土11件青铜鍪，其中G72、G73、G74、G75、G76、G69、G83号各1件，C5号4件；Ⅱ型墓出土3件，其中G57、G67号各1件，E66号1件；Ⅲ型墓出土2件，其中G63、G65号各1件。在广州汉墓出土青铜鍪22件，其中Ⅱ型鍪1件。在广州

[①] 参考《史记·货殖列传》。
[②] 参考《史记·西南夷列传》《史记·大宛列传》《汉书·货殖传》《华阳国志·蜀志》等。

淘金坑汉墓出土青铜鍪3件、青铜镎壶1件。在贵县罗泊湾M1出土青铜镎壶1件①。迄今在岭南地区考古发现的青铜鍪，均为辫索耳，而辫索耳青铜鍪是巴蜀文化的典型器物，最早出现在成都平原及周边地区古蜀人的墓葬中。不难知道，岭南发现的青铜鍪全数来自古蜀地区。

在岭南地区考古发现的青铜甗可分为三型，其中B型和C型青铜甗实为青铜釜甑②，即釜与甑连体，上甑下釜。釜甑与中原地区的甗不同，甗为鼎与甑连体，而釜甑为釜与甑的连体。青铜釜甑也是巴蜀文化的典型炊煮器，最早出现在成都平原，岭南地区发现的釜甑，无疑也是来自成都平原古蜀文化。

在岭南地区考古发现的青铜釜不多，仅有3件，均出土于广州汉墓③。其中A型釜2件、B型釜1件。青铜釜同样是古蜀人的典型炊煮器，岭南发现的青铜釜，显然也是来自成都平原古蜀地区。

在田东锅盖岭M2出土的1件青铜长骹矛（M2∶1）和在平乐银山岭出土的5件青铜长骹矛（35∶1、10∶10、109∶15、168∶6、155∶16）④，实为巴蜀文化特有的双耳系青铜长骹矛，显然也来源于巴蜀文化地区。

此外，在武鸣敢猪岩和灌阳新街出土的青铜戈，为宽三角形形制⑤，这是巴蜀文化青铜戈的典型形制。看来这两件青铜戈也与巴蜀文化的南传有关。

从岭南地区出土的汉代巴蜀青铜器绝大多数为普通生活用具，缺乏武器，并且墓葬规模都不大等情况分析，这些器物的主人既非权贵，亦非战士，所有遗物均为小群平民的生活用器。以此结合文献分析，它们极有可能是《史记·西南夷列传》所记载的蜀商经牂牁江、红水河、西江远至岭南进行商品

---

① 李龙章：《岭南地区出土青铜器研究》，文物出版社，2006年，第81、82页。
② 李龙章：《岭南地区出土青铜器研究》，文物出版社，2006年，第83页。
③ 李龙章：《岭南地区出土青铜器研究》，文物出版社，2006年，第84页。
④ 李龙章：《岭南地区出土青铜器研究》，文物出版社，2006年，第140、141页。
⑤ 李龙章：《岭南地区出土青铜器研究》，文物出版社，2006年，第124、125页。

贸易所留下的物质文化遗存。

岭南地区迄今还没有发现先秦时期的珠饰，但发现大量汉代珠饰。岭南地区发现的汉代珠饰，绝大多数属于所谓"印度—太平洋珠"，即采用拉制法制作而成，这类珠饰的直径通常小于5毫米，呈不透明淡红棕色，或橙、黄、绿色，或透明琥珀色，或紫罗兰色，为单彩玻璃珠。据研究，这类珠饰广泛生产和传播于印度洋、太平洋区域[1]。据统计，在岭南地区出土的印度—太平洋珠饰绝大多数分布在广西地区，广东地区仅有少量出土。在西南地区，印度—太平洋珠饰在四川、云南、贵州都有出土，且为数不少。在岭南出土的这类珠饰的年代，属于西汉前期的不多，大多数的年代属于西汉后期至东汉。在西南地区出土的这类珠饰的年代，除贵州赫章可乐出土的为西汉前期外，其余均为西汉后期到东汉，或晚至蜀汉晚期至晋初。另外，在广西和广东出土的琥珀珠饰，年代主要为西汉晚期至东汉。在四川茂县城关镇出土的这类珠饰，年代可早到战国后期至汉武帝以前。在四川其他地点以及云南和贵州出土的这类珠饰，年代一般为西汉中期至东汉，而以属于东汉时期的出土地点和数量为多[2]。

在汉代巴蜀地区发现的印度洋—太平洋珠，其来源应与岭南地区有关，其中多应与蜀商至岭南贸易有着密切关系。在巴蜀和西南地区发现的印度洋—太平洋珠与在岭南地区发现的巴蜀文化青铜器，显示出他们之间互通有无的情形。这种情形显然意味着汉代南方丝绸之路与海上丝绸之路的连通，而蜀商在其中扮演着重要角色。

从巴蜀地区通往岭南的交通线，即南方丝绸之路东线的牂牁道（夜郎

---

[1] Peter Francis Jr, *Asia's Maritime Bead Trade: 300B. C. to the Present,* Honolulu: University of Hawaii Press, 2002, pp.19–21. 参见赵德云：《西周至汉晋时期中国外来珠饰研究》，科学出版社，2016年，第92页。

[2] 参见赵德云：《西周至汉晋时期中国外来珠饰研究》附表五、附表六、附表七，科学出版社，2016年，第260—274页。

道），早在先秦古蜀文明时已经开通。贵州威宁新石器时代遗址出土的器物中，已有成都平原蜀文化的影响因素。贵州威宁、赫章等地春秋战国时期遗址和墓葬出土的大量蜀式青铜器，证实当时这些地区已经受到蜀文化的强烈影响，表明已有道路可通。《华阳国志·蜀志》记载说，蜀王杜宇以"南中为园苑"，南中指四川宜宾以南的贵州和云南。《华阳国志·蜀志》还说蜀王开明氏"雄张僚、僰"，僚即指贵州地区，僰即僰道，今宜宾，即把四川宜宾和贵州西部地区纳入古蜀国的势力范围，其间道路自然是畅通无阻。汉武帝时，为打通汉王朝与印度和阿富汗地区的政治经济通道，数度开发西南夷，在西南夷地区重设郡县，终于重新打通了与西南夷地区的交通。尤其是以僰道为前沿和基地，大量征发巴蜀地区士卒整治从僰道到夜郎的传统交通线，并在沿途设置邮亭对道路进行管理，自此始有牂牁道的命名。可见，牂牁道是以宜宾为枢纽，北上巴蜀，南下岭南地区。

《史记·西南夷列传》记载："建元六年，大行王恢击东越，东越杀王郢以报。恢因兵威使番阳令唐蒙风指晓南越。南越食蒙蜀枸酱。蒙问所从来，曰'道西北牂牁，牂牁江广数里，出番禺城下'。蒙归至长安，问蜀贾人，贾人曰：'独蜀出枸酱，多持窃出市夜郎。夜郎者，临牂牁江，江广百余步，足以行船。南越以财物役属夜郎，西至同师，然亦不能臣使也。'"牂牁江即北盘江，其流向为北盘江—红水河—西江，经番禺（今广东广州）至珠江口入海。蜀商"多持"枸酱贩卖至南越，可见蜀商经由牂牁道与南越地区频繁进行的商品贸易和文化交流有着悠久的历史。

四川宜宾自古出产枸树和枸酱。枸树是蜀人最早栽培的一种木本植物，用枸树果实制成的枸酱，"蜀人以为珍味"[1]。《史记·西南夷列传》记载枸酱"独蜀出"，但没有说明具体出产地区。《华阳国志·蜀志》"僰道县"下说，

---

[1]〔汉〕司马迁：《史记》卷一一六《西南夷列传》索隐引，文渊阁《四库全书》本。

僰道出产"蒟",即枸酱。清康熙二十五年(1686年)《四川叙州府志·宜宾县》卷三"土产"记载说:"蒟酱,《史记》蒟酱即此,俱此出戎州。"清《四川通志》卷七十四《食货·物产》"叙州"下记载说:"蒟酱,《史记》所载即此,各属俱出。"据《史记·西南夷列传》记载,汉初唐蒙在南越吃到蜀枸酱。南越的蜀枸酱乃是从夜郎经由牂牁江辗转输入,而夜郎之蜀枸酱又是蜀商从蜀地"窃出"交易。这说明,蜀商从宜宾收购到枸酱后,先是通过牂牁江,然后再经红水河、西江把蒟酱贩运到番禺(广州),使得蜀枸酱"流味于番禺之乡"[①]。后来,枸酱又传入华北等地,成为众口所向的美味。

以四川宜宾为枢纽,经牂牁道通往两广和香港的道路,早在古蜀三星堆文化时期已经开通。考古学上,在广东揭阳、香港南丫岛等地出土了来自古蜀地区的三星堆文化牙璋,而在三星堆文化遗址出土海贝中的一部分,则是来自南中国海。这一部分海贝,均应从南中国海经牂牁道到达宜宾,再经五尺道中转,向北经屏山、犍为、乐山转运到成都平原。汉代巴蜀地区出土的印度洋—太平洋珠饰,应即通过这条南方丝绸之路东线,从海上丝绸之路引入。而岭南出土的汉代巴蜀青铜器,也应是经由这条南方丝绸之路东线,从巴蜀地区到达岭南的。唐末以前,从广州贩卖到巴蜀的东南亚香药和奇珍异宝,大部分也是通过这条线路,中经宜宾五尺道枢纽到达成都平原的。

上述分析说明:

第一,历史文献和考古资料充分说明,从先秦到两汉,巴蜀地区与印度洋区域和南海区域都存在经由南方丝绸之路所进行的经济文化往来。从考古资料分析,先秦时期巴蜀与外域的交往重心是南方丝绸之路西线,即通过《史记》所记载的"蜀身毒道"(包括灵关道、永昌道、博南道等),向西通往印度、中亚、西亚和欧洲地中海区域,还在缅、印与印度洋区域有所交往,

---

① 〔晋〕左思:《蜀都赋》刘逵注,文渊阁《四库全书》本。

并通过南方丝绸之路东线即"牂牁道"与南海区域交往。两汉时期，巴蜀地区与海外的交往，除"蜀身毒道"而外，经由南方丝绸之路东线通往岭南地区至南海的"牂牁道"业已成为重点交往线路。而南方丝绸之路中线即"安南道"，也在先秦两汉时期巴蜀地区与东南亚的交流传播与互动中发挥了重要作用。

第二，我们不能仅仅停留在物资交流或商品贸易的层面认识南方丝绸之路上进行的中外交流，还应该从更深刻的层面和意义上加以认识。例如，海贝在中国西南地区被作为货币，不仅仅是中国西南地区的族群对其物质形态的认同，更是对其所包含的交换价值的认同。人们使用他们认可的这种物质形态作为商品贸易的等价物，事实上就是对其价值和文化的认同。通过作为货币的海贝，中国西南地区的族群深刻地受到了印度洋地区文化的影响。蜻蜓眼珠饰的情况也是如此。中国西南地区的族群佩戴蜻蜓眼珠饰，不仅仅是获得了一种有着光鲜外观的稀有之物，更是对其审美观念的认可。佩戴这种蜻蜓眼珠饰，说明中国西南地区的族群的审美观深深地打上了西方文化的烙印，受到了西方文化的深刻影响。

第三，从对丝绸之路的比较角度认识，在古代中国的四条丝绸之路中，北方丝绸之路和草原丝绸之路均为陆路，没有海路，只有南方丝绸之路和海上丝绸之路有海路。南方丝绸之路既有陆路，又有海路。海上丝绸之路的航路为海上，但商船运送的货物来源于陆上。南方丝绸之路的三条干线均有海路，西线从缅甸、印度均可出海，商周时期成都平原的印度洋海贝即来源于海路。其路线，应如《魏略·西戎传》所说大秦"又有水道通益州、永昌"，从水路登陆缅甸，经陆路西南夷永昌道入蜀。南方丝绸之路中线从红河下航或陆路到越南，安阳王即在越南出海，东南亚的有领手镯也是从蜀传播而去的，其中不乏海路传播。东线早在先秦三星堆文化时期就有牙璋及海贝的交换，汉代巴蜀地区的珠饰，不少就是从海上丝绸之路引入，而从海上丝绸之路输往外域的商品，大量的应是四川丝绸。所以，先秦两汉的南方丝绸之路海路陆路皆有，南方丝绸之路既是丝路的起源地、运输地、商品贸易地，又是丝绸、茶叶等的生产基地，在四条丝绸之路中，不论内涵还是外延都较为全面完整。海上丝绸之路在汉代虽然日益重要，但主要是商品贸易地和运送地，不是商品生产基地。至于北方丝绸之路和草原丝绸之路，也均为陆上商品贸易地、运输地，而非商品生产基地。

第三章

三国两晋南北朝时期的南方丝绸之路

三国两晋南北朝时期,除了西晋时期短暂的统一之外,其余大多数时间,整个中国都处于分裂、动荡的局势之下。在此期间,东西方交流的通道也有较大的变化,北方的动乱造成了丝绸之路重心南移。三国时期,蜀汉政权对南中地区的开发与经营,保障了南中地区的稳定,促进了经济文化的发展。至东晋、南北朝时期,虽然全国处于分裂局面,政局动荡,但西南地区相对稳定。南方丝绸之路依旧保持畅通,有利于沿线经济文化发展以及中外文明的交流和传播。

第一节 丝绸之路重心的南移

三国两晋南北朝时期,延续东汉以来南方丝绸之路全面开通、顺畅的局面,在全国分裂动荡、丝绸之路重心南移的形势下,南方丝绸之路保持了畅通,保障了东西方文化交流、中华文明对外传播。

丝绸之路是中西经济文化交流的线路，秦汉时期共有四条：北方丝绸之路经河西走廊出西域，连通中亚至西方；南方丝绸之路经云南出缅、印，连通中亚以达西方；草原丝绸之路经由长城以北草原地带，出北亚至中亚；海上丝绸之路经南海，从印度洋至西方。汉武帝时打通北方丝绸之路后，北方丝绸之路便担负了畅通中央王朝与西方经济文化交流的主要任务。

魏晋南北朝时期，北方大乱，黄河流域和河西地区先后被十六国和北魏占领，经河西走廊出西域的中西交通线因此被阻断，西域也陷于乱局之中。在这种形势下，中西交通线路便移至南方，除南海道外，以四川地区为中心的南方丝绸之路便承担起畅通中西经济文化交流的主要任务。

三国时期，有西山路，从成都平原沿着岷江河谷一路北上到川西北高原，经今都江堰市、汶川县、茂县、松潘县、九寨沟县至甘肃、青海，此后还可至西域。此路可避开深陷战乱的关中地区，直通西域。《华阳国志·蜀志》说，汶山郡"西接凉州酒泉"。两晋南北朝时期，吐谷浑占据着今甘青川三省交界地区，南接益州，所以西域诸国"常由河南道而抵益州"[1]，"益州……西通芮芮、河南，亦如汉武威、张掖，为西域之道也"[2]，而"其言语待河南人译然后通"[3]。芮芮即柔然，河南国就是吐谷浑。这样，经由西山路，沟通了南、北丝绸之路。

这一时期的南方丝绸之路主要包括两条线路：滇蜀道和安南道。

滇蜀道基本上沿袭汉代的蜀身毒道，从成都出发，经过云南，西通缅印。在永昌郡［东汉永平十二年（69年）置，辖今云南腾冲、龙陵、保山一带，治所在不韦，今保山东北］又分为海路和陆路。海路出永昌郡，沿伊洛瓦底江至下缅甸出海，航行于孟加拉湾，在金州（Khersonese）登陆，这是中国

---

[1] 〔南朝梁〕萧子显：《南齐书》卷五十九《芮芮虏传》，文渊阁《四库全书》本。
[2] 〔南朝梁〕萧子显：《南齐书》卷十五《州郡志下》，文渊阁《四库全书》本。
[3] 〔唐〕姚思廉：《梁书》卷五十四《西北诸戎传·滑国》，文渊阁《四库全书》本。

与罗马进行丝绸、黄金和宝石异物贸易的主要商业线路。《后汉书·南蛮西南夷传》说："掸国（缅甸）西南通大秦（罗马）。"《三国志·魏书·乌丸鲜卑东夷传》裴松之注引三国时人鱼豢《魏略·西戎传》说："（大秦）又有水道通益州、永昌，故永昌出异物。"又记载说："（大秦）又常利得中国丝，解以为胡绫，故数与安息（古波斯，今伊朗）诸国交市于海中。"罗马人在孟加拉湾金州登陆，获得中国丝绸后，又加工为"胡绫"，再出口于安息诸国。

陆路在永昌又分为两道，一条循弥诺江（Chindwin River）至曼尼普尔，经北印度达于阿富汗，进行丝绸、黄金贸易；一条经上缅甸至印度东部的阿萨姆地区，再抵孟加拉国，进行丝绸、黄金、宝石贸易。通过海陆两路，中国丝绸大量运往西方，中国则从西方得到黄金和各种宝石以及香料等物品。

除了中国与西方的大量官方贸易外，蜀地商人亦踏着先秦至汉代的蜀身毒道，出云南至印度东部阿萨姆地区进行贸易。《魏略·西戎传》记载说："盘越国（按：《后汉书·西域传》作'磐起国'），一名汉越王，在天竺（印度）东南数千里，与益部相近。其人小，与中国人等。蜀人贾似至焉。"盘越国，或以为是孟加拉（Bengal），以其古音相近[1]，但从道里、风俗等分析，应为印度东部的阿萨姆地区，即迦摩缕波国（Kāmarūpa），即《史记·大宛列传》所记"蜀贾奸出物者或至"的"滇越"[2]。这条道路是蜀中商人同西方进行各种贸易的传统商道之一，在魏晋南北朝时依然发挥着重要作用。

罗马人与中国之间进行丝绸、宝石贸易的历史，早在公元1世纪就已见载于西方文献。成书于公元1世纪的《厄立特里亚航海记》（*Periplus of the Erythraean Sea*）记载说，过金州后，到达"支那"国，当地生产生丝和丝绸，可由陆路运至大夏（今阿富汗），也可由恒河运至李密里斯。这两条线路

---

[1] 张星烺编注，朱杰勤校订：《中西交通史料汇编》第六册，中华书局，1979年，第42页。
[2] 汶江：《滇越考——早期中印关系的探索》，《中华文史论丛》第2辑，上海古籍出版社，1980年。

都是沿南方丝绸之路行进的。到公元4世纪时，由于从蜀中至永昌经下缅甸出海的商道既便捷，又无许多中介商人渔利，运费便宜，中国丝绸在罗马的售价大大降低[1]。公元380年，罗马作家阿·马塞林说道："从前仅仅贵族能服用的丝绸，当时已推广到各个阶层，甚至最底层的人也穿着了。"这对于南方丝绸之路的重要作用是一个极好的说明。

安南道是从四川经云南前往中南半岛的交通线路，早在战国时期就已经开通，汉代沿用，至晋仍为联系中国西南与中南半岛的重要通道。《晋书·陶璜传》载："宁州（治今云南曲靖，一说晋宁）兴古接据上流，去交趾郡千六百里，水陆并通。"西晋末，益州战乱，蜀中民众许多南逃至宁州，"或入交州，或入永昌、牂牁"[2]，其中多数南走交趾，对中越文化交流起到了一定的促进作用。

魏晋南北朝时期的西域贸易，由于战乱，多年时间处在隔绝状态之中。虽然北魏曾在凉州西域重镇设置郡县，开通与西方国家的往来通道，但北魏与柔然、高车、南朝同时处于战争状态，一方面使北魏不能过多经营西域，在西域的统治很快就宣告崩溃；另一方面，南朝的对外贸易也不能通过中原至西域进行。虽然如此，西域仍不时成为南朝同西方进行商品贸易的通道。但这条丝绸之路的国内段已不是通过中原，而是经由蜀中，通过岷江上游至川西北高原，经重镇松潘，再北经吐谷浑之地，最后到达新疆。据史籍记载，南北朝时有不少西域人入蜀通商，例如释道仙，"本康居国人也，以游贾为业。梁、周之际，往来吴、蜀……行贾达于梓州"[3]。在新疆吐鲁番阿斯塔那—哈拉和卓古墓中，曾先后出土大批织锦，其年代从南北朝到唐代均有，这些

---

[1] 汶江：《历史上的南方丝路》，载伍加伦、汪玉祥主编：《古代西南丝绸之路研究》，四川大学出版社，1990年。
[2] 〔晋〕华璠：《华阳国志·南中志》，文渊阁《四库全书》本。
[3] 〔唐〕释道宣：《续高僧传》卷三十四，文渊阁《四库全书》本。

织锦均为蜀锦①。这一方面说明蜀锦是西域丝绸贸易中的主要物品，另一方面也说明南北朝时西域贸易仍时有发生，其中的丝绸多由西域的胡商从四川转运而去，这种情形一直持续到隋唐时期。

第二节　诸葛亮南征与南方丝绸之路的拓展

三国时期，蜀汉政权的统治中心在今成都平原，北达汉中，而广阔的南中地区也归属于蜀汉政权。于是，南方丝绸之路（除国内段东线牂牁道东部地区以外）交通线也在蜀汉政权的管辖范围之内。

一、诸葛亮南征

章武三年（223年），蜀汉第一位皇帝刘备去世，其子刘禅即位。在刘备去世之前，南中地区即发生叛乱。新君即位后，主理军政事务的蜀汉丞相诸葛亮为稳定政局，采取了四项基本国策：其一是贯彻联吴抗曹的外交方针，遣使与孙吴和亲结好，恢复蜀吴同盟；其二是认真实行法治，执法公允严正，"刑政虽峻而无怨者，以其用心平而劝戒明也"；其三是"务农植谷，闭关息民"②，发展农业，与民休养生息；其四是平定南中叛乱，稳定后方③，"夷汉粗

---

① 武敏：《吐鲁番出土蜀锦的研究》，《文物》1984年第6期。
② 〔晋〕陈寿：《三国志》卷三十三《蜀书三·后主传》，文渊阁《四库全书》本。
③ 段渝、谭洛非：《濯锦清江万里流：巴蜀文化的历程》，四川人民出版社，2001年，第211页。

安","南人不复反矣"①。

为平定南中叛乱,建兴三年(225年)春,诸葛亮南征。兵分三路:一路由新任牂牁太守马忠领军伐牂牁;一路由庲降都督李恢领军,自平夷(今贵州毕节)进讨益州郡;一路由诸葛亮亲自率领征越巂。

诸葛亮由岷江南下僰道(今四川宜宾),至安上县(今四川屏山县西),往西翻越大凉山,攻下卑水县(今四川美姑一带);又西进,攻克叛军高定的巢穴邛都(今四川西昌),斩高定,平定越巂。同年五月,诸葛亮南渡泸水(今金沙江)。关于诸葛亮五月渡泸的确切地址,有两种说法:一种认为是从会无县(今四川会理)东向渡泸,至螳螂县(今云南会泽、巧家)②;另一种认为是由三绛(今四川黎溪)渡泸水进入越巂郡的青蛉县(今云南大姚),入益州郡的弄栋县(今云南姚安)③。之所以对诸葛亮大军渡泸之地有不同的说法,而且位置差异很大,很可能是蜀汉大军渡泸渡口或许本不止一处④。此年秋,蜀军在弄栋县的石室一带与孟获率领的益州郡叛军交战⑤,诸葛亮采取"攻心为上,攻城为下;心战为上,兵战为下"的方针⑥,对孟获七擒七纵,最后,孟获心悦诚服,说:"公,天威也,南人不复反矣。"⑦于是,诸葛亮收服了南

---

① 〔晋〕陈寿:《三国志》卷三十五《蜀书五·诸葛亮传》裴松之注引《汉晋春秋》,文渊阁《四库全书》本。
② 持此观点的主要有〔北魏〕郦道元:《水经注》卷三十六《若水》注。
③ 持此观点的主要有〔南朝梁〕萧绎:《金楼子·杂记》、〔宋〕洪迈:《容斋初笔》卷四、〔唐〕樊绰:《蛮书》卷二、〔元〕张道宗:《纪古滇说原集》、〔明〕诸葛元声:《滇史》等。
④ 罗开玉:《四川通史》第二册,四川大学出版社,1993年,第151页。
⑤ 〔南朝梁〕萧绎:《金楼子·杂记》:"诸葛孔明到益州,尝战于石室。"据《太平寰宇记》卷七十九,石室位于今云南姚安。
⑥ 〔三国〕诸葛亮:《南征教》,载段熙仲、闻旭初编校:《诸葛亮集》,中华书局,1960年,第33页。
⑦ 〔晋〕陈寿:《三国志》卷三十五《蜀书五·诸葛亮传》裴松之注引《汉晋春秋》,文渊阁《四库全书》本。

中叛军的主力。接着，挥师东进，抵达滇池地区。

与此同时，另外两路军队，马忠在牂牁、李恢在益州郡东部（今云南东部）也相继取得了胜利。到此年秋季，南中叛乱全部平息。十二月，诸葛亮班师回到成都，沿途降伏若干小股叛乱势力[①]。

可以看出，诸葛亮平定南中，三路军队的行军路线即南方丝绸之路的线路。大军从成都沿岷江道南下至僰道，马忠部去江阳（今四川泸州）至牂牁郡，李恢部走五尺道经今贵州毕节去曲靖及昆明地区，诸葛亮部行军至五尺道起始的僰道便西行，经屏山翻越大凉山至邛都，这是五尺道连接灵关道的一条支线。

诸葛亮平定南中后，又采取了一些政策措施以巩固对南中的统治，包括：调整行政区划，分割大郡为小郡以削弱地方势力；大量起用土著大姓，达到了纲纪粗定、夷汉粗安的目的；征调南中兵壮入蜀，既削弱了当地土著实力，又补充了政府军队兵源；发展生产和征收赋税；从思想意识方面加强教育与统治，等等。

诸葛亮经营南中，使得南中地区政治稳定，民族关系和谐，经济有所发展。这些都是南方丝绸之路保持畅通、经贸往来繁荣的有力保障。

从诸葛亮兵进越巂郡的线路可以看出，他没有选择成都平原去邛都较近的、传统的线路：灵关道。事实上，在诸葛亮平定南中之前，灵关道已经阻绝上百年。"郡有旧道，经旄牛中至成都，既平且近；自旄牛绝道，已百年余，更由安上，既险且远。"[②]平定南中之后，张嶷出任越巂郡太守，他招降了居住在

---

① 〔晋〕陈寿：《三国志》卷三十五《蜀书五·诸葛亮传》裴松之注引《汉晋春秋》《费诗传》《后主传》等，文渊阁《四库全书》本。
② 〔晋〕陈寿：《三国志》卷四十三《蜀书十三·黄李吕马王张传》第十三，文渊阁《四库全书》本。

今四川汉源一带的牦牛夷,使得曾经断绝的灵关道"千里肃清,复古亭驿"[①]。

蜀汉政权还重视建设滇中经永昌至印度的道路(即南方丝绸之路西线),曾在澜沧江渡口建竹索吊桥,穿索石孔至唐代犹存[②]。《三国志》卷三十《魏书·乌丸鲜卑东夷传》裴松之注引鱼豢《魏略·西戎传》记载:"大秦道既从海北陆通,又循海而南,与交趾七郡外夷比;又有水道通益州、永昌,故永昌出异物。"表明南方丝绸之路西线是畅通的。

至于南方丝绸之路东线,在三国时期也是可以通行的。《三国志》卷三十九《蜀书·刘巴传》记载,巴由荆楚"远适交趾(按:今越南北部红河地区)……复从交趾至蜀"。裴松之注引《零陵先贤传》言:"(刘)巴入交趾……与交趾太守士燮计议不合,乃由牂牁道(一作遁)去,为益州郡所拘留。"

严耕望也在《唐代交通图考》中指出:东汉末年至三国时期进桑道,"如刘巴由交趾经牂牁至益州,即此道;而交趾太守士燮与益州时通音信,许靖由交趾西北至益州,殆亦由此一道耳"[③]。"三国末年,魏灭蜀,吴国交趾人吕兴杀太守,遣使'诣进乘县',因南中护军霍戈上表于魏。进乘即进桑,南中治今曲靖市,是仍与汉道不异。当时此道行旅盖颇盛,故晋初陶璜谓'宁州(南中更名)兴古(今罗平地区)接据上流,去交趾郡千六百里,水陆并通,互为维卫'也。"[④]

---

① 〔晋〕陈寿:《三国志》卷四十三《蜀书十三·黄李吕马王张传》第十三,文渊阁《四库全书》本。
② 〔唐〕樊绰:《蛮书》卷二《山川江源》,文渊阁《四库全书》本。
③ 严耕望:《唐代交通图考》第四卷《山剑滇黔区》篇三六《唐代滇越道》,上海古籍出版社,2007年。
④ 严耕望:《汉晋时代滇越道》,《香港中文大学中国文化研究所学报》1985年第8卷第1期。

二、诸葛亮南征的影响

蜀汉建兴三年（225年）春，为平定南中叛乱，诸葛亮亲率大军南征。至当年年底，经过军事征伐与攻心行动后，诸葛亮平定了南中叛乱。之后，诸葛亮实施了一系列巩固政权的政策，包括劝务农桑，发展生产。

诸葛亮治理南中，有效地传播了汉族地区的文化，包括农业生产技术、文化思想以及管理制度等。南中地区的民族交往，又将它们传播到了东南亚，最明显的就是传播到了缅甸。

（一）农耕技术传播

诸葛亮南征之前，南中边缘地区的农业生产中还未使用耕牛，诸葛亮南征时将汉族的农耕技术传播到南中地区。他大力提倡在耕作时使用耕牛，"命人教打牛以代刀耕，彝众感悦"[1]，人们便"每耕田用三尺犁，格长丈余，两牛相去七八尺，一佃人前牵牛，一佃人持按犁辕，一佃人秉耒。蛮治山田（梯田），殊为精好"[2]。这种农耕技术还向南传播到缅甸，改变了缅甸人民的耕作方式，缅甸农民至今还在使用这种耕作方法。

（二）土司制始传缅甸

诸葛亮平定南中叛乱后，在当地推行世袭的土官（司）制度。这一制度经南方丝绸之路西线传入缅甸北部，被当地人接受和采用。到了元朝，由于领土曾经扩张至缅甸北部和中部，土官（司）制度得到了更加广泛、深入地推行，并在明朝发展完备。在中缅交界的克钦邦及掸邦，千余年来一直沿袭

---

[1]〔清〕冯甦：《滇考·诸葛武乡侯南征》，徐文德、李孝友注，云南人民出版社，2007年。
[2]〔唐〕樊绰：《蛮书》卷七，文渊阁《四库全书》本。

土司制度，反映出中国政治制度对缅甸的深刻影响。

（三）"诸葛亮文化"传播

诸葛亮南征，不仅平定了南中叛乱，推行了一系列政策措施加以治理，巩固了蜀汉政权对南中地区的统治，而且还造成了一种特别的"诸葛亮文化"现象。在云南，即使是诸葛亮率领的蜀汉军队没有到过的地方，在当地民族中都流传着这种文化。"孔明老爹"的传说，虽然基本不实，却被人们信以为真，家喻户晓，流传千余年。就连诸葛亮军队并未到达过的保山市，也竟有三个"诸葛堰"，甚至还有"诸葛营遗址"。

这种"诸葛亮文化"也传到了缅甸。赵汝适在《诸蕃志》"蒲甘"条中记载："国有诸葛武侯庙。"朱孟震的《西南夷风土记》说："普坎（即蒲甘）城中有武侯南征碑。"谢清高的《海录》中载："摆古（今缅甸勃固）有孔明城。"每逢节日，人们都要到诸葛祠、武侯庙进香祈祷。

在缅甸与中国接壤的木姐至南坎一带，还有20多口"孔明井"。木姐、南坎，正是南方丝绸之路西线上中国进入缅甸的交通线路之一。

缅甸一些城市至今还有晚上放高升（即孔明灯）的习俗。此外，"孔明老爹"教种谷子、教盖房子、教穿衣服等传说，不胜枚举。就连考古学都受到影响，如缅甸考古学家杜生浩在蒲甘发现铜制"诸葛鼓"，也相传是诸葛亮南征至永昌时传入的。

诸葛亮还被神化，附以种种神乎其神的传说，以至于当西方传教士到缅甸北部克钦族地区传教时，当地百姓还说，我们只信"孔明老爹"，不信耶稣[①]。

可以说，"诸葛亮文化"广泛而持久地影响了缅甸文化。

---

① 王介南：《中外文化交流史》，书海出版社，2004年，第113、114页。

第三节　三国两晋南北朝时期的南方丝绸之路

三国两晋南北朝时期，由于丝绸之路重心南移，南方丝绸之路基本保持畅通，因此，南方丝绸之路成为中国文明对外交流传播的主要陆路通道。

一、道路的畅通

263年，魏灭蜀。三年后，司马氏称帝，建立西晋。后西晋灭吴，实现了天下一统。但西晋中期以后，全国性的动乱又起，西南也建立了短暂的成汉政权。316年，西晋灭，中国又处于分裂状态达两百多年，经历东晋、南北朝时期。

西南地区在这一历史时期虽然也处于政局动荡、战事频仍、经济低落的局势，但相较于位于动荡和战争的"主战场"——中国北方和东部，西南地区的情况相对较好。成汉李雄在位时期（304—334年），政治上简刑约法，经济上减轻税赋，并且兴学校，重视文教，缓和民族矛盾。常璩赞之："宽和政役，远至迩安，年丰谷登。……事少役稀，民多富实，乃至闾门不闭，路无拾遗，狱无滞囚，刑不滥及。"[1]

在四川政局动荡之初，蜀中本地人大多向外流亡，或入南中，或去荆州，至李雄招抚及蜀中安定后，流亡的人们逐渐回归，并有许多人前来归属，如汉中地区流民数千家入蜀，汉嘉、涪陵、南中各族人民也多来归附。《晋书》说："时海内大乱，而蜀独无事，故归之者相寻。"[2]

---

[1]〔晋〕常璩:《华阳国志》卷九《李特雄期寿势志》，文渊阁《四库全书》本。
[2]〔唐〕房玄龄等:《晋书》卷一二一《李雄载记》，文渊阁《四库全书》本。

自从西汉武帝时期起，南中地区迁入了大批汉人，他们变服从俗，互通婚姻，逐渐"夷化"，其中一些家族与少数民族首领建立联系，至东汉发展为"方土大姓"、地方豪强。东汉末年，西南夷大致有龙、李、孟、霍、雍、爨等数十个大姓。诸葛亮治理南中的政策之一，就是重用大姓豪强，于是，南中大姓在政治上得到了承认和发展。

此后，南中大姓之间相互争斗，至340年左右，爨氏成为南中最有势力的大姓。334年，爨氏首领爨琛成为宁州刺史，他趁中原战乱之时称霸一方，成为南中的实际统治者。南北朝期间，无论是南朝的宋、齐、梁、陈诸国，还是北朝的北齐、北周等国，都曾经先后向南中委任过数十名刺史。但绝大多数官员都没有到治地就任，只是"遥领"，仅在形式上保持对南中地区的统治权。爨氏一直奉守中央王朝的"正朔"，接受封号和委任，世袭宁州刺史、建宁郡太守等要职，实际统治南中地区。据《爨龙颜碑》记载，爨氏自西晋起承继宁州刺史，领南中地区8个郡，一直持续到隋朝初期。

爨氏统治南中地区，基本维护了地区的稳定。《爨龙颜碑》记载：刘宋时宁州西部爆发了一次当地诸族的大起义，永昌郡的"缅戎"（今布朗、德昂等族先民）也参加了。爨氏首领爨龙颜，身为宁州刺史、龙骧将军，亲率五千之众赴滇西镇压，以"肃清边隅"。

在这样的局势下，两晋南北朝时期，南方丝绸之路国内段（除牂牁道以外）和国外段，基本保持了畅通。爨氏统治南中地区时期，每年要向南朝进献数十匹良马。南中地区经灵关道、五尺道通往内地。《华阳国志·南中志》记载："夷愈强盛，破坏郡县……会毅疾甚，军连不利，晋民或入交州，或入永昌……光熙元年春三月，毅薨，子钊任洛，还赴到牂牁，路塞，停住交州……三年，钊乃得达丁丧。文武复逼钊领州府事……怀帝乃下交州使救助之……交州刺史吾彦遣子威远将军咨以援之。"宁州即南中监军所部改置，治所在今曲靖地区。此条记载是西晋末年宁州、交州之间存在直接通道之证。

民众避难，"或入交州，或入永昌"，表明南方丝绸之路国外段向东、向西的道路都是可行的。

《晋书·陶璜传》说，"宁州兴古接据上流，去交趾郡千六百里，水陆并通，互相维卫。"上述西晋光熙元年（306年）李钊由洛阳赴宁州，因牂牁道不通，改由交州转至宁州，走的就是这条路。李绍明先生也认为，自汉晋以降，以迄唐代，滇越之间有进桑道、步头道，分别沿盘龙江、红河而下，是通途[①]。

印度学者的研究也表明，南方丝绸之路国外段西线是畅通的。公元3世纪中叶，有20来个中国僧人由云南经缅甸陆路来到印度。6世纪后半期，有3个印度的佛教徒可能通过伊洛瓦底江上游河谷和云南，访问了中国[②]。

二、贸易的发展

这一时期，蜀中虽历战乱，但仍不失为"西方之一都焉"[③]，开展了广泛的对外贸易活动。

中国与南方丝绸之路沿线国家开展国际贸易，国家包括今印度、阿富汗、埃及、希腊、缅甸、柬埔寨、泰国和当时的罗马帝国等。中国输出的商品主要有丝绸、布匹、纸、农具、金银器、盐巴等，输入的商品主要有珠宝、火浣布、砂糖、毛织品、木器、金、银、骏马、象牙、沉香、檀香、画塔、舍利等。其中，输入的物品有的是朝贡品。

对外贸易仍是沿着南方丝绸之路东、西两条线路，分别向东南亚和南亚、

---

① 李绍明：《南方丝绸之路滇越交通探讨》，载段渝主编：《南方丝绸之路研究论集》，巴蜀书社，2008年，第107—109页。
② [印] S.L.Baruah：《关于南方丝绸之路的印度历史证据阿豪马人迁居阿萨姆的路线》，江玉祥译，曾媛媛校，载段渝主编：《南方丝绸之路研究论集》，巴蜀书社，2008年，第491页。
③ [南朝梁] 萧子显：《南齐书》卷十五《州郡志下》，文渊阁《四库全书》本。

西亚两个方向展开。西线方面,从永昌郡经伊洛瓦底江或萨尔温江水路(或河谷陆路)通往大秦(罗马帝国)的贸易也在继续。吴曾在《能改斋漫录》卷七中说:"大秦国多璆琳、琅玕、明珠、夜光璧,水道通益州、永昌郡,多出异物。"《三国志》卷三十裴松之注引三国时人鱼豢《魏略·西戎传》说,大秦国"又常利得中国丝,解以为胡绫,故数与安息(古波斯,今伊朗)诸国交市于海中",指罗马人在孟加拉湾金州登陆,购买中国丝绸后,再加工成"胡绫",然后贩卖至安息诸国。公元4世纪时,从蜀中至永昌经下缅甸出海的商道既便捷,又无中介商人渔利,运费便宜,使中国丝绸在罗马的售价大大降低[1]。

与印度东部的陆路贸易,鱼豢《魏略·西戎传》记载:"盘越国,一曰汉越王,在天竺东南数千里,与益部相近,其人小与中国人等,蜀人贾似至焉。"[2] 盘越,《后汉书·西域传》误作"盘起",《梁书》卷五十四《中天竺传》作"盘越",《南史》卷七十八作"盘越",《通志》亦作"盘越"。据汶江先生研究,盘越即滇越,即印度东部阿萨姆的迦摩缕波[3]。

《梁书》卷五十四《诸夷传》记载了中国人对印度的认识,也反映了这一地区的国际贸易:

> 天竺国,在大月支东南数千里,地方三万里,一名身毒。汉世张骞使大夏,见邛竹杖、蜀布,国人云,市之身毒。身毒即天竺,盖传译音字不同,其实一也。从月支、高附以西,南至西海,东至盘越,列国数

---

[1] 汶江:《历史上的南方丝路》,载伍加伦、江玉祥主编:《古代西南丝绸之路研究》,四川大学出版社,1990年,第42—46页。
[2] 〔晋〕陈寿:《三国志》卷三十《魏书三十·乌丸鲜卑东夷传》裴松之注,文渊阁《四库全书》本。
[3] 汶江:《滇越考——早期中印关系的探索》,《中华文史论丛》第2辑,上海古籍出版社,1980年。

十，每国置王，其名虽异，皆身毒也。汉时羁属月支，其俗土著与月支同，而卑湿暑热，民弱畏战，弱于月支。国临大江，名新陶，源出昆仑，分为五江，总名曰恒水。其水甘美，下有真盐，色正白如水精。土俗出犀、象、貂、罽、玳瑁、火齐、金、银、铁、金缕织成金皮罽、细摩白叠、好裘、氍氀。火齐状如云母，色如紫金，有光耀，别之则薄如蝉翼，积之则如纱縠之重沓也。其西与大秦、安息交市海中，多大秦珍物，珊瑚、琥珀、金碧珠玑、琅玕、郁金、苏合。

通过水、陆两路，中国丝绸大量运往西方，中国则从西方得到黄金和各种宝石、香料等物品。

东南亚的一些国家，如堂明（也称"道明"，今老挝北部古国）、扶南（地域包括今柬埔寨全境、老挝南部、越南南部、泰国东南部）等国，也曾到中国朝贡觐见，尤其是扶南国，在三国两晋南北朝时期是遣使觐见中国次数最多的国家，但多走海路。中国古籍《梁书》《晋书》《北齐书》等，都记载扶南国矿产资源丰富，有金、锡、银等，宝石有玛瑙、珠子等，表明扶南国与中国有贸易活动。

三、南传佛教

南方丝绸之路的起点成都平原，不但是中国道教的重要起源地，而且也是佛教来华最早的传播地之一。经由南方丝绸之路，印度的佛教传入成都平原，而成都平原的道教也传播到了印度，对印度的宗教思想产生了不可忽略的影响。

印度地区的佛教于西汉末年开始传入中国，东汉时，佛教在四川盆地已经甚为流行。迄今在四川已发现多件早期的佛教造像，可以说明东汉时期四川佛教造像兴起的一些情况。而且，在南方丝绸之路沿线，各地佛教造像也延绵不断。

佛教传入中国，有南、北两条丝绸之路的途径，从南方丝绸之路传入的，称之为南传佛教。东汉时，南传佛教即从印、缅经云南传入蜀，为许多文物、文献所证实。

《后汉书·南蛮西南夷传》载，永宁元年（120年），掸国（即缅甸）国王雍由调向汉廷遣使贡献掸国乐器和幻人（魔术师）。这些幻人"自言我海西人，海西即大秦也"。可见，罗马魔术师到达汉廷，必须是由缅甸经过永昌道，由蜀地到中原。《后汉书》记载，缅甸国王六次与汉廷交往，走的都是永昌道。这就意味着，东汉时由缅甸通往中原的道路非常通畅，使用频繁。《华阳国志》中明确记载了永昌有来自印度的人群居住，云南出土的东汉胡僧俑也并非无故——遥远的罗马帝国臣民尚且通过滇缅道进入中原，更为接近的印度与缅甸早期佛教徒由此进入中国也就不足为奇。通过与这些人群的交往，滇蜀地区的中国人显然接收了早期佛教的艺术形式，并将之按照自己的世界观进行理解。此通途正如英国人D.G.E.霍尔所说，早在公元前122年，张骞在大夏发现了来自四川的商品，证明了滇缅道早于此前存在。公元69年，东汉政府在距离今天中缅边境约96.5千米处设置了永昌郡，公元97年，来自罗马东部的使者便由此路通往东汉的腹地。而3世纪末，中国求法的僧人也从此道前往室利笈多的朝廷[1]。

由于早期佛教并没有大乘佛教兴起之后的佛像与菩萨偶像崇拜，早期信徒之膜拜对象更多为与佛陀有关的圣树、佛塔、三宝标识，还有佛陀的足迹、行经处、佛座等[2]。佛像艺术在印度是随着公元1世纪大乘佛教的流行而兴起

---

[1] ［英］D.G.E.霍尔：《东南亚史》上册，中山大学东南亚历史研究所译，商务印书馆，1982年，第45页。
[2] ［日］高田修：《佛像的起源》上册，高桥宣治等译，台北华宇出版社，1985年，第83—85页。

的①。这就意味着，包括了佛像崇拜在内的早期佛教艺术形式在中国的传播，只能是在公元1世纪之后，这在时间上与滇蜀地区东汉以来流行的早期佛教造像是吻合的。

在云南考古发现的早期佛教造像中，还有胡僧之形象。此种胡人佛僧形象之出现，显然源自现实生活的经验。联系到《华阳国志·南中志》中记载云南永昌住有"身毒之民"这一材料，可以确认在东汉云南的永昌郡确实居住有印度人或印度化的缅甸人②。这些人中有佛教僧侣，因此云南的早期佛教艺术中会较多地表现这些来自异域的佛教信仰者。

根据历史记载，公元前232年阿育王（Asoka）宣扬佛教，派出Sona和Uttara两名僧侣到泰国和缅甸传授佛教巴利文经典③。在泰国东北部、越南中部等地都有佛像的发现，时间可以追溯到公元初期④。这些考古材料，显示了公元初期随着大乘佛教的兴起和佛像崇拜的流传，东南亚地区开始流传包括佛像在内的佛教造型艺术。在缅甸，也出土了2世纪的佛像⑤。这样，一个从公元1世纪到2世纪，从印度到包括了泰国、缅甸、越南在内的跨区域的早期佛像传播线路就清晰了起来。

东汉、三国时期，一些来华僧人就进入中国内地。在四川地方志上记载有多处寺庙建于东汉，其分布范围主要是近邻成都的岷江区和长江线上，不仅仅与学者们长期讨论的滇缅道在空间上不谋而合，而且这些年来发现的早

---

① 任继愈主编：《中国佛教史》第一卷，中国社会科学出版社，1985年，第184页。
② 季羡林先生直接将该文献中的"身毒人"理解为"印度人"，见氏著：《季羡林文集》第四卷《中印文化关系》，江西教育出版社，1996年，第124页。
③ Roger, Bischoff. *Buddhism in Myanmar: A Short History*, Sri Lanka, 1995, pp. 26–29.
④ ［新］尼古拉斯·塔林主编：《剑桥东南亚史》第一册，贺圣达等译，贺圣达审校，云南人民出版社，2003年，第241页。
⑤ 朱俊辉、曾国明等：《滇缅道上的汉代钱币与佛传中国》，载四川省钱币学会、云南省钱币研究会编：《南方丝绸之路货币研究》，四川人民出版社，1994年，第163页。

期佛像也在这个范围之内。因此，这些现象绝不是偶然的①。汉代佛教通过海上传播的可能性非常小，"海路的可能几乎是没有的"。除了中亚的丝绸之路外，西南地区具有久远历史的滇缅道，正是早期佛教通过陆路传播的重要通道②。

将中国长江流域汉末、魏晋的佛教造像整个进行考察，不难发现，佛教造像具有从西南向东南传播的趋势：越靠近西南滇缅道地区，佛教造像出现的时间越早，而越靠近东南吴越地区，时间则越晚。因此，长江流域的佛教传播路线为由蜀身毒道传至川滇，再由鄂、江浙自西向东传播③。这就解释了东汉三国之际的佛教造像主要出土于四川，而魏晋时期的佛教造像又大量发现于东吴地区的原因。

魏晋南北朝时，南方丝绸之路滇缅道仍是长江流域与印度联系的主要通道，南朝僧侣同西域和印度佛教界往来，都要通过蜀地，因而在蜀地中转或暂住的高僧为数不少。约东晋南朝之际，释慧睿"常游方而学经，行蜀之西界，为人所抄掠"，商人以金赎之，后"游历诸国，乃至南天竺界"，研习精通印度语言和佛学，回国后协助鸠摩罗什从事翻译工作④。约4—5世纪之间，"有唐僧二十许人，从蜀州牂牁道而出"，至印度比哈尔邦巴腊贡的那烂陀寺（古代印度佛教的最高学府）东四十驿许的蜜栗伽悉他钵娜寺，"向莫诃菩提礼拜"。此寺不远，有一故寺，尚存砖基，号为"支那"寺，"古老相传，云是昔室利笈多大王（约4—5世纪）为'支那'国僧所造"⑤。刘宋文帝时，慧

---

① 阮荣春：《早期佛教造像的南传系统》，《东南文化》1990年第3期。
② 季羡林：《中印文化交流史》，载氏著：《季羡林文集》第四卷《中印文化关系》，江西教育出版社，1996年，第388、389页。
③ 王海涛：《云南佛教史》，云南美术出版社，2001年，第75、76页。
④ 〔南朝梁〕释慧皎：《高僧传》卷七《慧睿传》，文渊阁《四库全书》本。
⑤ 〔唐〕释义净：《大唐西域求法高僧传校注》卷三《慧轮传》，王邦维校注，中华书局，1988年。

览从罽宾求法，经于阗回国，"路由河南，河南吐谷浑慕延世子琼等敬览德问，遣使并资财，令于蜀立左军寺，览即居之"①。宋后废帝元徽三年（475年），法献"西游巴蜀，路出河南，道经芮芮"②，抵达于阗，西行巡礼佛迹。罽宾高僧昙摩密多由龟兹、敦煌，于刘宋元嘉三年（426年）辗转至于蜀中，"俄而出峡，停止荆州"③。义净在《大唐西域求法高僧传》中还记载，南北朝时期，荆州江陵的昙光律师曾经云游到达诃利鸡罗国（今缅甸西南部若开邦一带）；另有一位五十多岁的中国僧人，携带许多经像来到达诃利鸡罗国，受到国王的优待，在该地主持一座寺庙，直至死去。大量高僧经过蜀中南来北往，东进西上，给蜀中佛教的风行增添了很大的助力。

根据《高僧传》《续高僧传》以及其他史料的零星记载，魏晋南北朝时巴蜀地区有不少人出家为僧，民间住家佛徒更多。出家僧侣中，有的成为很有名气的高僧。萧梁时，梓潼郡涪县人释植相出家入青城山，聚徒集业，为梁王所重，"供给獠民，以为营理"，卒时（553年），"其山四面獠民，见其坐亡，皆来叹异。礼拜供养，改俗行善"④。安汉人释宝象由道士童子出家为僧，"外典佛经，相继训导，引邪归正，十室而九，又钞集医方，疗诸疾苦"⑤，为《大集经》《涅槃经》《法华经》作疏，删繁就简，易于研读，北周保定元年（561年）卒于潼州光兴寺。

此期间巴蜀地区的佛教寺院也大量兴建起来，各地佛寺往往散见于各种史籍，佛寺中往往集有大批僧侣。刘宋时，蜀中僧人法成"鸠率僧侣，几于千人，铸丈六金像"。成都万佛寺塑有大量佛教石刻造像，规模不小，其僧侣

---

① 〔南朝梁〕释慧皎：《高僧传》卷十一《慧览传》，文渊阁《四库全书》本。
② 〔南朝梁〕释慧皎：《高僧传》卷十三《法献传》，文渊阁《四库全书》本。
③ 〔南朝梁〕释慧皎：《高僧传》卷三《昙摩密多传》，文渊阁《四库全书》本。
④ 〔唐〕释道宣：《续高僧传》卷二十五《释植相传》，文渊阁《四库全书》本。
⑤ 〔唐〕释道宣：《续高僧传》卷八《释宝象传》，文渊阁《四库全书》本。

之多亦足见一斑。

随着佛教在巴蜀地区的风行，佛教造像也开始兴盛起来。南北朝时，巴蜀地区的南传佛教造像最有名的是成都万佛寺。成都万佛寺萧梁时名为安浦寺，后历经毁坏而重建。从清光绪八年（1882年）以来，相继在寺中出土佛教石刻造像达百余件，其中有纪年铭文的十余件，年代最早的是刘宋元嘉二年（425年）的净土变石刻。造像大多为单个圆雕，主像多为释迦牟尼像，其风格属于南方系统。

魏晋南北朝时期巴蜀地区佛教的兴盛，主要原因有三：一是长期受中外讲习佛法的诸位高僧的影响；二是佛教的西方净土信仰，即死后根据生前功德大小得到不同的报应，给屡罹战火之灾的蜀人提供了心灵上的慰藉；三是统治者极力推崇佛教，如梁武帝崇佛，历任益州刺史亦不仅信佛，还大力倡导，延请高僧，广建寺院。于是便使佛教在官方和民间都获得大批人士的崇奉，以至达到相当普化的程度，一直持续发展，至于隋唐，长盛不衰。

综上所述，佛教艺术自东汉经南方丝绸之路滇缅道传入四川后，又继续向长江中下游传播，从而形成了早期佛教的南传线路。不晚于2世纪中叶，川滇地区已经出现了早期的佛像、莲花、宝塔等造型。到了3世纪的早期，这些艺术形式开始在长江中游的湖北地区出现。直到3世纪中叶，江浙地区才出现了禅定和飞天等佛教造像[1]。自此，一个从印度至滇、川，再由四川传播到长江中下游的佛教造像传播路线已经很清晰了：1世纪，佛教造像在印度开始流行。到了2世纪，这些佛教造像艺术已经在泰国、缅甸、越南流行，并于2世纪中叶之前传入云南，一些来自印度或缅甸的佛教徒也于这一时期进入云南或内地。到了3世纪，这些造像艺术已经广泛存在于云南和四川，并与当地的民间信仰混合在一起。与此同时，佛教造像继续向长江中游传播。

---

[1] ［韩］李正晓：《中国早期佛教造像研究》，文物出版社，2005年，第82页。

到了3世纪中叶,传播到了长江下游的江浙地区。这是一条佛教艺术由西南滇缅道通往整个长江流域的传播之路①。

当然,佛教思想也从西北及中原地区传入了四川,这不仅不与南方传入说相矛盾,而且更说明四川是个文化交汇之地。但从文献资料和考古资料分析,东汉时期佛教在四川与在中原的传播还是有一些差异的,这更加明显地反映出四川与印度文化的联系。

从文献资料看,东汉时期中原地区的佛教多走上层路线,注重在上层统治阶级中传教收徒;从考古资料看,东汉时期四川盆地内的传教徒则多在中下层人士中发展,其普及时间早于中原,普及程度高于中原。还有一个宗教意识,印度与中国西南地区也是一致的,那就是两地都有对牛的崇拜,西南地区有"神牛"崇拜,印度有"圣牛"崇拜。这在青铜器、陶器、宗教思想、民俗中都有所反映。印度与中国西南地区的民俗差异很大,但两地都视牛为神,这种宗教文化的近似,也反映出两地的文化联系②。

佛教传入中国,在与中国本土文化结合后,对中国文化产生了很大的影响,甚至逐渐成为中国文化的一部分。

四、道教传入印度

中国的道教也经由南方丝绸之路传入印度,对印度的宗教思想产生了很大的影响,成为印度密宗最主要的思想根基之一。中国道教的起源及兴盛之地,就是古蜀大地。也是蜀地的道教,最早南传至印度。

道家的哲学思想自先秦以来就在巴蜀地区长期传播,在蜀中深厚的土壤

---

① 李竞恒:《滇蜀地区出土早期佛教造像与西南传播路线》,《中华文化论坛》2012年第1期。
② 罗开玉:《从考古资料看古代蜀、藏、印的交通联系》,载伍加伦、江玉祥主编:《古代西南丝绸之路研究》,四川大学出版社,1990年,第51页。

中长期生长，不断发展。到西汉之世，蜀中大学者如严君平、扬雄等，均以精通道家、耽于《老》《庄》而饮誉中华。宋人所说"《易》学在蜀耳"①，确实真切反映了蜀中道家思想的丰富多彩和源远流长。道家思想与巴蜀的原始宗教、巫术相结合，在巴蜀民众中产生了广泛影响，形成了相当深厚的社会基础。到东汉时，中国最重要的本土宗教——道教终于在巴蜀地区诞生了。

随着佛教传入四川，南来北往的宗教人士又将四川的道教思想传入印度。道教对印度宗教的影响，集中体现在印度密宗与炼金术上。

印度的密宗在教义和修持法上，与印度传统各宗派有显著的差异，却与道教极为相似，而且相似之处非常明显，且为数众多，不能轻率地认为是巧合。

道教外丹的修炼法在密宗里称为长命术，同道教使用婴儿姹女相配比喻铅汞的化合一样，密宗也使用 Siva 与 Gaurī 的结合比喻云母和水银的化合。密宗与道教一样，认为外丹术是促成肉体不朽的手段之一。

密宗的一位重要神祇：摩诃支那救度母，相传来自中国。礼拜这位神祇的仪式称为"支那功"，也是密宗重要的修行法之一。密宗经典《度母秘义经》《摩诃支那功修法》《风神合璧旦多罗》《弥卢咀多罗》等都说"支那功"来自中国。据印度教和佛教共同承认的经典《度母经》记载，有名的密宗大师伐混斯塔为了学习这种修行法，曾专门到中国去寻求教导，因为在印度没有传授此法的人。就连供奉"难近母"的圣花也是中国玫瑰。

此外，据南印度泰米尔文献记载，南印度密宗的 18 位"成就者"中，有两位来自中国。据说这两人都著有许多关于禁咒、医术和炼丹术的书籍，南印度密宗的许多"成就者"都出自其门下。他们还带领一批弟子到中国去深造过。从其行迹来看，这两人无疑都是道教徒。

---

① 〔元〕脱脱等：《宋史》卷四五九《谯定传》，文渊阁《四库全书》本。

有学者认为密宗是与吠陀一样古老而且完全源自印度的宗教,此观点是站不住脚的。首先,密宗在时间上有一段超长期的空白。密宗成为一大宗教流派的时间是7世纪前后,如果它是同吠陀一样古老的话,就有长达2000年以上的时空缺环。其次,密宗思想中,虽然包含有印度雅利安文化固有的成分,但非雅利安文化的成分也很多,而且是密宗最重要的思想构成。其中最显著的,就是对待妇女和低级种姓的态度。

与印度教女神处于附庸地位、印度教高僧无女性不同的是,女性无论在密宗的教义、神祇,还是在信徒中,都占有十分重要的地位,女神甚至有凌驾于男神之上的趋势。密宗广收女徒,密宗大师中的女性也不少。有的密宗女大师还属于低级种姓。这一点与道教重视阴性的思想观点是一致的。

与阶级严密的印度教相反,密宗不再把首陀罗视为"一生族",甚至密宗大师里也有出身于首陀罗的人。密宗对待各个种姓一视同仁,这与印度教的传统思想是针锋相对的。

所以,就如达斯古普塔所说,密宗既非来自印度,也非来自佛教,而是来自远古的、与玄妙的哲理无关的宗教暗流[①]。

这股暗流应该就是中国的道教。正如汶江先生所说,道教传向印度是非常自然的事。佛教传入中国,曾长期和道教混杂不清。为了争取大众的接受,顺利传教,佛教僧侣也自觉地学习当地的宗教思想,将其融合进佛教。而道教先于佛教取得了广大民众的信仰,初来乍到的佛教便选择了与之相融、共生共荣的策略。中国史书中,自楚王英至汉桓帝100多年间,始终以黄老浮屠并称。《后汉书·楚王英传》:"楚王诵黄老之微言,尚浮屠之仁祠。"《后汉书·襄楷传》:"闻宫中立黄老、浮屠之祠,此道清虚,贵尚无为,好生恶杀,

---

① 汶江:《试论道教对印度的影响》,载伍加伦、江玉祥主编:《古代西南丝绸之路研究》,四川大学出版社,1990年,第80、81页。

省欲去奢。"《后汉书·桓帝纪》:"饰芳林而考濯龙之宫,设华盖以祠浮屠、老子。"另一方面,在早期翻译的佛教典籍中,也混杂了不少道教术语,染上了许多道教色彩。印度来华的僧侣对道教也颇有研究,据说著名僧侣鸠摩罗什还曾经注释过《道德经》[①]。于是,印度僧侣回国,以及中国道士赴印,都可以将道教思想传到印度。

那么,重要的是道教传入印度的路径问题。关于这方面,按照我们已知的古代中印交通线路分析,可能有三条道路。

第一条,由西域陆路南下抵达北印度和中印度。这条线路声名显赫,多数僧侣都是沿着此线路交通中印,包括著名的唐僧玄奘。但是,这条道路不大可能是道教传向印度的路径。因为,在8世纪前,北印度和中印度地区的佛教势力盛极一时,就连本土的婆罗门教都得退避三舍,可以想见,道教即使传入此地区,也难以立足,更不用说发展了。

第二条,由海路传播到南印度。经中国南海西行抵达南印度,这条海路早已有之,道教也很早就传播到了中南半岛,如《三国志·吴书·孙破虏讨逆传》裴松之注引《江表传》称,交州刺史张津"鼓琴烧香,读邪俗道书"。由此可知,道教从交州传到南印度也是有可能的。然而,事实上,南印度并非密宗的发祥地,这就否定了道教主要通过海路传播到南印度的可能。

第三条,由川入滇,再经缅甸北部到印度东部的南方丝绸之路蜀身毒道。张毅先生于1984年提出了道教由此道路大规模地传入印度东部的论点[②]。这个论点有充分的资料予以证实。

首先,道教形成于多民族的川西,与川滇各民族关系十分密切。向达先

[①] 汶江:《试论道教对印度的影响》,载伍加伦、江玉祥主编:《古代西南丝绸之路研究》,四川大学出版社,1990年,第81页。

[②] 汶江:《试论道教对印度的影响》,载伍加伦、江玉祥主编:《古代西南丝绸之路研究》,四川大学出版社,1990年,第82页。

生也曾说：我疑心张陵在鹤鸣山学道，所学的道即氐羌的宗教信仰，以此为中心，而缘饰以《老子》之五千文。因为天师道的思想源于氐羌族，所以李雄、苻坚、姚苌，以及南诏大理才能靡然从风，受之不疑。至于南诏、大理之又信佛教，那是后起的事，与本族的原始信仰并无妨碍[①]。云南许多地区如西双版纳、大理等地，一些少数民族如滇西白族，或信道教，或将道教吸收入其"本主"崇拜之中。滇西及上缅甸各族虽然不信奉道教，但流行巫术，这些鬼巫与天师道类似，因此道教要进入这些地区是不困难的。然而，西域的情况正好相反，在佛教还未传入汉地之前，西域各国就已经信奉佛教了。在公元后三四世纪，佛教在西域可谓根深蒂固了。因此，道教沿着川—滇—缅—印的蜀身毒道传播，远比从西域传播入印更为容易。

其次，滇西南与缅北（即上缅甸）地缘相接，人民混杂相处，十分有利于文化的传播。东汉永平十二年（69年）哀牢归附后，朝廷在滇西设置永昌郡，其地除滇西以外，还包括了部分缅甸北部地域。在公元初的几个世纪里，永昌重镇成为中、印、缅、掸各国人民云集之地。《华阳国志》称该地有"闽濮、鸠獠、僄越、裸濮、身毒之民"。在民族交往之中，文化得以传播。西晋时有中国僧侣20余人赴印求法、5世纪初的慧睿由川西进入印度，都是沿此线路而行。印度僧侣也有取此道回国的，如《太平广记》卷一九〇，"王建"条引《北梦琐言》："王建始镇蜀，绝其旧赐，斩都衙山行章以令之……先是唐咸通中，有天竺三藏僧，经过成都，晓五天胡语，通大小乘经律论，以北天竺与云南接境，欲假途而还，为蜀察事者识之，系于成都府，具得所记朝廷次第文字，盖曾出入内道场也。"既然佛教徒可以经由此线路进入印度，道教当然也可能沿着此线路传入印度。

最后，迦摩缕波国是密宗的形成之地，而位于印度东部今阿萨姆地区的

[①] 向达：《南诏史略论》，《历史研究》1954年第2期。

迦摩缕波国与中国邻近，两国间自古就有直接而频繁的交通，关系密切。唐朝人的著作中屡屡提及此事，除《大唐西域记》"迦摩缕波国"条外，《释迦方志》中也说："其国东境，接唐西南，有诸蛮獠，于彼朝贡，云可两月行，使入蜀之西界。"

古代迦摩缕波国的居民主要是山民和汉人，国王的军队也是由这两种人组成。《释迦方志》还说："然童子王刹帝利姓。语使人李义表曰：'上世相承四千年，先王神圣，从汉地飞来，王于此土。'"

道教传入迦摩缕波国后，能够被很好地接受和发展，并对当地文化产生影响，最后促成密宗的形成，是有其必然性的。迦摩缕波国居民成分和宗教信仰都十分复杂，外道势力大大超过佛教，国王对各宗教没有好恶之分，就有了"未有佛法，外道宗盛"，"天祠数百，异道数万"的局面。《续高僧传·玄奘传》称该国："以彼风俗，并信异教，故其部众乃有数万。佛法虽弘，未至其土。王事天神，爱重教义，但闻智人，不问邪正，皆一敬奉其人。"因此，道教传播到该国后，较顺利地被人们接受。

文献还记载了迦摩缕波国向中国请老子像及《道德经》译文的事。《旧唐书·天竺传》记载："天竺所属国数十，风俗略同，有迦没路国，其俗开东门以向日。王玄策至，其王发使，贡以珍奇异物及地图，因请老子像及《道德经》。"《新唐书》卷二二一又记载："……东天竺王尸鸠摩送牛马三万馈军，及弓、刀、宝璎珞，迦没路国献异物，并上地图，请老子像。"关于翻译《道德经》为梵文一事，《集古今佛道论衡》丙卷也有所记载。道教传入迦摩缕波国，并在该地促成了密宗的形成，在密宗的经典中也有记载。

密宗的根源虽然来自中国的道教，但还包括了很多非道教的思想。密宗形成独立教派的时间应该在7世纪中叶以后，这在中国赴印度求法高僧的著作中可以找到证据。7世纪初叶，唐僧玄奘在印度求法长达17年之久，对印度佛教各宗派都有很深的了解，而他所著的《大唐西域记》中无一字提及密宗。但是，到了7世纪下半叶，义净、道琳、无行法师、常愍等到印度学习，情况就大不一样了，密宗已经相当盛行。到了8世纪初叶，密宗的主要经典如《大日经》《金刚顶经》已经相继翻译为汉文，其教义也被高僧传播到了中国[①]。

五、连通东南亚

南方丝绸之路西线的滇缅道沟通云南与缅甸，东南方向的步头道和进桑道是经云南东南进入越南及东南亚经济带的交通道路。此外，丝绸之路区域内的一些天然水道，也可交通东南亚，它们是：连接中缅的伊洛瓦底江（上游为独龙江）、萨尔温江（上游为怒江），连接中泰老柬越的湄公河（上游为澜沧江），连接中越的红河（上游为元江）。其中红河属于南方丝绸之路步头道正道。

（一）佛教文化的传播

佛教兴起于印度，经水路和陆路向东南亚传播，陆路方面，从缅甸至云南南部到越南、老挝，也应是其中的一条传播道路。南方丝绸之路西线有滇缅道联系缅甸与云南，东线有步头道（红河流域）、进桑道联系滇越，还有数条大河天然水路联系东南亚。这些，都是自先秦便已开通的道路，在佛教的东传中，必然发挥作用。自缅甸至中国云南南部边疆地区，到老挝及越南南部区域内，小乘佛教盛行，显示出南方丝绸之路经济带与东南亚经济带的文化联系。

---

① 张毅：《试论密宗成立的时代与地区》，载伍加伦、江玉祥主编：《古代西南丝绸之路研究》，四川大学出版社，1990年，第92—94页。

（二）汉传佛教传入缅甸

东汉时，南传佛教即从印、缅经云南传入四川。至魏晋南北朝，丝绸之路重心南移，南方丝绸之路西线成为长江流域与印度联系的主要通道。经由这条道路西去印度的佛教人士，必经缅甸北部，于是将中国的汉传佛教传入缅甸。如据《高僧传》记载，约东晋南朝之际，释慧睿"常游方而学经，行蜀之西界，为人所抄掠"，卖为牧羊的奴隶，后来被信仰佛教的商人以金赎出。此后，他"游历诸国，乃至南天竺界"，研习精通印度语言和佛学，回国后协助鸠摩罗什从事翻译工作[1]。

唐代高僧义净在《大唐西域求法高僧传》中记载，南北朝时期，荆州江陵的昙光律师曾经云游到达诃利鸡罗国（今缅甸西南部若开邦一带）；另有一位五十多岁的中国僧人，携带许多经像来到达诃利鸡罗国，受到国王的优待，在该地住持一座寺庙，直至死去。

在缅甸首都阿摩罗补罗，还建有中国观音寺。缅语中的佛教词汇，如"南无""罗汉""佛爷""涅槃""喇嘛"，等等，均源出于汉语，是中国人将梵文或巴利文翻译成汉语再传入缅甸的[2]。

因此，缅甸考古学家杜生浩曾说："我们不能否认，在公元4世纪时，佛教已由中国传入缅甸。……最早数世纪中，中国僧侣曾在太公（缅名德贡）、卑谬和蒲甘等地讲经布道，与用梵文讲授的印度僧侣分道而进。但中国的政治势力较强，因而传授较占优势且收普及的宏效。"[3]

---

[1] 〔南朝梁〕慧皎撰：《高僧传》卷七《慧睿传》，文渊阁《四库全书》本。
[2] 〔缅〕杜生浩：《缅语中的汉语词汇》，李晨阳译，李谋校，《中国东南亚研究会通讯》1996年第2期。
[3] 何芳川主编：《中外文化交流史》（上卷），国际文化出版公司，2008年，第388页。

（三）民族迁徙

三国两晋南北朝时期，战争与动荡，是中国人向南迁徙进入东南亚的重要原因。

公元初始前后，汉藏语系的一些民族向南迁徙至东南亚，如骠人这一来自中国大陆西北地区的氐羌族系。

骠人即骠族，"骠族是讲藏缅语的族群中最早进入缅甸的民族之一"[①]。"骠族属于藏缅语族，进入缅甸之前，曾经在中缅边境的永昌生活了很长时间，大约在公元3世纪前后进入缅甸"[②]。虽然中外学术界对骠族进入缅甸的时间尚有争议[③]，但骠族属汉藏语系，从中国迁入缅甸之后，建立城市，形成古国，在4—9世纪达到鼎盛，这是没有争议的。中国古籍《华阳国志·南中志》记载东汉永昌郡："明帝乃置郡，以蜀郡郑纯为太守……去洛阳六千九百里，宁州之极西南也。有闽濮、鸠獠、僄越、裸濮、身毒之民。"僄越即骠人。晋代魏宏的《南中八郡志》中明确提到骠国，说"传闻永昌郡西南三千里，有骠国"。《后汉书·哀牢夷传》的注文引用晋代郭义恭的《广志》说："骠国有白桐木。"

此外，大量内地人士因为躲避战乱也迁徙至东南亚。《华阳国志·南中志》记载："夷愈强盛，破坏郡县……会毅疾甚，军连不利，晋民或入交州，或入永昌。"其中多数南走交州。

这些迁徙的人们，是中国文明传播的使者。

[①] 《缅甸百科全书》第七卷，缅甸文学宫出版社，1993年，第93页。
[②] 转引自［缅］丹东：《骠族去哪了？》，缅甸迪利瑞出版社，2006年，第39页。
[③] 有学者认为骠人早在公元前1000年左右就进入缅甸，如英国学者简尼斯的《缅甸古代的骠人》，参见［缅］奈佐：《文化演变过程中骠族文化的发展（五）》，《微达伊》2011年总第608期。

（四）造纸术

中国汉字起源大约在公元前4000年，汉字书写材料经历了漫长的发展历程，从最初的刻画在陶器、青铜器上，发展到书写在麻纸上。东汉和帝时，宫廷官吏蔡伦在总结前人造纸技术的基础上，使用新方法，创造出新的纸张，该纸造价低廉，体轻质薄，非常易于书写和携带、保存。东汉和帝元兴元年（105年），蔡伦将自己制造的纸呈献给皇帝，汉和帝大为赞赏。从此，蔡伦改进的这种造纸技术便在全国推广，人称"蔡侯纸"。再经过不断改进，到南北朝时期，纸已经成为中国人主要的书写材料。

蔡伦改进的造纸技术很快向四面八方传播，并传至国外。公元3世纪，中国的造纸技术传播到交趾，人们利用当地盛产的蜜香木制造出"蜜香纸"。西晋嵇含在《南方草木状》卷中记载："蜜香纸，以蜜香树皮叶作之，微褐色有纹，如鱼子，极香而坚韧，水渍之不溃烂。"

此后，中国造纸技术逐渐传播到东南亚泰国、菲律宾等国。到公元8世纪，中国造纸技术传至阿拉伯，并再西传至欧洲各国。

中国造纸术的发明和传播，在世界文明史上具有非常重大的意义，是中国文明对世界文明做出的又一巨大贡献。

（五）音乐和乐器

中国本土的音乐和乐器，如仪仗鼓乐等，在很早就传入越南。在越南出土的相当于中国汉朝时期的铜鼓，上面刻画的乐舞图案，其舞者的舞姿、着装都近似于云南石寨山型铜鼓上的图案刻画。三国时期士燮任交趾太守时，"出入鸣钟磬，备具威仪，笳箫鼓吹，车骑满道"[1]。此后历代，中国音乐和乐

---

[1] 〔晋〕陈寿：《三国志》卷四十九《吴书四·刘繇太史慈士燮传》，文渊阁《四库全书》本。

器都不断传入越南及东南亚等地区，广泛流传。在宋代，宋人甚至在越南发现了在中国已经失传很久的杖鼓曲《黄帝炎》。

（六）中国文化对东南亚神话创作的影响

在东南亚各国的神话传说中，包含了许多中国文化因素，显示出中国文化对东南亚神话创作具有很大的影响。

在越南、柬埔寨等国的神话中，出现了"玉皇大帝"，为开天辟地、制造万物的神。越南神话《天柱神创世》说，很久很久以前，土地不分，也没有万物和人类，到处是一派浑浊和黑暗，冷冷清清。有一天忽然出现一位巨人，开天辟地。巨人就成为掌管天地间一切事务的天神，人们称他为玉皇大帝[1]。《稻子的来历》说，玉皇大帝创造出动物和人类以后，才考虑创造稻子和棉花[2]。柬埔寨神话《蚊子的演变》说，玉皇大帝创造了一切动物，而这些动物中，蚊子产生得最早[3]。

"龙"也是东南亚神话的一大主角，有关龙的神话很多，如柬埔寨的《金环蛇的故事》，老挝的《九龙的故事》，缅甸的《三个龙蛋》[4]，等等。

有些神话人物是中国文化，而神话内容是本地的。如越南神话《男神四象和女神女娲》[5]，还有伏羲、神农等。在《瑶人的祖先》等神话传说中，还出现了"中国皇帝"[6]。

还有些神话与中国神话雷同或者非常相似，如越南神话《织女和牛郎》

---

[1] 张玉安主编：《东方神话传说》（第六卷），北京大学出版社，1999年，第3页。
[2] 张玉安主编：《东方神话传说》（第六卷），北京大学出版社，1999年，第13页。
[3] 张玉安主编：《东方神话传说》（第六卷），北京大学出版社，1999年，第96页。
[4] 张玉安主编：《东方神话传说》（第六卷），北京大学出版社，1999年，第89、111、142页。
[5] 张玉安主编：《东方神话传说》（第六卷），北京大学出版社，1999年，第6页。
[6] 张玉安主编：《东方神话传说》（第六卷），北京大学出版社，1999年，第63页。

《鲤鱼跃雨门》[1]等。老挝神话《公鸡报晓》说,天神造了十个太阳、九个月亮,同时照耀大地,大地被烤得如火烧火燎,树木花草枯萎,飞禽走兽死去,人们备受煎熬。这时出现了一位英勇的青年,他制造了强弓和利箭,将箭射向天空,射落了九个太阳和八个月亮,剩下的一个太阳和一个月亮吓得躲到东方的天边。于是,大地变得漆黑而寒冷。这时,有个大公鸡突然引吭高啼,召唤出了躲在天边的太阳,使得大地又充满了光明和温暖,一切都变得生机勃勃[2]。

一些神话还反映了历史事件,如越南神话《金龟神传》[3],反映了公元前316年秦灭蜀国,蜀王子泮率部南迁越南北部红河下游,灭了当地的文郎国,建立瓯雒国,自称安阳王,后被南越王赵佗所灭的史实。

按照《辞海》的解释,神话是反映古代人们对世界起源、自然现象及社会生活的原始理解的故事和传说。中国文化因素大量出现在东南亚诸国的神话传说中,显示出中国文化对东南亚诸国早期文化具有广泛的影响。

---

[1] 张玉安主编:《东方神话传说》(第六卷),北京大学出版社,1999年,第15、26页。
[2] 张玉安主编:《东方神话传说》(第六卷),北京大学出版社,1999年,第116页。
[3] 张玉安主编:《东方神话传说》(第六卷),北京大学出版社,1999年,第57页。

第四章

隋唐时期的南方丝绸之路

公元581年，隋朝结束了割据与动荡的局面，重新建立起大一统的王朝。代隋而立的唐朝，是中国封建社会发展的鼎盛时期，经济昌盛，文化繁荣，四海归心，八方来朝，中国文明对外传播也达到了新的高度。

但是，在唐朝，南方丝绸之路区域的政治格局发生了很大的改变。8世纪前期南诏国建立，其地域辽阔，以今云南为主，包括今四川凉山、贵州西部和缅甸东北部、越南北部。南诏国与唐王朝时战时和，关系多变，但总的来讲，南诏国属于地方割据性质的政权。

此外，在青藏高原，吐蕃王朝崛起并向东扩张。吐蕃与南诏较长时期结为联盟，常入侵唐朝的西南边境。作为南方丝绸之路重要区域的今四川西部、南部地区，变成唐朝边防前线、各路军队交战之地。而南方丝绸之路的起点成都平原，成为唐朝西南边防的核心基地。

西南地区势力强大的地方割据政权的存在，以及和与战交替变化的形势，对南方丝绸之路的道路畅通与沿线经济文化交流产生了很大的影响。

第一节　隋唐时期南方丝绸之路区域的政治格局

盛唐是中国历史上相当开放的时期，都城长安堪称世界之都，是世界经济文化交流的中心城市。在这样的大背景之下，巴蜀地区也与整个国家其他地区一样，呈现出高度开放、包容和欣欣向荣的景象。

唐朝是中国古代社会经济发展的最高峰，巴蜀地区社会经济也在这一时期步入了繁华绚烂之盛况。与之相一致的是，经由南方丝绸之路，巴蜀地区与其他地区的文化交流更加广泛、多元化。

一、南方丝绸之路的修复

南方丝绸之路自先秦已经开通，但在西晋末年、南北朝等动荡时期，道路时有阻断不通的情况。入唐以后，政通人和，南方丝绸之路全线呈现出畅通无阻之局面。关于蜀身毒道的境况，《大唐西域记》卷十就记载，迦摩缕波国"境接西南夷，故其人类蛮獠矣。详问土俗，可两月行，入蜀西南边境"。懿宗咸通年间，"有天竺三藏僧，经过成都，晓五天梵语，通大小乘经律论。以北天竺与云南接境，欲假途而还"①，就是说有天竺僧人打算由成都取道云南返回印度。而《大唐西域求法高僧传》卷三《慧轮传》则记载："有唐僧二十许人，从蜀川牂牁道而出。"经云南至天竺之庵摩罗跋国。在国王室利笈多时代，天竺还建造了一座"支那"寺。骠国（缅甸北部）与云南的关系，一直很友好而密切，所以四川—云南—缅甸—印度这条蜀身毒道，一直是通畅的。唐德宗贞元九年（793年），骠国向唐朝廷进献乐曲及乐工，就是由缅甸经云

---

① 〔宋〕李昉等：《太平广记》卷一九〇，文渊阁《四库全书》本。

南、四川前往长安的。

南方丝绸之路通往东南亚的道路也在经历了南北朝的时开时闭之后，重新振作。唐玄宗天宝年间，剑南节度使章仇兼琼"开步头路"[1]，即我们今天所称的"步头道"，并筑安宁城，"路通安南"[2]。唐玄宗天宝十二年（753年），"左武卫大将军何履光将岭南五府兵击南诏"，以及南诏发兵进攻安南，均是走的这条路。步头道成为四川通往云南、安南的重要道路。

此外，四川经贵州去安南的道路，也得到修复。

唐时，巴蜀地区与南方丝绸之路沿线其他地区的文化交流，受到了较多因素的影响。在这些因素中，比较大的因素有三个：第一是受整个国家开放程度、开放风气的影响；第二是受军事行动的影响；第三是受新道路开通的影响。

但是，唐时西南地区却并不总是太平世道。唐与吐蕃、南诏之间进行了较长期的军事行动，这不仅造成了西南地区的社会动荡，同时赋予了南方丝绸之路新的使命：中央军事行动的大通道。同时，战争也从客观上促进了各地间的文化交流。

也就是在唐朝，中央政府开始了具有重大战略意义的汉藏之间的"茶马贸易"。南方丝绸之路又成为茶马贸易的交通线。为了顺利开展这一具有政治意义的贸易活动，唐王朝在南方丝绸之路的主干线上又开辟了一些新的道路支线，形成了覆盖面更加广阔的交通网络，进一步促进了成都平原与涉藏地区的文化交流。

隋唐时期南方丝绸之路的通达状况，以南诏国的建立为分界线。在南诏国建立之前，南方丝绸之路国内区域在隋、唐中央王朝直接统治下；在地方

---

[1] 〔唐〕樊绰：《蛮书》卷四《名类》，文渊阁《四库全书》本。
[2] 见《南诏德化碑》文，龙云主修，周钟岳、赵式铭等编纂：《新纂云南通志》卷八十六《金石考六》，云南省地方志编纂委员会翻印，1989年。

割据政权南诏国建立后，南方丝绸之路国内区域存在政治局势多变、军事行动频繁的形势。

二、隋朝对南方丝绸之路区域的治理

隋朝统一全国后，很快将视野投向西南地区，建立起对西南地区的统治。

隋文帝杨坚首先派军队"清抚边服"，取得胜利后立即设立行政机关。在南方丝绸之路西线区域，恢复西宁州（治今四川西昌，后改名越巂郡），设置恭州（治今云南昭通）、协州（治今云南彝良）、昆州（治今云南昆明市区以西），在南宁州旧地设置南宁州总管（驻今云南曲靖）。

在南方丝绸之路东线区域，设置了泸川郡（治今四川泸州）、牂舸郡（治今贵州黄平西北）、苍梧郡（治今广西梧州）、始安郡（治今广西桂林）、交趾郡（治今越南河内）、九真郡（治今越南清化）、日南郡（治今越南荣市）等。还于大业元年（605年）新开辟了治地在今越南的荡州、农州、冲州三州，大业三年（607年）改州为郡，调整为比景郡、海阴郡、林邑郡三郡，后因人口不多而废。

在行政机构中，任命了汉人及大批当地首领为官吏。

隋朝对南方丝绸之路中线进行了道路整修工程。南方丝绸之路中线即五尺道，在五尺道遗址石门现存有刻于隋开皇五年（585年）的摩崖石刻，记叙了这一事件：

> 开皇五年十月二十五日，兼法曹黄荣领始、益二州石匠，凿石四孔，各深一丈，造偏梁桥阁，通越析州、津州。

造偏梁桥阁，说明建设工程规模很大，直到唐朝仍在使用。樊绰在《蛮书》卷一《云南界内途程》中记载：

> 石门东崖石壁，直上万仞；下临朱提江流，又下入地数百尺，惟闻水声，人不可到。西崖亦是石壁，傍崖亦有阁路，横阔一步，斜亘三十余里，半壁架空，欹危虚险，其安梁石孔即隋朝所凿也。

但是，南方丝绸之路上并不太平，叛乱、骚乱时有发生，但都被隋朝军队镇压了，保证了南方丝绸之路的畅通。如开皇初，文帝以王长述为行军总管"击南宁"；越嶲郡"飞山蛮作乱，侵掠郡境"，文帝诏鱼俱罗领军镇压。仁寿初，越嶲郡"夷獠多叛"，再起兵讨伐。仁寿中，嶲州乌蛮反叛，文帝诏令周法尚以讨遂州反叛獠兵便道击之①。在历次叛乱中，规模和影响最大的一次是发生在开皇十七年（597年），昆明刺史爨玩率众发起的叛乱。叛乱地区包括滇东、滇中和滇西，滇西洱海地区叛乱规模和程度较其他地区更甚，参与民众涉及许多民族。《隋书》卷五十三《史万岁传》记载：

> 先是，南宁夷爨玩来降，拜昆州刺史，既而复叛。遂以万岁为行军总管，率众击之。入自蜻蛉川，经弄栋，次小勃弄、大勃弄，至于南中。贼前后屯据要害，万岁皆击破之。行数百里，见诸葛亮纪功碑……渡西二河，入渠滥川，行千余里，破其三十余部，虏获男女二万余口。诸夷大惧，遣使请降，献明珠径寸。于是勒石颂美隋德。万岁遣使驰奏，请将玩入朝，诏许之。爨玩阴有二心，不欲诣阙，因赂万岁以金宝，万岁于是舍玩而还。

---

① 〔唐〕魏征等：《隋书》卷五十四《王长述传》、卷六十四《鱼俱罗传》、卷五〇《郭荣传》、卷六十五《周法尚传》，文渊阁《四库全书》本。

史万岁的行军线路为：自成都沿着灵关道南下，经越巂至蜻蛉河（今云南永仁、大姚），再经弄栋（今云南姚安）、小勃弄和大勃弄（今云南祥云至弥渡一带），抵达西洱河（今洱海）地区，在平定了当地的叛乱后，挥师东进，平定滇中地区。《隋书》所说"渠滥川"，即位于今云南晋宁一带。

史万岁进军的线路是灵关道，而班师回朝的路线则是五尺道[①]。史万岁的行军线路表明，当时南方丝绸之路灵关道、五尺道是畅通的。

但是，就在史万岁取得胜利的第二年，爨玩复反，史万岁因受贿纵爨之事被免职为民。隋文帝再次发兵讨伐爨玩，隋军一到，"爨玩惧而入朝，文帝诛之，诸子没为奴"。然而，军事上的胜利并没有让朝廷更加坚定对此边疆之地的统治决心，相反，隋朝很快便"弃其地"[②]，隋朝在云南和川南地区的统治仅维持了数年。

隋朝在南方丝绸之路东线区域的统治也不完全，清水江流域、牂牁郡以西的地方为空白之地，对贵州、广西西部等地也仅仅是采用宽松的羁縻之制。这些地方也频发叛乱。如开皇十七年（597年），即滇中爨玩反叛之际，岭南也"夷越数反"。开皇末年，多个地方叛乱，包括桂林俚帅李光仕"聚众为乱"，象州渠帅杜条辽和罗州渠帅庞靖、李大檀等也纷纷起义[③]。仁寿中，交州俚帅李佛子"作乱"，占据越王故城和龙编城（今越南河内），隋文帝派兵镇压，以刘方为行军总管征讨，李佛子"惧而降"。以后，刘方又兵进林邑讨伐叛乱，至东汉伏波将军马援立铜柱之地后，又南行8日，抵达林邑国都，

[①]〔明〕谢肇淛：《滇略》卷八引，文渊阁《四库全书》本。
[②]〔唐〕魏征等：《隋书》卷五十三《史万岁传》、卷四十五《文四子传》，文渊阁《四库全书》本；〔宋〕欧阳修、宋祁等：《新唐书》卷二二二下《南蛮传》下《两爨蛮》，文渊阁《四库全书》本。
[③]〔宋〕司马光：《资治通鉴》卷一七八《隋纪二》开皇十七年，文渊阁《四库全书》本；〔唐〕魏征等：《隋书》卷六十八《何稠传》，文渊阁《四库全书》本。

林邑王弃城奔海，隋军刻石纪功而还①。

隋军对滇中、交州地区的军事行动表明，这一时期，南方丝绸之路东线区域的交通也是畅通的。

然而，到隋朝的后半期，今贵州地区逐渐脱离了朝廷的管制。隋朝末期，岭南东部被农民起义军林士弘占据，今广西和交州地区被后梁贵族萧铣据有。这样，隋朝在南方丝绸之路东线区域的统治逐渐丧失。

尽管在隋朝末期朝廷的统治逐步削弱，但总的来看，其在南方丝绸之路区域行政机构的设置，尤其是多次军事行动，对保证区域内政局稳定、道路畅通起到了积极的作用。并且，隋朝开展的一些道路建设工程也很成功，一直沿用到后世。

三、唐朝初期的南方丝绸之路

公元618年，李渊称帝于长安，定国号为唐，改元武德，开启了唐王朝的统治时代。

此时唐朝统治的地域十分有限，只占有关中、巴蜀和河东南部的地区。作为战略大后方，唐王朝十分重视对巴蜀地区的统治和治理。武德元年（618年），设置益州总管府，控制今四川地区；设置信州总管府，控制长江上游地区及水路。武德三年（620年），改置益州道行台尚书省，加封秦王李世民为行台尚书令。同年，改信州为夔州。唐王朝就是以益州道行台和夔州总管府为支柱，控制了巴蜀地区。

在确立了对巴蜀地区的统治后，唐王朝便以巴蜀地区为基地，向南建立对西南地区的统治。

---

① 〔唐〕魏征等：《隋书》卷五十三《刘方传》，文渊阁《四库全书》本。

唐王朝对云南及贵州等地的统治，是沿着南方丝绸之路交通线逐渐推进的。成都平原通往今云南地区的交通线，西线为灵关道，唐时称为清溪关道、南路；东线为五尺道，唐时称为石门关道、北路。

《旧唐书·地理志》记载：

> 巂州中都督府，隋越巂郡。武德元年，改为巂州，领越巂、邛都、可泉、苏祁、台登六县。二年，又置昆明县。三年，置总管府，管一州。贞观二年，割雅州阳山、汉源二县来属。八年，又置和集县。……戎州中都督府，隋为犍为郡。武德元年，改为戎州，领僰道、犍为、南溪、开边、郁鄢五县。贞观四年，以开边属南通州，于州置都督府，督戎、郎、昆、曲、协、黎、盘、曾、钩、髳、尹、匡、裒、宗、靡、姚、微十七州。

巂州、戎州，一西一东，都位于南方丝绸之路国内段的重要位置，是从川入滇、入黔的要道，意义重大。因此，唐王朝立国之后便在这些地方设置行政机构，并以此为据点，向滇、黔地区推进统治。

在滇地，据《旧唐书·地理志》记载：

> 武德元年，开南中置南宁州，乃立味、同乐、升麻、同起、新丰、陇隄、泉麻、梁水、降九县。武德四年，置总管府，管南宁、恭、协、昆、尹、曾、姚、西濮、西宗九州。……七年，改为都督，辖西宁、豫、西利、南云、磨、南笼七州。并前九州，合十六州。……贞观六年，罢都督，置刺史。八年，改南宁为郎州也，领县七。……姚州，武德四年置。……安抚大使李英，以此州内人多姓姚，故置姚州，管州三十二。麟德元年，移姚州治于弄栋川。自是朝贡不绝。

南宁州所辖地区在滇东北，南宁总管府辖地在滇东北、滇中、黔西一带，姚州在今云南姚安一带。可见，唐朝进入滇地首先是沿着五尺道进入滇东北，再沿着灵关道进入滇中。

唐王朝置南宁州总管府后，即遣吉弘韦使南宁，至洱海地区晓谕昆明（弥）蛮夷，昆明"遣使朝贡，因求内附"①。随后，"（韦）仁寿将兵五百人至西洱河，承制置八州十七县，授其豪帅为牧宰"②，"开青蛉、弄栋为县"③，保证了"西二河道"（西二河为今西洱河，西二河道即博南道）的畅通。贞观十九年（645年），嶲州都督刘伯英上疏请通"西二河天竺道"④，即以西二河道为基础，积极向西开拓疏通滇缅以至印度的通道。然而，由于吐蕃势力的介入和干扰，唐朝开拓"西二河天竺道"的愿望未能达成，但为南诏时期博南道的成功打通奠定了基础。

贞观二十二年（648年），松外（今四川盐源以南至洱海地区）诸蛮先降后叛，唐朝派将军梁建方率巴蜀十三州之兵讨伐，"杀获十余万"，"群蛮震骇，走保山谷"。梁建方又遣使招降，归附者达70部、十万多户⑤。永徽二年（651年），郎州白水蛮（今云南大理一带）反叛，唐廷派遣左领军将军赵孝祖率兵平叛，第二年便获全胜。至此，西南蛮遂定。麟德元年（664年），唐置姚州都督府，以统辖滇西地区，另设立一些羁縻府州归姚州都督府管辖。

唐朝平定滇西叛乱，设置管理机构，保障了南方丝绸之路西线的畅通。

南方丝绸之路东线方面，唐朝廷在川东南、贵州地区和岭南西部广设行

---

① 〔宋〕王溥：《唐会要》卷九十八，文渊阁《四库全书》本。
② 〔后晋〕刘昫等：《旧唐书》卷一八五上《韦仁寿传》，文渊阁《四库全书》本。
③ 〔宋〕欧阳修、宋祁等：《新唐书》卷二二二《南蛮传》，文渊阁《四库全书》本。
④ 〔宋〕欧阳修、宋祁等：《新唐书》卷二二二《南蛮传》，文渊阁《四库全书》本。
⑤ 〔宋〕司马光：《资治通鉴》卷一九九《唐纪十五》贞观二十二年四月丁巳条，文渊阁《四库全书》本；〔宋〕欧阳修、宋祁等：《新唐书》卷二二二下《南蛮传》，文渊阁《四库全书》本。

政机构。贞观元年（627年），唐廷将全国划分为10道，其中的岭南道，辖地南达林邑南境。开元二十一年（733年），又改10道为15道，南方丝绸之路东线地区有黔中道理黔州，岭南道理广州，并在边境地区设置节度、经略，以"式遏四夷"。岭南地区就设置了岭南五府经略使，统辖桂管、容管、安南、邕管四个经略使，其中安南经略使治安南都督府，即交州（驻今越南河内）[1]。

此外，唐廷还在贵州、岭南广设羁縻府州，进行羁縻性质的统治。

随着在贵州、岭南的这些行政机构的设置，羁縻统治的建立，南方丝绸之路东线地区也纳入了中央王朝的控制，道路建设也随之顺利开展。贞观十三年（639年）六月，"渝州人侯弘仁自牂牁开道，经西赵，出邕州，以通交、桂"[2]。渝州即今重庆市，唐时牂牁为今贵州黄平西北，西赵（唐时为明州）即今贵州遵义至都匀一带。至唐朝中后期，牂牁及其支线，从夜郎、大理等地经贵州、广西通往交州、北部湾、广州的道路，都得到了修缮[3]。

并且，朝廷常以武力保障道路交通的畅通，如前述贞观二十二年（648年）的平定松外诸蛮之战，保障了滇西向西南通往保山、印度，向东南通往安南（越南）的道路交通。天宝四年（745年），唐廷筹划开通具有重要军事价值的从戎州都督府经安宁城、步头至安南的步头道[4]。神龙三年（707年），姚州出现叛乱，唐廷派军队前去平定，恢复了清溪关道的畅通。

---

[1] 〔后晋〕刘昫等：《旧唐书》卷三十八《地理志一》，文渊阁《四库全书》本。
[2] 〔宋〕司马光：《资治通鉴》卷一九五《唐纪十一》，文渊阁《四库全书》本。
[3] 李富强：《西南—岭南出海通道的历史考察》，《广西民族研究》1997年第4期。
[4] 见《南诏德化碑》文，龙云主修，周钟岳、赵式铭等编纂：《新纂云南通志》卷八十六《金石考六》，云南省地方志编纂委员会翻印，1989年。

四、南诏国与唐朝的关系

唐高宗中期，位于青藏高原的吐蕃王国强势崛起，并向东扩张，势力直达川西、川西南和滇西北地区。而滇西洱海一带原本为羁縻地的诸"诏"（即"王"），也在这一时期强盛起来，群雄逐鹿，其中以蒙舍诏、蒙巂诏、越析诏、浪穹诏、邓赕诏、施浪诏等六诏势力最强。

位于今大理巍山的蒙舍诏，因位置处于其他五诏之南，因而又被称为南诏。南诏为"乌蛮别种"，与唐廷的关系最近。唐高宗为了牵制、抵御吐蕃，便着力扶持蒙舍诏。开元元年（713年），唐玄宗封蒙舍第四代王皮逻阁为台登郡王。开元二十六年（738年），皮逻阁在灭了其余五诏后，建立南诏国。唐廷立即予以承认，册封皮逻阁为云南王、越国公，赐名"蒙归义"。739年，皮逻阁从巍山迁都太和城（遗址位于今大理下关镇太和村），将南诏国的政治中心定位于苍山东麓、洱海西岸。

南诏国建立之初，是唐王朝的羁縻属国。唐廷扶持南诏的初衷，是想让南诏充当抵御吐蕃东侵的先锋。但是，统一六诏之后的南诏国王雄心勃勃，不断向东、向北扩张领土，这就与唐朝产生了矛盾。

以武力建立起来的南诏国，以武力进行扩张，在与唐朝发生冲突的时候，不惜与吐蕃结为盟军对抗唐军。吐蕃王朝也乐于与南诏国结盟，让南诏充当攻击唐朝的前锋。唐朝的一些地方官自恃为大唐朝廷命官，不把"蛮夷"放在眼里，甚至肆意掠夺。这些因素，都使得西南边疆地区政治形势紧张，战事一触即发。

天宝七年（748年），皮逻阁死，子阁罗凤继立为主，起兵攻姚州城。天宝十年（751年），唐起兵三路驰援，其中剑南节度使鲜于仲通率兵八万攻南诏，受南诏与吐蕃夹击，大败。天宝十三年（754年），剑南留后李宓率兵七万攻南诏，又遭南诏、吐蕃军队夹击，兵败身亡。唐肃宗时，南诏乘唐王朝发生安史之乱之机，会同吐蕃，先后攻占越嶲，会同台登、昆明，以及嶲州的南部（今四川会理会东一带）成为南诏领地。唐代宗大历十四年（779年），阁罗凤卒，孙异牟寻继位，与吐蕃合兵20万进攻邛、黎、雅三州，为唐神策大将军李晟大败，死者近十万。此役后，南诏与吐蕃反目，异牟寻有意归顺唐朝，唐朝也意图联结南诏以断吐蕃右臂，于是在德宗贞元四年（788年），唐剑南西川节度使韦皋致书异牟寻，"具陈汉皇帝圣明，怀柔好生之德"[1]，异牟寻亦遣东蛮鬼主骠旁等，代表他入唐见德宗。贞元九年（793年），异牟寻归顺唐朝。次年，韦皋遣员入滇，与异牟寻在点苍山结盟。同年，异牟寻大破吐蕃神川节度，取铁桥等16城。唐德宗册封异牟寻为南诏王。十一年（795年），异牟寻又拔为吐蕃所占的昆明城。十六年（800年），吐蕃兵犯嶲州，韦皋派兵屯守，南诏据守铁桥，吐蕃无功而还。终异牟寻之世，南诏与唐朝一直保持着友好关系。

唐敬宗时，西川节度使杜元颖为求蜀中珍玩之物贡奉朝廷，在蜀中大肆搜刮，减削士卒衣粮，戍卒皆入南诏"钞盗以自给"。南诏则资给衣食，通过戍卒尽得蜀中动静虚实。文宗太和三年（829年），南诏大举攻蜀，势如破竹，直抵成都，陷其外郭，又分兵攻梓州。唐援军驰援蜀中，南诏兵退之际，大劫子女、百工数万人及珍宝，"其所剽掠，自成都以南，越嶲以北，八百里之间，民畜为空。加以败卒、贫民持兵群聚，因缘劫杀，官不能禁，由是西蜀十六州，至今为病"[2]，可见南诏的劫掠对蜀中的破坏程度。

唐末，朝廷政治腐败，南诏军队乘机屡次进犯。咸通十四年（873年），南诏兵犯西川，为黎州刺史黄景复击败。僖宗乾符元年（874年），南诏兵又寇西川，陷黎州，入邛崃关，攻雅州，至新津。由于成都严阵以待，南诏军

---

[1]〔唐〕樊绰:《蛮书》卷十，文渊阁《四库全书》本。
[2]〔唐〕孙樵:《孙樵集》卷三《书田将军边事》，《四部丛刊初编·集部》，上海书店，1989年。

队无机可乘，遂退兵。次年，南诏又攻雅州，西川节度使高骈至成都，发步骑五千追南诏，至大渡河，杀获甚众，擒其酋长数十人，押至成都斩首。又修复邛崃关、大渡河诸城栅，筑城于戎州马湖镇，号平夷军，又在沐源川筑城，"皆蛮入蜀之要路也，各置兵数千戍之，自是蛮不复入寇"[①]。乾符四年（877年），高骈筑成都罗城，周回25里，以加强成都守备。其后，南诏渐衰。902年，郑氏灭蒙氏，建立大长和国，南诏亡国。

南诏与唐王朝虽然时战时和，但总的来讲，南诏国还是属于地方割据性质的政权。在南诏与唐军作战时，南诏还是没有否认与唐廷的归属关系，如，天宝战争中，唐军全军覆没，战后，南诏王阁罗凤"遂收亡将等尸，祭而葬之，以存恩旧"，在龙尾关筑"万人冢"，集体掩埋唐军将士尸骨，并在太和城中立"南诏德化碑"，碑文叙述南诏初期的历史及其与唐王朝、吐蕃的关系，并涉及天宝战争的起因和经过，着重表白南诏"世世事唐"，后不得已而归吐蕃的苦衷。

贞元十年（794年）史称"贞元册南诏"的事件，重新确立了唐与南诏的君臣关系。

贞元九年（793年），异牟寻派使者表示愿归顺唐朝。次年，韦皋奉命派节度巡官崔佐时入滇，与异牟寻在点苍山结盟。苍山神祠现有2005年复制的会盟誓文碑，誓词大意是：请天、地、水、山岳的神灵做证，异牟寻自今归附唐朝。若南诏背盟，侵犯唐朝疆界，愿天神降灾；若唐朝变心，侵害南诏或有难不救，也请天神惩罚。

苍山会盟后，异牟寻派其弟凑罗栋及随同官员进京，向德宗皇帝献南诏地图，交出吐蕃赐予的日东王金印，请唐廷仍旧封赐"南诏"称号。德宗派

---

① 〔宋〕司马光：《资治通鉴》卷二五二《唐纪六十八》僖宗乾符二年正月，文渊阁《四库全书》本。

御史中丞袁滋为"持节册南诏使"前往大理办理册封事宜。贞元十年（794年）十月，袁滋在南诏宫举行的册封大典上，将一颗刻有"贞元册南诏印"六个字的银窠金印颁发给异牟寻。唐与南诏修复了中断42年的君臣关系。

第二节　锦绣都会的繁盛

隋唐之世，巴蜀政治较稳定，生产力不断发展，促进了商业的日益兴旺发达，城乡商业和国内外贸易均呈现出一派欣欣向荣的景象。前后蜀时，由于政治上的割据，对外贸易受到限制，但城乡商业却繁荣如故，维持着唐时的隆盛景象，巴蜀商业得以继续向前发展，并在很大程度上进一步促进了南方丝绸之路的繁荣和发展。

隋唐五代时期，巴蜀"人富粟多""土富人繁"，刺激了手工业的大发展。不但传统手工业得到继承发扬并取得许多新进展，而且还出现了新的手工业部门，盛极一时，名扬天下。

一、蜀锦天下

蜀中丝织品在先秦秦汉时期就已名满天下。三国蜀汉时，蜀中丝织品的产量质量均有进一步提高，蜀地织锦不但成为蜀汉军政费用的主要来源，而且也成为蜀汉与魏、吴贸易的主要内容。及至南北朝，虽然蜀中经济屡遭战乱而凋敝，但由于蜀锦等丝织品的生产历来在全中国享有重要地位，历代统治者多在西蜀织造高级丝织品，所以丝织业仍能保持繁荣，盛而不衰。并且蜀锦以及织锦技艺在此期间还北传中原，东播江左，造成了更大的影响。

至隋代，蜀中丝织业继续发展，"蜀郡人多工巧，绫锦雕缕之妙，殆侔于上国"[1]。至唐、五代时，蜀中丝织业的发展更为迅速，取得了更加辉煌的成就。

唐代，巴蜀织锦的生产地区有所扩大，向皇室贡锦的州，除原来的蜀郡成都府外，新增了蜀州唐安郡（今四川崇州市）和绵州巴西郡（今四川绵阳市）。其他丝织品的产地也有扩大，除益州、蜀州、绵州外，还包括彭、汉、梓、遂、剑、简、资、眉、嘉、邛、雅、陵、普、果、阆、巴、蓬、集、壁、渠、通、开、合、利、龙等，共二十八州生产绢帛[2]，占当时全国八十一个产绢州的三分之一强。

唐代巴蜀丝织品的花色品种极为丰富，除驰誉中外的蜀锦以外，闻名全国的丝织品主要有成都府和蜀州的单丝罗，遂州的樗蒲绫，绵州的盘条绫，梓州的水波绫，嘉州的鸟头绫，阆州的重莲绫，汉州、绵州、普州的双紃（即丝绳），彭州、汉州的交梭绫，果州、阆州的重绢，梓州、陵州的鹅溪绢，等等。其中有的品种相当名贵，如唐中宗时安乐公主出嫁，蜀川所献的一条"单丝碧罗笼裙"，"直钱一亿"，绫金为花鸟，细如发丝，所织鸟仅有黍米大小，然而眼、鼻、嘴、甲均备，只有眼力很好的人才看得分明，而又"正视旁视，日中影中，各为一色"[3]，堪称杰作。

蜀锦是蜀中丝织品的名产，唐时蜀锦的生产工艺又达到了新的水平，新品种不断涌现，以写实、生动的花鸟图案为主的装饰题材和装饰图案取得了重要发展，不少蜀锦纹样绚丽多彩，巧夺天工。玄宗时，西川进贡的用五色丝织的锦背心织造精致，每件"费用百金"。织成《兰亭序》的文字锦进贡皇室后，被视为"异物"，同雷公锁、犀簪、暖金等名贵工艺品一同珍藏宫中。唐末时，著名文学家陆龟蒙在侍御史李君家中见到一幅蜀锦裙，长四尺，

---

[1]〔唐〕魏征等：《隋书》卷二十四《地理志》，文渊阁《四库全书》本。
[2]〔唐〕李林甫等：《大唐六典》卷二十《大府寺》，文渊阁《四库全书》本。
[3]〔后晋〕刘昫等：《旧唐书》卷三十七《五行志》，文渊阁《四库全书》本。

下广上狭，下阔六寸，上减三寸半，皆周尺如直，"其前则左有鹤二十，势如飞起，率曲折一胫，口中衔荸荠辈，右有鹦鹉，耸肩舒尾，数与鹤相等。二禽大小不类，而隔以花卉，均布无余地。界道四向，五色间杂，道上累细钿点缀其中，微云琐结，互以相带，有若驳霞残虹，流烟坠雾"，"始如不可辨别，及谛视之，条段斩绝，分画一一，有去处，其绣绘，缜致柔美，又不可状也"，"神手技矣"①，叹为观止。

尤其是"陵阳公样"，堪称蜀锦之绝。唐初高祖太宗时，益州大行台窦师纶检校修造，他设计创制了多种瑞锦、宫绫，花样翻新，章彩奇丽，尤其是其中的对雉、斗羊、翔凤、游麟等锦样，大受中外青睐。因窦师纶在太宗时封为陵阳公，所以这种锦样被誉为"陵阳公样"②，也叫作"益州新样锦"。玄宗时，益州司马皇甫恂还动用库存物资织造陵阳公样献贡皇室。长安官办织染署织造的瑞锦和官绫，纹样多取法于陵阳公样。而代宗时，诏禁外地所织的大张锦、独软锦、瑞锦以及盘龙、对凤、麒麟、狮子、天马、辟邪、孔雀、仙鹤等纹样，亦多出于陵阳公样。

唐时蜀锦是中国向西方国家输出的最重要的物品，在北方丝绸之路重要中转站吐鲁番，考古中多次发现大批蜀锦，其中以联珠禽兽纹斜纹锦的数量为最多，其次是当时的一种新产品"团花锦"。在新疆阿斯塔那古墓内出土的一件唐开元五年（717年）晕缅提花锦裙，用黄、白、绿、粉红、茶褐五色经线织成，又在斜纹晕色彩条地上，以金黄色细纬线织出柿蒂形小团花。这件"锦上添花"锦，是考古中第一次发现的晕缅锦③。这些锦样，均为蜀锦④。所以，唐代吐鲁番文书中有"益州丰臂""梓州小练"等蜀锦名目及其上、

---

① 〔唐〕陆龟蒙：《纪锦裙》，〔明〕杨慎编：《全蜀艺文志》卷五十六，文渊阁《四库全书》本。
② 〔唐〕张彦远：《历代名画记》卷十，文渊阁《四库全书》本。
③ 新疆维吾尔自治区博物馆等：《"丝绸之路"上新发现的汉唐织物》，《文物》1972年第3期。
④ 武敏：《吐鲁番出土蜀锦的研究》，《文物》1984年第6期。

中、下三等价格①，就不是偶然的了。

巴蜀布匹中，以苎麻织成的"蜀麻"品质最为优良，这种"蜀布"早在汉初就已西传至中亚、南亚。唐时，巴蜀苎麻种植面积更加广泛，产量大为增加，蜀中也成为全国有名的麻纺织中心。当时的"蜀麻"（纻布），著名的有汉州的弥牟布，夔州的纻锡布，巴州、合州的赀布，巴州僚人织成的兰干细布"文如绫锦"，技艺颇精。前后蜀时，蜀中麻织业继续发展，产量、质量均有提高。后蜀亡时，府库中尚有大批麻布，被宋朝运至京师。

此外，蜀布的品类还有橦华布、葛布，以及一些毛纺织品等，其中有的相当名贵，如邛州"镇南蕉葛，上者一匹值千金"②，以橦华布染五色而织成的斑布亦"多巧者"③。

二、商业都会的繁荣

蜀中商业素称发达，早在汉代，成都已有了市，日益发展成为西南地区的商业大都会。南北朝时，蜀中虽历战乱，但仍不失为"西方之一都焉"④。隋王朝时，成都"水陆所凑，货殖所萃"⑤，较之前代又有所发展。唐时，成都商业发展更加迅速，至中唐以后，已与江南的扬州齐名，并侔为天下第一，"号为天下繁侈，故称扬、益"⑥。宣宗时，成都商业的发展已超出扬州，独领风骚，天下第一，所以卢求《成都记·序》说：成都"江山之秀，罗锦之丽，

---

① 日本龙谷大学图书馆藏《大谷文书》，第5066、5097号。
② 〔宋〕乐史：《太平寰宇记》卷七十五《剑南西道·邛寓》，文渊阁《四库全书》本。
③ 〔宋〕李昉等：《太平御览》卷八二〇引《南州异物志》，文渊阁《四库全书》本。
④ 〔南朝梁〕萧子显：《南齐书》卷十五《州郡志》，文渊阁《四库全书》本。
⑤ 〔唐〕魏征等：《隋书》卷二十九《地理志》，文渊阁《四库全书》本。
⑥ 〔唐〕李吉甫：《元和郡县图志·阙卷逸文》卷二《扬州》，中华书局，1983年。

管弦歌舞之多，伎巧百工之富……扬（州）不足以侔其半"，而"以扬（州）为首，盖声势也"①。唐末，扬州毁于兵燹，成都却仍保持着发展步伐，成为名副其实的天下名都，全国最为繁华的商业大都会。

唐代成都有三个商业区，即西市、南市、东市，这三个市都是经常性的市场。僖宗时，又增加了北市。商业区内，商品应有俱有，一派繁荣。各种农副产品、盐铁、纺织品、牲畜、服装、异物，以及外地贩运而至的盐、奇药、海货、奇珍异宝，都在成都市场出售。又有蚕市、药市、花市、灯市、七宝市等季节性、专门性市场，还曾出现夜市。"天下珍货，聚出其中"②，是为有名的商品集散中心，"喧然名都会"③。

位于川北地区的梓州（治今三台县），有"盐井、铜山之富"④，又"邻居水陆之要"⑤，商业发展十分迅速，尤其是它的药市名闻海内，是全国性的药材交易市场，"天下货药辈皆于九月初集梓州城，八日夜于州院街易元龙池中，货其所赍之药，川俗因谓之药市，递明而散"⑥。

巴蜀其他城市的商业也较发达。夔州为川峡中的大郡，"利走西方，吴蜀之货，咸萃于此"⑦，郡属云安县有"鱼盐之利，蜀都之奇货，南国之金锡而杂聚焉"⑧。嘉州也是有名的"佳郡"。而阆州"居蜀汉之半，当东道要冲"，"丝盐之利，舟楫之便，可以通四方商贾"。余如彭州、蜀州、汉州、绵州、遂州等，也都是商业发达之区。

---

① 〔清〕董诰等编：《全唐文》卷七四四，文渊阁《四库全书》本。
② 〔唐〕陈子昂：《陈子昂集》卷九《谏雅州讨生羌书》，文渊阁《四库全书》本。
③ 〔唐〕杜甫：《成都府》。
④ 〔宋〕王象之：《舆地纪胜》卷一四三，中华书局，1992年。
⑤ 〔后晋〕刘昫等：《旧唐书》卷四十一《地理志》，文渊阁《四库全书》本。
⑥ 〔宋〕陈元靓：《岁时广记》卷三十六引《四川记》，《丛书集成初编》，商务印书馆，1935年。
⑦ 〔宋〕王象之：《舆地纪胜》卷一八一，中华书局，1992年。
⑧ 〔清〕董诰等编：《全唐文》卷五四四，文渊阁《四库全书》本。

当然，城市商业的发展是不平衡的。在长江沿线和渠江流域的一些地区，郡、县治所所在地的市还是集市，定期开放，如巴郡平都县"有市肆，四日一会"①。边远地区的州、县城，商品交换本不发达，有的地方甚至不存在城市商业。

第三节 国内外贸易的拓展

隋唐时期是国内外贸易进一步发展的时期，也是南方丝绸之路贸易的大发展时期，不仅贸易规模较之以往更加扩大，而且长途国际贸易也获得了长足进展。

一、国内贸易

巴蜀地处长江上游，东西交通十分便利，长江干流、岷江、沱江、嘉陵江、涪江、渠江，在唐时均已通航，具有舟楫之利。巴蜀与关中的交通，早在先秦即已开通，唐时有数条道路可以通达。川西高原的交通孔道也有数条，可以北走西域，西走吐蕃，南走南中。川西南地区的交通亦有数条，直抵南中，延伸至缅、印和中南半岛。发达的交通，为巴蜀的内外贸易提供了良好条件。

蜀商善于向外开拓市场，自秦汉以降，莫不如此。唐时，蜀商中不少人

---

① 〔北魏〕郦道元：《水经注》卷三十三《江水一》，文渊阁《四库全书》本。

在全国各地经商。"蜀民为商者，行及太原，北上五台"①，"每岁贾于荆、益瞿塘之濡"②，十分活跃。武周时，蜀商宋霸子等人甚至参与内殿宴会，与嬖臣豪赌，说明蜀商在京师长安拥有雄厚的实力。

由于巴蜀经济活跃，市场繁荣，全国各地有不少富商入蜀贸易。关中商人"贩盐鬻于巴渠之境"③，陇右及河西诸州的商旅"莫不皆取于蜀"④，荆襄之间的商旅也多"贾于蜀者"⑤，广州商贩也远道而至，客居成都⑥。

蜀中历来是川西高原和川西南地区的商品集散地和贸易中心，西北的吐谷浑、吐蕃、西山诸羌和西南各少数民族，均与蜀中有密切的贸易关系。

巴蜀与西域的商业贸易关系也较发达，西域胡贾不时入蜀经商，杜甫《滟滪》诗中就曾提到"估客胡商泪满襟"，《隋书·何妥传》还说睹货速利国人佛陀达摩"少因兴易，遂届神州，云于益府出家"。而蜀中的丝绸、茶叶、药材等也大量贩至西域，丝绸和茶叶还从西域转输到中亚以至西方。

二、对外贸易

唐代，南方丝绸之路上对外贸易具有一个重要的变化，就是在道路上出现了一个强大的割据政权——南诏国。南诏国不仅扼守、控制着道路的关节点，而且与中原王朝时有战事。但这并没有妨碍中国文明的对外传播，相反，由于南诏大量接受内地先进的文化，同时又极力向中南半岛扩张，于是将中

---

① 〔唐〕：李浦《通泉县灵鹫佛宇记》，〔清〕董诰等编：《全唐文》卷八一八，文渊阁《四库全书》本。
② 〔宋〕李昉等：《太平广记》卷三一二《尔朱氏》，文渊阁《四库全书》本。
③ 〔宋〕李昉等：《太平广记》卷四三三《王行言》，文渊阁《四库全书》本。
④ 〔唐〕陈子昂：《陈子昂集》卷八《上蜀川军事》，文渊阁《四库全书》本。
⑤ 〔清〕陈梦雷编：《古今图书集成》卷三五六《明伦汇编·闺媛典》，中华书局，1934年。
⑥ 〔清〕仇兆鳌：《杜诗详注》卷十一《送段功曹归广州》，中华书局，1979年。

国文明传播出去。此外，传统的文化传播方式，如对外贸易、民族迁徙、宗教文化交流等，也是这一时期中国文明对外传播的重要途径和方式。

（一）以南诏为媒介

南诏国雄踞西南边疆，此地自汉代便已大量接受汉文化，经长期的熏染与移植，至隋唐时期，汉文化积淀已经比较深厚。

第一，南诏与唐王朝关系紧密，努力学习、大量接受汉文化，主要表现在南诏的政治制度、宗教文化及工农业生产等方面。

南诏的地方行政机构分十睑、六节度、二都督，这是仿照唐朝的体制设置的，睑相当于唐朝的州，而节度及都督的原型是唐朝的都督府和羁縻州。

在异牟寻为南诏王时，南诏与唐朝重修旧好。剑南西川节度使韦皋为了加强南诏的军事实力以对付吐蕃，派出成都工匠到南诏，指导、帮助南诏工匠制造硬弩和坚甲等兵器，直接传播了内地先进的军事手工业技术。

在异牟寻之后，文宗太和三年（829年），南诏曾经大举攻蜀，势如破竹，直抵成都，陷其外郭，又分兵攻梓州。唐援军驰援蜀中。南诏在退兵之时，劫走了数万名子女、百工至南诏，"南诏自是工文织，与中国埒"①。大量蜀中工匠进入南诏，很快就促进了南诏纺织业的发展，史称"（南诏）虏掠巧儿及女工非少，如今悉解绫罗也"②。

屹立于大理洱海西岸三塔寺中的千寻塔，在南诏时期建立，是南诏地区塔的代表性建筑。塔的建筑形制和工艺都具有明显的中原风格，说明唐代佛塔建筑文化也传入了南诏。

韦皋还在成都办了一所学校，专门招收南诏子弟前来入校学习，传播汉

---

① 〔宋〕欧阳修、宋祁等：《新唐书》卷二二二中《南蛮传中·南诏下》，中华书局，1975年。
② 〔唐〕樊绰：《蛮书》卷七，文渊阁《四库全书》本。

文化，希望用教化来消除隔阂，增进了解和团结。这所学校办了50余年，先后入学的学生多达千人，学生多为南诏王室及其他世家子弟，学成后仍回到南诏，即《资治通鉴》所记："教以书数……业成则去，复以他子弟继之。"①而南诏劝丰祐也曾按照此校的办学方式，在南诏开办学馆，请南诏境内的汉文老师传授儒学。兴办学校以传授汉文化，在很大程度上影响，甚至于在某些方面改变了南诏地区的文化。

南诏尊崇佛教为国教，尤其崇拜密宗的阿嵯耶观音和大黑天神，当地人称之为阿吒力教。关于阿吒力教的来源，有多种观点，包括来源于天竺、吐蕃、中原以及多地混合等。但仔细分析阿吒力教，可以看出，汉传佛教密宗对南诏阿吒力教具有较大的影响。

第二，南诏又与周边国家和地区有着密切的关系，曾经邀请东南亚的一些国家至唐廷觐见；也曾强势向中南半岛扩张，将其南部疆域扩展到今缅甸、老挝、泰国和越南北部一带，南诏在当地建城，设立管理机构和军事据点，派遣官员进行管理，驻扎军队确保统治。

骠国是伊洛瓦底江流域的大国，在南诏建国之初，阁罗凤（统治时期为748—779年）就与骠国建立了关系。阁罗凤"西开寻传，南通骠国"，从此两国便"有移信使到蛮界河赕，则以江猪、白氎及琉璃罂为货易"。骠国号称大国，其往来通聘者二十国，役属者九城，食境土者二百九十部落②。这些国家和部落都可通过骠国与南诏建立关系。在南诏的要求下，一些国家还派出使团，经由南方丝绸之路到唐廷觐见。

南诏也曾武力攻打骠国、弥臣国及昆仑等国，但往往是战后又和好。《蛮书》卷十说，太和六年（832年），南诏国发兵"劫掠骠国，虏其众三千余

---

① 〔宋〕司马光：《资治通鉴》卷二七九《后唐纪八》，中华书局，1956年。
② 〔后晋〕刘昫等：《旧唐书》卷一九七《骠国传》，中华书局，1975年。

人，隶配拓东（今云南昆明），令之自给"。《新唐书·骠国传》记载："子寻阁劝立……自称'骠信'，夷语君也。"835年，南诏军队进攻弥臣国，"劫金银，掳其族三二千人，配丽水淘金"[①]。858年，狮子国（今斯里兰卡）发兵侵犯骠国，南诏应骠国之请，派兵救援，赶走了狮子国的军队，大获全胜。

《蛮书·南蛮疆界接连诸蕃夷国名》记载了南诏曾攻打昆仑国："昆仑国……蛮贼曾将军马攻之，被昆仑国开路放进军后，凿其路通江，决水淹浸，进退无计。饿死者万余，不死者，昆仑去取右腕放回。"但以后又恢复了友好关系，唐广明元年（880年），"昆仑国进美女于南诏"。

《蛮书》卷十记载："女王国，去蛮界镇南节度三十余日程，其国去欢州一十日程，往往与欢州百姓交易。蛮贼曾将二万人伐其国，被女王药箭射之，十不存一，蛮贼乃回。"同书还记载："水真腊国、陆真腊国，与蛮镇南相接，蛮贼曾领马军到海畔，见苍波汹涌，怅然收军却回。"

张道宗的《记古滇说集》记载，南诏皮逻阁受唐封为云南王后，"交趾、八百、真腊、占城、挝国，此皆南通之国，俱以奇珍金宝……岁进于王，不缺"。

南诏通过银生城到大银孔，再至暹罗湾的交通线，在暹罗湾与婆罗门、波斯、阇婆、勃泥、昆仑开展贸易。

7—9世纪，安德曼海边的白古，萨尔温江入海口的直通，都是中国—印度—波斯航线上最繁华的港口。其贸易以金银、贝币为货币，这与南诏的货币是一致的。

南诏与南亚的古国没有发生军事行动，一直保持着友好的关系。据《蛮书》卷十记载："大秦婆罗门国，界永昌北，与弥诺国江西，正东安西城楼接界。东去蛮羊苴咩城四十日。蛮王善之，街来其国。""小婆罗门，与骠国及

---

① 〔唐〕樊绰：《蛮书》卷十《南蛮疆界接连诸蕃夷国名》，文渊阁《四库全书》本。

弥臣国接界，在永昌北七十四日程。俗不食牛肉，预知身后事。出贝、齿、白蜡、越诺。共大耳国往来，蛮王善之，信通其国。"大秦婆罗门乃玄奘所记的迦摩缕波国，在今之印度阿萨姆东北境[①]；小婆罗门国在今印度曼尼普尔伊姆法尔以南[②]。这两个国家都处于南方丝绸之路西线从南诏入南亚的必经之路上，因为南诏的丽水节度管控了伊洛瓦底江上游及以西地区，南诏已与此两个国家接界。这些记载表明，南诏与此两国多有信使、官员、商人、僧侣往来，由南诏经过这两个国家就直接进入南亚次大陆了。

伴随着国家政府层面的往来，对外贸易和军事行动等活动，中国文明得以向外传播。可以说，在唐朝，南诏成为中国文明对外传播的一个重要媒介。

（二）对外贸易的发展

隋唐时期是南方丝绸之路对外贸易大发展的时代，唐朝及南诏都开展了广泛的对外贸易。贸易商品广泛，涉及贸易国家众多。

南方丝绸之路沿线的许多城市成为对外贸易的重要商业中心，同时，繁荣的对外贸易也对城市经济的发展起了重要的推动作用。

成都在唐朝早有"扬一益二"的称誉，至中唐以后，已经与江南的扬州齐名，并称为天下第一。

南诏国都城羊苴咩城，是南诏国的首位城市，政治、经济、交通中心。此外，如银生城，成为面向中南半岛诸古国的一个重要商品中转站；八莫，上接丽水城，有水路通往骠国都城卑谬，成为今缅甸东北部的商业重镇；丽水城，丽水节度的府治，位于丽水（伊洛瓦底江）东岸，可通八莫、伊洛瓦底江中下游，西去天竺，因此成为南诏通天竺道的一个著名的商业中心；拓

---

① 陈茜：《川滇缅印古道初考》，《中国社会科学》1981年第1期。
② 木芹：《云南志补注》，云南人民出版社，1995年，第131页。

东城，为南诏国东部商业中心城市。

蜀中与印度、缅甸和安南的国际贸易由来已久，可追溯到先秦时代。唐时，这几条贸易线路都较活跃，许多商人从缅、印等地换回象牙、犀角、香药和各种珍奇之物，"宝香来于绝域"[1]；还从缅、印引入大秦国（罗马帝国）的各种珍异宝物，"大秦国多璆琳、琅玕、明珠、夜光璧，水道通益州、永昌郡，多出异物"[2]。大秦国人还经过缅、印入蜀，在成都建立大秦寺，"其门楼十间，皆以真珠翠碧，贯之为帘"[3]。蜀中与安南的贸易也同样兴盛，入宋以后，依然"富裔自蜀贩锦至钦，自钦易香至蜀，岁一往返"[4]。成都平原的蜀锦作为大宗商品行销国外。而蜀中的麝香，也有不少经广州输往国外[5]。至于不见经传的民间贸易就更多了。

对外贸易中，中国输出的商品主要有：丝绸（包括锦、缎、绸、杂缯等）、纸、锦、白糖、茶叶、布匹、瓷器、药材等；外国输入中国的商品主要有：砂糖、各类宝石、犀牛、犀角、大象、象牙、金器、水晶、名马、药材、郁金香、菩提树、沉香、檀香、画塔、舍利、龙脑香、珠宝、江猪等。

唐朝诗人杜甫在寓居成都的时候，曾经创作了一首名为《石笋行》的诗，诗中道：

> 君不见益州城西门，陌上石笋双高蹲。古来相传是海眼，苔藓蚀尽波涛痕。雨多往往得瑟瑟，此事恍惚难明论。是恐昔时卿相墓，立石为

---

[1] 〔唐〕杜光庭：《谢允上尊号表》，〔清〕董诰等编：《全唐文》卷九三〇，文渊阁《四库全书》本。
[2] 〔宋〕吴曾：《能改斋漫录》卷七，文渊阁《四库全书》本。
[3] 〔宋〕吴曾：《能改斋漫录》卷七引赵忭《蜀郡故事》，文渊阁《四库全书》本。
[4] 穆根来等译：《中国印度见闻录》卷二《中国见闻续记》，中华书局，1983年。
[5] 〔唐〕卢藏用：《陈子昂别传》，〔宋〕李昉等：《文苑英华》卷七九三，文渊阁《四库全书》本。

表今仍存……

这首诗中提及一个词——"瑟瑟",分析"瑟瑟"的来源,可以从中管窥南方丝绸之路上对外贸易的情况。

"瑟瑟"(Sit-Sit)是古代波斯的一种宝石的名称,为舒格南语或阿拉伯语的汉语音译。中国古籍关于"瑟瑟"的性质有多种说法,主要认为是宝石,又称为"真珠"。明代以后,"瑟瑟"又主要指人工制造的有色玻璃珠或烧料珠之类[①]。唐代的成都西门一带,曾是先秦时期古蜀王国的王室墓葬区域,近年来发现了大批墓葬。杜甫的诗描写这里"雨多往往得瑟瑟",可以说明当年王室墓葬的随葬品相当丰富,也反映出蜀人非常喜欢佩戴这种"瑟瑟"串珠。"瑟瑟"这种宝石来自中亚和西亚地区,其传入途径应当是经南方丝绸之路进入成都平原。

除了"瑟瑟"之外,西亚地区还有其他珠宝输入中国西南地区,如琉璃珠和蚀花肉红石髓珠等。四川省青川县郝家坪第13号战国墓,考古发掘出土了蚀花石珠(俗称"蜻蜓眼"),其形态与西亚早期的产品极为相似。1978年在重庆发现了两颗蚀花琉璃珠,其形态和纹饰也与西亚早期同类产品极为相似。在对四川茂县的早期石棺葬进行的考古发掘中,也曾出土了产于西亚的不含钡的钙钠玻璃。在四川省理塘县也曾发现了琉璃珠。在云南省玉溪市江川区的李家山遗址、昆明市晋宁区的石寨山遗址,也出土了来自西亚的早期蚀花肉红石髓珠和琉璃珠[②]。在云南大理的剑川石窟中,出现了波斯商人的造像,表明有波斯商人行走在南方丝绸之路西线[③]。

---

① [美]B.劳费尔:《中国伊朗编》,林筠因译,商务印书馆,1964年,第345—347页。
② 段渝、谭洛非:《濯锦清江万里流:巴蜀文化的历程》,四川人民出版社,2001年,第125、127页。
③ 杨延福:《剑川石宝山考释》,云南民族出版社,1999年,第99页。

对南方海上各国的贸易，《蛮书》卷六载："银生城……东至送江川，南至邛鹅川，又南至林记川，又东南至大银孔。又南有婆罗门、波斯、阇婆、勃泥、昆仑数种外道。交易之处，多诸珍宝，以黄金、麝香为贵货。"《太平御览》卷八九一引《南夷志》进行了类似的记载，并且说："南诏在大银孔与海上各国进行贸易。""银生城成为面向半岛古国又一个重要商品中转站。"①

与东天竺及缅北的贸易，《蛮书》卷二及卷七都做了记载："过骠国，南入于海。水中有蛟龙、鳄鱼、乌鲗鱼，又有水兽似牛……荔枝、槟榔、诃黎勒、椰子、桄榔等诸树，永昌、丽水……并有之；丽水城又出波罗蜜果，大者若汉城甜瓜……南蛮以此果为珍好……麸金出丽水，盛沙淘汰取之。"从永昌至越赕及其以西的地区交易，要渡过怒江，翻越高黎贡山，夏秋山下盆地炎热，冬天山顶积雪寒冷，有当地民谣反映了商贾的艰辛："河赕贾客在寻传羁离未还者，为之谣曰：冬时欲归来，高黎贡山雪。秋夏欲归来，无那穹赕热。春时欲归来，囊中络赂绝。"②

印度学者认为，迦摩缕波国（今印度东北部阿萨姆地区）地区进行的考古发掘，反映出"印度东北与中国和远至孟加拉湾地区活跃的贸易……当时只有通过阿萨姆陆路，印度与中国有直接的贸易关系"③。

《蛮书》还记载了，骠国"有移信使到蛮界河赕，则以江猪、白氎及琉璃罂为货ום。与波斯及婆罗门邻接。西去舍利城二十日程"。这里的白氎为木棉细布，琉璃罂是波斯人及龟兹人用人造琉璃制成的器皿，应当是先从波斯传入骠国再贩卖至南诏。婆罗门指大秦婆罗门国、小婆罗门国。大秦婆罗门国，位于今阿萨姆至恒河一带，南诏"蛮王善之，往来其国"；小婆罗门国，位于

---

① 谷跃娟：《南诏史概要》，云南大学出版社，2007年，第194页。
② 〔唐〕樊绰：《蛮书》卷七《云南管内物产》，文渊阁《四库全书》本。
③ 〔印〕Haraprasad Ray：《从中国至印度的南方丝绸之路——一篇来自印度的探讨》，江玉祥译，曾媛媛校，载段渝主编：《南方丝绸之路研究论集》，巴蜀书社，2008年，第485页。

今印度阿萨姆南部,"蛮夷善之,信通其国"①。

隋唐时期,中国有了制造大船的技术,中国南方越来越多的对外贸易通过海上丝绸之路开展。正如《隋书·地理志下》记载:"南海、交趾,各一都会也,并所处近海,多犀象玳瑁珠玑、奇异珍玮,故商贾至者,多取富焉。""以齿贝为货。有金刚、旃檀、郁金,与大秦、扶南、交趾相贸易。"②这时,西南地区商品也有通过南方丝绸之路至海外,再转至中国东南沿海地区销售的。西南夷商船,从缅甸伊洛瓦底江南部下印度洋经南海至广州,多时一年可达40余艘③。

(三)朝贡觐见

朝贡觐见是对外贸易的一种方式,但不仅限于此。唐代的朝贡觐见使团往往要在长安逗留较长时间,参观、学习中国文化。唐朝皇帝曾专门下诏,向觐见之人传播中国文明,如,唐玄宗开元二年(714年)诏:"敕:夫国学者,立教之本,故观文字可以知道,可以成化。庠序爰作,皆粉泽于神灵;车书是同,乃范围于天下。是戎夷纳款,日夕归朝;慕我华风,敦先儒礼。由是执于干羽,常不讨而来宾;事于俎豆,庶既知而往学。彼蓬麻之自直,在桑椹之怀音,则仁岂远哉?习相近也。自今已后,藩客入朝,并引向国子监,令观礼教。"④学习内容包括律学、大学、算学、书学等。这些使者回国后,必然传播了中国文明。因此,这里单独将朝贡觐见列为一种中国文明传播途径。

唐代,许多国家的使团通过南方丝绸之路至唐朝都城长安觐见,如真腊

---

① 〔唐〕樊绰:《蛮书》卷十《南蛮疆界接连诸蕃夷国名》,文渊阁《四库全书》本。
② 〔宋〕欧阳修、宋祁等:《新唐书》卷二二一上《西域上·天竺传》,文渊阁《四库全书》本。
③ 〔宋〕欧阳修、宋祁等:《新唐书》卷一三一《宗室宰相·李勉传》,文渊阁《四库全书》本。
④ 〔唐〕李隆基:《令蕃客国子监观礼教敕》,〔清〕董诰等编:《全唐文》卷三十四,文渊阁《四库全书》本。

国、文单国、弥臣国、骠国等。

真腊国。据《旧唐书·真腊传》记载："真腊国……武德六年遣使贡方物。"两年后，真腊国、参半国一同遣使来长安觐见。此后，真腊国还数次入朝觐见。

到707年，真腊分裂为水真腊与陆真腊两国，陆真腊又称文单。此后，两国分别与唐廷交往。《册府元龟》卷九七一记载，开元五年（717年）五月，"真腊、文单、新罗、靺鞨、中天竺国并遣使来朝，并献方物"。真腊、文单使团在长安驻留了一个月，参观学习，返回时唐玄宗分别为两国颁发了玺书，各送帛500匹，请使者带给本国国王①。

文单国。据《旧唐书·真腊传》记载："陆真腊亦谓之文单国。"其地为今老挝，首都在越曾（今老挝万象）。《册府元龟》卷九七五记载："天宝十二载九月辛亥，文单国王子率其属二十六人来朝，并授其属果毅都尉，赐紫金鱼袋，随何履光于云南征讨，事讫，听还蕃。"文单国王子使团长安觐见往返的道路，是从今老挝向北行至元江，经过南诏、蜀地再前往长安，此为前述南诏通欢州道。返程记载清晰。关于去程，虽然文单国有道路通往欢州，进而可以从海路至广州再去长安，但从文单国进献方物中有不少大象的情况分析，应该是从陆路更为合适。此后，文单国还分别于771、798年至唐廷长安觐见②。

弥臣国。樊绰在《蛮书》卷十中记载："弥诺国、弥臣国皆边海国也。"其地望在伊洛瓦底江下游入海处一带，骠国之南，其西部与天竺国接壤。

《册府元龟》卷九七二记载："贞元二十年十二月，南诏蛮、弥臣国遣使来朝。"此为南诏国招徕弥臣国随之入贡唐朝，《唐会要》卷一百"骠国"条记载："贞元二十一年四月，封弥臣国嗣王乐道勿礼为弥臣国王焉。咸通三年

---

① 〔宋〕王钦若等编：《册府元龟》卷九七四，文渊阁《四库全书》本。
② 〔宋〕王钦若等编：《册府元龟》卷九九九、九六五、九七六，文渊阁《四库全书》本。

二月，遣使贡方物。"《太平寰宇记》卷一七七骠国及《册府元龟》卷九六五也有此内容的记载，只是"乐道勿礼"缺"乐"字。

骠国。《南中八郡志》中说"传闻永昌西南三千里，有骠国"。《唐会要》卷一百"骠国"条记，其地"东北距南诏羊苴咩城六千八百里……在永昌故郡南二千里"。"贞元十八年春正月，南诏使来朝，骠国王始遣其弟悉利移来朝"。《新唐书·南蛮传下》记载，唐德宗贞元年间，骠国王"雍羌亦遣弟悉利移城主舒难陀献其国乐，至成都，韦皋复谱次其声。以其舞容、乐器异常，乃图画以献"[1]。《旧唐书·骠国传》记载："贞元中，其王（雍羌）闻南诏异牟寻归附，心慕之。十八年，乃遣其弟悉利移因南诏重译来朝，又献其国乐凡十曲，与乐工三十五人俱。"[2]

骠国使团入长安所行的道路，正是南方丝绸之路西线，唐时称之为南诏通天竺道。据吴耶生先生考证的线路为：羊咀咩城—保山—怒江—诸葛亮城（龙陵）—乐城（遮放）—罗君寻（畹町、九谷附近）—锡箔—叫栖（或沙示）—室利差旦罗（骠国国都）。从室利差旦罗至大理，骠国使团走了77天，从大理到成都走了71天。到成都后，他们与剑南西川节度使韦皋见面，在韦皋的安排下，又花了62天赴唐朝首都长安。这样推算，骠国乐团从室利差旦罗出发的时间大约在801年六七月间[3]。

骠国使团庞大，人数至少50人以上，除王弟领队外，还有大臣那及元佐和摩思柯那以及乐工、舞者等。《新唐书·骠国传》说骠国使团进献了12首乐曲，还详细罗列了曲名。骠国献乐在唐朝宫廷和文人中引起了很大的反响，是中外文化交流的一件盛事，白居易、元稹都曾作《骠国乐》诗词，流传后

---

[1] 〔宋〕欧阳修、宋祁等：《新唐书》卷二二二《南蛮传下》，文渊阁《四库全书》本。
[2] 〔后晋〕刘昫等：《旧唐书》卷一九七《南蛮传下》，文渊阁《四库全书》本。
[3] 〔缅〕吴耶生：《公元802年骠国使团访华考》，载中外关系史学会编：《中外关系史译丛》（第一辑），上海译文出版社，1984年，第68—70页。

世。白居易的《骠国乐》为：

> 骠国乐，骠国乐，出自大海西南角。
> 雍羌之子舒难陀，来献南音奉正朔。
> 德宗立仗御紫庭，䩄纡不塞为尔听。
> 玉螺一吹椎髻耸，铜鼓千击文身踊。
> 珠缨炫转星宿摇，花鬘斗薮龙蛇动。
> ……

白居易还替德宗撰写了《与骠国王雍羌书》，授予骠国国王及来使的王子和两位大臣唐朝的官衔，并回赠大量礼物。元和元年（806年），骠国再次派出使团入长安。

第四节　文化交流与民族迁徙

唐朝是中国封建社会经济文化发展的高峰时期，都城长安堪称世界之都，是世界经济文化交流的中心城市。南方丝绸之路起点成都也发展到了新的高度，经济文化繁荣昌盛，成为西南国际大都会。伴随着盛世的到来，中外经济文化交流的空前开展，经由南方丝绸之路进行的中国文明对外传播也盛况空前。

一、宗教人士往来

隋唐时期，有更多的宗教人士经由南方丝绸之路往来于中外，多为佛教人士和道教人士，最主要的是往来于中国和印度之间。这些宗教人士也是中国文明对外传播的一个重要媒介。

据唐僧玄奘的《大唐西域记》卷十记载，迦摩缕波国"境接西南夷，故其人类蛮獠矣。详问土俗，可二月行，入蜀西南之境"。释慧琳的《一切经音义》记载："从蜀川到印度的这条路，是大唐与五天竺陆路之捷径。"①《太平广记》也记载了此事，并描述了从摩揭陀至迦摩缕波1200千米的路程，并说从迦摩缕波行至四川西南部，大约要花两个月的时间，道路艰险②。

唐懿宗咸通年间（860—874年），"有天竺三藏僧，经过成都，晓五天胡语，通大小乘经律论。以北天竺与云南接境，欲假途而还"③。说的是有天竺僧人打算由成都取道云南返回印度。《太平御览》也引用了咸通时期这个事件。《太平广记》卷一九○"王建"条引《北梦琐言》："王建始镇蜀，绝其旧赐，斩都押衙山行章以令之……先是唐咸通中有天竺三藏僧，经过成都，晓五天胡语，通大小乘经律论。以北天竺与云南接境，欲借途而还，为蜀察事者识之，縶于成都府，具得所记朝廷次第文字，盖曾出入内道场也。"缅甸考古学家杜生诰研究认为："在11世纪之前，访问印度的中国僧侣和访问中国的印度僧侣，都要途经缅甸才能到达他们的目的地，而且他们的线路大多是经过了勃生和巴莫。"④"根据梁启超的统计，当时沿这条滇缅路去印度留学的僧侣占南北朝、隋、唐留学人数的九分之一。"⑤

南方丝绸之路沿线有许多隋唐时期的佛教石刻、石窟，反映了宗教人士

---

① 〔唐〕释慧琳：《一切经音义》卷八十一，台湾大通书局，1985年。
② 季羡林等校注：《大唐西域记校注》，中华书局，1985年，第790、794、799页。
③ 〔宋〕李昉等：《太平广记》卷一九〇，文渊阁《四库全书》本。
④ 〔缅〕杜生诰：《缅语中的汉语词汇》，李晨阳译，李谋校，《中国东南亚研究会通讯》1996年第2期。
⑤ 陈炎：《中缅两国历史上的友好关系》，载阎文儒、陈玉龙编：《向达先生纪念论文集》，新疆人民出版社，1986年，第607页。

的活动。在云南大理剑川石宝山唐代石窟中，出现了4位天竺僧人的造像；凉山州昭觉县弯长乡的博什瓦黑石刻，其中也有梵僧画像等，都表明了有印度僧人行走在南方丝绸之路西线[①]。明万历年的《云南通志》上，有多处记载了唐代有天竺僧人在云南地区活动。

唐代，诞生于印度东北部的密宗已成气候，并且逐渐发展成为佛教的一个重要派别。如前所述，密宗的形成与中国的道教有着十分密切的关系[②]。密宗的一位重要神祇，摩诃支那救母度，相传就来自中国。密宗将礼拜这位神祇的修行称为"支那功"，"支那功"是密宗的重要修行法之一。密宗的经典著作《度母秘义经》《摩诃支那功修法》《风神合璧旦多罗》《弥卢咀多罗》等，都记载了"支那功"来自中国。印度没有传授"支那功"的人，为了学习这种修行法，密宗著名大师伐混斯塔曾专门到中国去寻求教导，这件事是印度教和佛教都尊奉的经典《度母经》所记载的。

此外，据南印度泰米尔文献记载，南印度密宗的18位"成就者"中，有两位来自中国。这两人是道教徒，都著有许多关于禁咒、医术和炼丹术的书籍，南印度密宗的许多成就者都出自其门下，他们还曾经带领一批弟子到中国去学习深造。

中国的道教传入印度东北部迦摩缕波地区——密宗形成的地方，其路径正是南方丝绸之路西线。因此，可以推断，这些印度密宗人士到中国去学习深造，往返之路也应是南方丝绸之路西线。

[①] 陈兆复编著：《剑川石窟》，云南人民出版社，1980年；李绍明：《凉山博什瓦黑南诏大理石刻中"梵僧"画像考》，载伍加伦、江玉祥主编：《古代西南丝绸之路研究》，四川大学出版社，1990年，第67页。

[②] 详见本书第三章第三节"道教传入印度"部分。

二、民族迁徙

隋唐时期，中国境内没有民族大规模迁入南亚、东南亚，但是，民族迁徙与流动仍然长期存在。一些氐羌族系的民族向南迁徙，如景颇族、傈僳族等；一些民族直接向南迁徙到境外，如哈尼族、阿昌族、傣族等；还有一些民族在长期的迁徙与流动中形成了地域广阔的跨境民族，如傣—泰民族。这些迁徙到境外的民族成为中国文明的直接对外传播者。

氐羌族系的哈尼族，分布在云南的南部及东南部，大都居住在红河及澜沧江之间的山岳地带，常自称"卡多""雅尼""豪尼"及"和尼"等。在唐代，哈尼族开始向南迁入东南亚，他们先迁徙至越南及老挝的北部，然后再迁至东南亚其他国家和地区。南诏设立的银生节度威远睑，控辖地域包括今景谷、思茅、元江、红河、元阳、金平等地及越南、老挝北部地区，人们将这一带地区称之为"和泥"。"和泥"即"哈尼"，表明此地哈尼族人口众多，已是这一地区的主体民族。唐代，哈尼族还迁徙至今越南莱州地区[①]。现在，分布在东南亚各地的哈尼族，都是从云南向南陆续迁徙过去的。

同为氐羌族系的阿昌族，是从青藏高原南迁至中缅边境的。中国境内的阿昌族，生活在今云南德宏傣族景颇族自治州和保山市龙陵县一带。阿昌族在唐代及其以前就进入今缅甸，生活在缅北的密支那、八莫及景栋一带，叫作"迈达族"。

8世纪初南诏崛起后，强势拓展势力范围。早在盛罗皮时代，南诏已经占领了永昌地区，《蛮书》卷四"望苴子"条记载："在阑沧江（澜沧江）以西，是盛罗皮所讨定也。"继而在阁罗凤时代，南诏又加强了对该地区的统

---

① 刘稚：《中国—东南亚跨界民族发展研究》，云南人民出版社，2011年，第51页。

治。"阁罗凤西开寻传，南通骠国"①，先后征服了许多傣族先民部落，如金齿、银齿、绣脚、绣面等。之后的异牟寻时期，又发兵征讨滇南及滇西南一带的茫蛮部落。由于南诏强大的军事进攻，致使滇南的许多傣族先民部落纷纷向南迁徙，进入中南半岛的北部。樊绰在《蛮书》中记载，"白衣"（即"百夷"）部落分布在今云南文山、红河一带以至越南西北部、老挝北部，曾经组成"白衣没命军"，在南诏的联合下，两度攻陷唐王朝安南都督府。元代李京在其《云南志略》中说："西南之蛮，百夷最盛，北接吐蕃，南抵交趾，风俗大概相同。"白衣、百夷，即傣族先民。他们能够联合南诏两度攻陷安南都督府，表明傣族先民部落已经具有很强的实力。而"风俗大概相同"，则显示出傣族先民部落逐渐形成一个民族。"西南之蛮，百夷最盛"，说明在唐代，相对于其他民族，百夷（傣族）已经具有很大的优势，成为西起今我国西藏自治区和印度、缅甸交界处，向东经过云南南部、东南部，一直绵延至老挝及越南北部这样相当广阔的地带上，人口众多、实力超强的民族。

第五节　中国文明对外传播及影响

　　隋唐时期，中国对外经济文化交流达到新的高峰。大唐盛世，经由南方丝绸之路进行的中国文明对外传播盛况空前，涵盖地域广阔，涉及内容丰富，尤其是在安史之乱后，北方丝绸之路受阻，南方丝绸之路西线成为中国与南亚、中亚、西亚及西方进行陆路交流的主要交通线。

　　公元7世纪中叶以后，欧亚大陆的国际形势发生了巨大的变化，阿拉伯

---

① 〔唐〕樊绰：《蛮书》卷三，文渊阁《四库全书》本。

人迅猛崛起，横扫西亚、中亚、北非和欧洲部分地区，建立起地跨欧亚非三大洲的阿拉伯帝国。善于经商又地处欧亚非三大洲交叉路口的阿拉伯人，成为东西方文化的有力传播者，中国文明的许多文化也经由阿拉伯人传播到西方。

一、南亚及以西地区

隋唐时期，南方丝绸之路西线中国文明对外传播的新内容，主要包括中医药文化、炼丹术、佛教文化、茶文化、数学、制糖技术及音乐等方面。

（一）中医药文化传播

中国和印度之间的医学文化交流历史悠久，早在西汉末期和东汉初期，印度医学就随着佛经的译介和印度僧侣来华传入中国。到隋唐时期，中印之间的医药文化交流达到一个高潮，中国的医学也随着往来于中印之间的僧侣传入印度。

中国医学文化的西传，其中相当部分是经由南方丝绸之路传播的。

首先，古代巴蜀地区的中医药文化历史悠久。在博大精深的中国医学文化中，巴蜀地区医学是其中重要的组成部分。

中医针灸学方面，早在新石器时代，巴蜀地区便出现了针灸的初步形态，如在巫山大溪文化遗址出土了两枚骨针，其年代为新石器时代晚期，距今五六千年。

1993年春，在四川绵阳市永兴镇双包山发掘的一座西汉初、中期之际的木椁大墓后室中，出土了一具髹黑漆的小型木质人形，人形上有红色漆线绘成的针灸经脉循行经络，这是迄今世界上所发现的最早的一件标有经脉流注的木质人体模型①。对这具模型标记的经脉路径的研究表明，木人经脉系统的构成，和传世的中国古医书中记述的经脉系统有许多迥异之处，自行成为独立的经脉系统。在经脉流注方向上，这具针灸木人与先秦医书中对于十二经脉（或十一经脉）流注的记载也颇不一致，木人十脉系统中的手足阴阳九脉的流注方向全部是远心性的②。这具针灸木人的发现，不仅足可说明汉代巴蜀代相传承的医学理论和方法渊源有自，而且丰富了中国古代经脉学说的内容③。

  2012年发掘的成都老官山汉墓，为西汉时期墓葬，出土了许多珍贵的文物，其中有920支医学竹简，部分医书极有可能是失传了的扁鹊学派经典书籍。已辨明的有《五色脉诊》，另有8部书籍的书名经初步整理暂定为：《敝昔医论》《脉死候》《六十病方》《尺简》《病源》《经脉书》《诸病症候》和《脉数》。此外还有一部《医马书》。研究者认为这些书籍是当时官方出品的"四川版"的中医古籍。墓中还出土了完整的人体经穴髹漆人像，高约14厘米，五官、字体刻画准确，以白色或红色颜料描绘的经脉线条和穴点清晰可见，不同部位还阴刻有"心""肺""肾""盆"等小字。该人像与绵阳出土的人体经络髹漆人像相比较，时代上稍晚，但是，绵阳边堆山出土的经络人体像只有经脉而无穴位，老官山的经脉、穴位俱全。因此，老官山的人体经穴髹漆人像是迄今为止发现最早、最完整的经穴人体医学模型。同一墓葬中出土大量医学典籍及人体经穴髹漆人像，证明在西汉早期，蜀地中医针灸学就形成了较为完备的理论体系，对研究中华医学经脉针灸理论起源具有重要意义④。

  巴蜀地区物华天宝，药材资源丰富。在四川历代医药著述中，以本草方面的论著最具代表性和影响力。中医早期本草古籍《神农本草经》和《名医

---

① 何志国、唐光孝：《我国最早的人体经脉漆雕》，《中国文物报》1994年4月17日。
② 马继兴：《双包山汉墓出土的针灸经脉漆木人形》，《文物》1996年第4期。
③ 段渝、谭洛非：《濯锦清江万里流：巴蜀文化的历程》，四川人民出版社，2001年，第206页。
④ 《成都老官山汉墓出土"医书"或为扁鹊失传经典》，新华网，2013年12月18日。

别录》中，记载产自巴蜀境内的药物就将近80种，占《神农本草经》收载药物总数的1/5左右。后世以四川地名冠称的药物相当多，如川贝、川乌、川附子、川连、川楝子等，均以品质上乘著称。据《旧唐书》记载，唐廷规定四川上贡药材种类多达40余种。唐代江源（今四川崇州）人梅彪所著的《石药尔雅》（又名《百药尔雅》），传存至今。五代前蜀时期移居四川梓州的波斯后裔李珣所著的《海药本草》，收采海药121种，论述详明。后蜀皇帝孟昶喜好、重视医药，他推动纂修了《蜀本草》（又名《重广英公本草》），进一步发展了药物本草研究，是四川最早的官修药物专著。李时珍评价"其图说药物形状，颇详于陶（弘景）苏（敬）也"。北宋成都人唐慎微的《经史证类备急本草》，集北宋以前药物之大成，是一部本草史上的恢宏巨作，至明代李时珍的《本草纲目》问世前的近500年间，均作为官修国家本草颁行使用，对中医药物学的发展和临床应用具有重大作用。李时珍评价道："使诸家本草及各药单方，垂之千古，不致沦没者，皆其功也。"此外，还有四川阆中陈承的《重广补注神农本草并图经》23卷等本草药书，都非常重要。

医学典籍方面，先秦典籍《山海经》，内容主要出自上古巴蜀地区，书中所记载的当时生活在巴蜀境内的巫彭、巫咸等十几位巫医采炼药物和治疗疾病的活动，反映了商代至周代巴蜀地区活跃的医疗活动。据统计，《山海经》中所记药物共计约132种，包括产地、形状和色泽等，并且还较详细地记述了使用方法、药物功能、毒副作用，等等。

《名医别录》等文献记载了汉代巴蜀地区采药盛况和民间医疗活动。据《后汉书·方术传》的记载，东汉时期，巴蜀地区著名的医师有三代相传的涪翁及其弟子。涪翁长于针灸治疗，著有《针经》《诊脉法》等医书行世。涪翁的弟子程高尽得其术，又传与广汉郡雒县人郭玉。郭玉著有《经方颂说》一书，精通经脉学说，尤长针灸治病，汉和帝时任太医丞。另有广汉郡涪县（今四川绵阳）人李助，医术亦精，与郭玉齐名，亦著有《经方颂说》一书行世。

从绵阳双包山西汉墓出土的经脉针灸漆人,到东汉涪翁及其弟子,其间的医学传承关系是显然可见的。对照《黄帝内经·素问》记载的"九针者亦从南方来",汉代四川针灸医疗技术的发达状况就更加清楚了[1]。

巴蜀医学还在一些专科方面多有建树。如唐代名医成都人昝殷所著《产宝》(现传世本名为《经效产宝》)三卷,分四十门,载二百七十六方。前两卷论妊娠及分娩,第三卷论产后各种病症处方。其《产后血晕闷绝方论》所载的"醋铁熏法",是急救休克的有效方法,历来医家在临床上都普遍应用。这部书是我国最早的一部妇产科专著,为后来历代医学家所采用。此外,还有峨眉山地区盛传的人种痘,是最早见诸文献的人痘接种术[2]。

可以看出,从先秦起源,经秦汉发展,至唐代,巴蜀的中医学已发展到相当的高度,成就卓著。

其次,自先秦时期,中国西南通往南亚、中亚乃至西亚的交通线,即我们当代所说的南方丝绸之路便已开辟。沿线广泛深入的汉文化传播,长期持续开展的对外贸易、民族迁徙及宗教人士往来等,都将中国医学文化广泛传播。

汉代,汉文化大规模进入西南夷地区,随着汉文化的广泛传播,中医药知识也随之得到传播。东汉末年,大量中原人士避乱迁入永昌和交趾二郡,有记载表明中国医学传入越南,同样可以推论中国医学也传入永昌郡一带。

三国时期蜀汉丞相诸葛亮南征,深入西南夷地区,《新纂云南通志·释道传四》据雍正《云南通志》记载:三国时,云南有道士孟优曾驻巍宝山,"素怀道念,常往来于澜沧、泸水间,得异人授长生久视方药诸书,随处济人"。该书又载,诸葛亮南征时,孟优还以"仙草"治疗蜀汉军士之病,表明中医

---

[1] 段渝、谭洛非:《濯锦清江万里流:巴蜀文化的历程》,四川人民出版社,2001年,第206页。
[2] 王小平、翟慕东、翟翎编著:《巴蜀中医特色医学史话》,中国文史出版社,2005年,第2—10页。

学已经在云南流行。

两晋南北朝时期，中印之间的宗教文化交流频繁，道教、佛教等宗教人士往来于南方丝绸之路西线，中国道教沿着此道路传入印度。宗教人士多有知晓医理者，印度医学便首先由佛教徒传入中国。同理，他们也可以带回中国医学知识。

唐代，南诏曾长期派遣贵族子弟到成都学习，接受中原文化，在中原医学的影响下，白族医学开始发端。另一方面，有许多懂得中医的中原人士如沈佺期、樊绰等，都曾经到过云南，传播了中医。

最后，有研究表明，南方丝绸之路上，与制药相关的中国炼丹术传入了印度。

（二）中国炼丹术西传

炼丹术是中国古代科技发明之一，曾经对世界制药化学产生了重大的影响。炼丹术包括金丹术和黄白术两个部分，融合了道教、化学、药物学、冶金学、矿物学、植物学等学科的文化和知识。唐代，中国的炼丹术经由南方丝绸之路传播至印度。

印度古代冶金术起源很早，印度人在上古时期产生了内涵丰富的长生不死思想。至迟在公元前后，印度的长生方、炼金术（包括金银冶炼和造伪金）就发展到了相当的程度，印度佛经中也出现了许多与炼金术有关的内容。但在密宗形成之前，长生药炼制的主要原料都是植物，炼金术只采用冶金技术。这虽然包含了炼丹术的一些文化知识，但究竟不是炼丹术。唐僧义净在673年到达印度，于685年离开印度，他在印度游学长达十余年，所记载的见闻非常丰富，但是，在义净的记载中，并未显示出那时候的印度有真正的炼丹术。

伴随着道教的西传，印度的炼丹术在密宗形成并得到发展后，才得以形成。

道教诞生于东汉时期，在两晋南北朝期间，道教经由南方丝绸之路西线向西传入印度。道教首先传入了印度密宗起源地迦摩缕波地区（今印度东北阿萨姆一带），广为流传，对密宗的产生和发展起到了很大的作用，成为密宗重要的文化源头之一。而道教外丹的修炼法，就要采用炼丹术。由此可见，正是随着道教的西传，中国炼丹术才传入印度，"中国炼丹术曾传入印度，可说已经定论，炼丹术的传播者，只能是道教徒而不可能是佛教徒"[①]。

中国炼丹术西传印度，已被许多中外文献资料所证实，如《太平广记》就记载了某些中国炼丹药物与产品输入印度：隋末唐初方士成弼精于黄白术，所做的伪金流布于印度，被印度人视为珍宝[②]。唐朝翻译的印度密宗典籍资料也表明，印度早期炼丹术受到道教炼丹术的影响；藏文及梵文文献所见印度早期炼丹术的一些内容，源于道教炼丹文献[③]。

在对外贸易中，中国与印度之间的药物交易非常频繁，中国药物在印度享有很高的声誉，市场上许多药物名称的前缀词为"Cīni"或"Cīna"，即"支那"，表明此药物来自中国，而且有品质上乘的意思。与炼丹术相关的药物，有"支那粉"（铅朱或铅丹）、"支那铅"（中国铅）等。

从4—6世纪中国道教西传印度，到7世纪密宗形成，再到8世纪印度炼丹术初步形成，其间相差两个世纪以上。这个时间差反映出，中国炼丹术被印度人所接受经过了很长的时间，经受了中国炼丹术与印度本土长期形成的传统方法，如前述的长生方和炼金术的检验、比较、吸收和融合，经历了外来文化本土化的过程。在这个过程中，很明显，密宗担任了重要角色，起到了很大的作用。

---

① 张毅：《试论密宗成立的时代与地区》，载中国社会科学院南亚与东南亚研究所《南亚研究》编辑部编：《印度宗教与中国佛教》，中国社会科学出版社，1988年，第20—27页。
② 〔宋〕李昉等：《太平广记》卷四〇〇引《广异记》，文渊阁《四库全书》本。
③ 韩吉绍：《道教炼丹术传入印度考论》，《宗教学研究》2015年第3期。

（三）汉传佛教回传印度

唐代，印度佛教数密宗独显，其他各宗派则步入衰落期。

印度密宗在产生时受到了中国道教文化的影响，而密宗在形成后又很快传入中国，并且渐具规模，影响力逐步扩大。同时，汉传佛教也向印度回传，影响了印度密宗。这是中印宗教文化交流史上很有趣的情况。一方面，大量中国佛教僧人去印度，长期居住求学和周游圣地，不仅学习了印度佛教，也必然传播了汉传佛教思想和文化；另一方面，在印度本土佛教势力衰落的形势下，印度僧人也纷纷前来中国。

在中国的唐代这一时期，在印度，尤其是北印度，盛传文殊菩萨在五台山传法。唐代菩提流志翻译的密宗典籍《佛说文殊师利法宝藏陀罗尼经》中说："尔时世尊复告金刚密迹主菩萨言：我灭度后，于此赡部洲东北方，有国名大振那，其国中有山，号曰五顶。文殊师利童子游行居住，为诸众生于中说法。""振那"即"支那"别译，五顶山即五台山。还有不空翻译的密宗典籍《大乘瑜伽金刚性海曼殊室利千臂千钵大教王经》的《叙》中，提及五台山和清凉山，也透露出文殊菩萨与五台山的关系。这两部密宗典籍都表明了，密宗认为文殊菩萨在五台山传法[1]。于是，一些印度密宗僧人便至五台山学法，如北天竺僧人佛陀波利于唐高宗仪凤元年（676年）到五台山，智慧于唐德宗建中初年（780年）来中国，这在中国史书中都有记载[2]。这些印度僧人回国后，传播了汉传佛教的思想文化。

---

[1] 薛克翘：《中国印度文化交流史》，昆仑出版社，2008年，第228页。
[2] 〔宋〕释赞宁：《宋高僧传》卷二《佛陀波利传》《智慧传》，文渊阁《四库全书》本。

（四）中国茶文化西传

中国是世界茶文化之故乡，四川是中国茶文化之发源地，中国茶文化的历史悠久，源远流长。至迟在唐代，中国的茶文化就经南方丝绸之路西传到了南亚及西亚等地。

对于四川是否是中国茶文化的发源地这一问题，笔者曾进行了专门的研究，指出至迟在战国时期，蜀地就已经开始栽种茶树，有饮茶的习俗。"荼"这个字的读音，原本是蜀地之古语，指木本的荼，也即今之饮茶的茶。蜀人称的茶叶，其发音有"葫诧""葫"及"荼（音荼）葫"等[1]。扬雄的《方言》说蜀人称茶为"葭萌"，蜀西南的人又称茶为"蔎"[2]。这些对于茶的称呼，均为蜀所独有，而中原人则用汉字来称译蜀语关于茶的概念，先后用的字有"荼""槚""茗"等，表明茶是由蜀地传到中原和其他地区的[3]。因为"蜀文字"没有被保存下来，因此中原人只知道茶的音，而不知道茶这个字如何书写，于是就用汉字中音近的字来表示蜀关于茶的概念。正如明清之际的顾炎武在《日知录》卷七"茶"条写道的那样："自秦人取蜀，而后始有茗饮之事。"表明了蜀地是栽种茶叶和饮茶习俗的发源地。

至于"茶"这个字，原为历代所无，从西汉初直到中唐，汉字里大多用"荼"字来表示。自唐朝陆羽著《茶经》，始将"荼"字减一划，写作"茶"，此后才有"茶"字，作为茶的专名，以与苦荼（苦菜）相区别，而为后代所沿用不改。

---

[1] 〔唐〕陆羽：《茶经》引司马相如《凡将篇》、左思《娇女诗》，文津阁《四库全书》本。又见《尔雅》郭注和《玉篇》。
[2] 〔汉〕扬雄：《方言》，国民出版社，1959年。
[3] 陶元甘：《茶为古巴蜀语译音说》，载李绍明、林向、徐南洲主编：《巴蜀历史·民族·考古·文化》，巴蜀书社，1991年，第157—163页。

西汉初，从司马相如《凡将篇》来看，蜀人称呼茶为"荈诧"。"荈诧"是蜀语，在当时蜀地"言语颇与华同"的情况下，却用蜀语来称呼茶，这表明了两个事实：第一，茶为蜀所独产；第二，蜀中饮茶源自先秦，原来称茶为"荈诧"。秦末汉初，由于其他地区没有茶，在汉语里没有茶字及其字义，所以蜀人才沿用先秦蜀语里对于茶的称呼。到西汉中叶以后，汉人始用"荼"字来表示茶，所以汉宣帝时蜀人王褒才在其文学作品中用"荼"字来称呼茶。由此可见，先秦时期蜀人已开始栽茶、饮茶，巴蜀是中国最早栽培茶树和饮茶的地区。

汉代巴蜀是中国最重要的产茶区，据当时的《神农本草经》记载："茶树生益州山谷、山陵道旁，凌冬不死。"扬雄《蜀都赋》还说成都栽茶茂密，"百华投春，隆隐芬芳，蔓茗荧郁，翠紫青黄"。另据《华阳国志》记载，汉代什邡县"山出好茶"，"南安、武阳皆出名茶"，涪陵郡、湔氐道等也都产茶。从蜀语中关于茶叶的几种不同称谓来看，大概茶叶已形成好几种不同的品名。当时饮茶成风，在一些出产名茶的地方还形成了茶市。王褒《僮约》里就说道"武阳买茶（《注》谓'茗'，即茶）"，武阳为今四川彭山，表明当时其地已有茶市，足知茗饮风气之盛[1]。

至唐代，巴蜀地区的产茶区，主要分布在两个地带，一是四川盆地西部的绵、汉、彭、蜀、邛、雅、眉、嘉、简、茂等10州，以雅州为中心；一是四川盆地南部长江河谷及其以南地区的泸、渝、涪、忠、渠、开、夔、黔、思、播、夷、费等12州。据陆羽《茶经》记载，唐时巴蜀产茶区约占全国四分之一。但陆羽仅统计了西蜀的8州，基本上没有统计巴渝之地的产茶区，如果加上巴渝地区的，则巴蜀产茶区要占全国31个产茶区的半数以上。

---

[1] 段渝、谭洛非：《濯锦清江万里流：巴蜀文化的历程》，四川人民出版社，2001年，第175—177页。

巴蜀地区产的茶，魏晋南北朝时以饼茶加工为主，《广雅》记载说，"荆、巴间采茶作饼，成以米膏出之。若饮，先炙令色赤，捣末，置瓷器中，以汤浇覆之，用葱、姜芼之"[1]。唐时仍以制作饼茶为主，但中唐以后多以蒸青法取代了过去的米膏法，即将新茶蒸熟杀青后捣碎，所以用蒸青法制作的茶又叫"研膏茶"[2]。雅州即出研膏茶，毛文锡《茶谱》说："蒙顶有研膏茶，作片进之，亦作紫笋。"[3]另外还有散茶，即把新鲜茶叶炒干，"旋摘旋炒"[4]。中唐以后又发明了蒸青法制作散茶，蒸青之后，或炒，或晒，或焙，去掉苦味，使茶清香可口。巴蜀的散茶主要生产于蜀州，"其横源雀舌、鸟嘴、麦颗，盖取其嫩芽所造，以其芽似之也。又有片甲者，即是早春黄芽，芽叶相抱，如片甲也。蝉翼者，其叶嫩薄如蝉翼也。皆散茶之最上也"[5]。

川茶中最负盛名的是雅州名山县蒙山顶上的蒙顶茶，以石花、散芽、小方为第一。邛州的早春、火前、火后茶，涪州的宾化茶，泸州的泸茶，渠江的薄片，彭州、眉州的饼茶，均为名噪一时的上好茶叶[6]。

巴蜀茶叶以其质量优良销于各地，"蜀茶南走百越，北临五湖，皆自固其芳香，滋味不变，由此尤可重之。自谷雨以后，岁取数百万斤，散落东下，其为功德也如此"[7]。

种茶及饮茶习俗在蜀地形成后，向南传到云南地区。云南的饮茶和茶叶交易信息在南诏时期始见于文字记载，在樊绰的《蛮书·诸夷风俗》中有所

---

[1] 〔宋〕李昉等:《太平御览》卷八六七引，文渊阁《四库全书》本。
[2] 〔宋〕张舜民:《画墁录》卷一，文渊阁《四库全书》本。
[3] 〔宋〕吴淑:《事赋类》卷十七引，文渊阁《四库全书》本。
[4] 〔宋〕朱翌:《猗觉寮杂记》卷上，文渊阁《四库全书》本。
[5] 〔宋〕乐史:《太平寰宇记》卷七十五引《茶谱》，文渊阁《四库全书》本。
[6] 段渝、谭洛非:《濯锦清江万里流：巴蜀文化的历程》，四川人民出版社，2001年，第257、258页。
[7] 〔唐〕杨晔:《膳夫经手录》，《丛书集成初编》，商务印书馆，1935年。

记载，如"茶出银生城界诸山，散收，无采造法。蒙舍蛮以椒、姜、桂和烹而饮之"，"交易五日一集，旦则妇人为市，日中男子为市，以毡、布、茶、盐互相交易"。

饮茶习俗逐渐发展成内涵丰富的茶文化，进入社会生活的各个领域。茶文化在佛教界也非常流行，高僧们常以茶为珍贵的礼品而相互赠送。在《历代法宝记》中就记载了，无住和尚受托"将此茶芽为信奉上金和尚"。川滇地区佛教寺庙多产好茶，如位于大理苍山上的名刹感通寺，出产的名为感通茶的茶叶，就是云南最早出名的茶叶。

从巴蜀茶叶的种植、销售盛况及南传云南来看，唐代中国人饮茶习俗已经非常普遍了。中国茶文化便随着宗教人士往来、贸易等方式，从云南西南，经南方丝绸之路传播到了印度。

在唐僧义净的《南海寄归内法传》卷二《知时而礼》中，提到了茶："若不漱口洗手已来。并不合受礼礼他，若饮浆或水，乃至茶蜜等汤，及酥糖之类……"蜜是印度人很珍视的饮料，茶与蜜并列，显示茶饮也很受印度人重视。

从印度向西，中国茶文化还传播到了波斯（今伊朗）。伊朗语称茶叶为Chayi，这是古代四川语言"槚"的音译。这表明，古代伊朗的茶叶是从四川传播而去的[1]。

除了南方丝绸之路西线以外，中国茶文化向西传播还有另外一条交通线，就是将产自四川和云南的茶叶先传入西藏，再从西藏向南传入尼泊尔及印度。从成都出发的交通线，西去雅安及甘孜入藏，再转向南去后藏至尼泊尔及印度，有学者将此交通线称为"高原丝绸之路"[2]。从云南出发的交通线，是从大

---

[1] 段渝：《古代四川与伊朗的经济文化交流》，"南方丝绸之路伊朗考察研讨会"所作大会报告。
[2] 霍巍：《"一带一路"视野下的成都与"高原丝路"》，载中国史学会编印：《天府之国与丝绸之路学术研讨会论文集》，2017年，第42页。

理出发，经丽江及香格里拉进入后藏，然后转去尼泊尔及印度。

（五）中国的数学传入印度

中国的数学在形成和发展的过程中便传播到了境外。

印度数学起源很早，成就很大，有着自己的起源和发展史。但印度数学在发展中也接受了一些中国数学的要素。中国数学传入印度，其传播的路径，应该主要是南、北丝绸之路。传播文化的人群，应该以往来于中印两国的宗教人士为主。虽然目前难以确定传播的具体时间，但从印度数学发展史中还是可以看出一些端倪。

大约在6世纪，印度人创立了位置制数码，建立了土盘算数，而这两种数学成果都不同程度地受到了中国筹算方法的影响。其他如分数、弓形面积、球体积、勾股问题、圆周率、一次同余式、开方法、重差术等，也受到了中国数学的一定影响[1]。

印度人接受了中国数学"0"的概念，并加以创新和发展。7世纪的印度数学家婆罗摩笈多（Brahmagupta）在《婆罗摩历算书》中说："负数减去零是负数，正数减去零是正数；零减去零什么也没有；零乘负数、正数或零都是零……零除以零是空无一物，正数或负数除以零是一个以零为分母的分数，如此等等。"同书中，婆罗摩笈多率先将0和阴数引入算术的计算中，这在世界数学史上具有划时代的意义[2]。

阿拉伯人继承了中国和印度数学的若干要素，进一步创造了阿拉伯数学体系。据波斯历史学家比鲁尼（Biruni）记述，在770年，阿拉伯帝国阿拔斯王朝的哈里发马蒙曾经派遣大使到印度去取经，然后，大使带了一本算书

---

[1] 王韵：《唐代中印经济文化交流述略》，载邓海春主编：《南方丝绸之路上的民族与文化》，四川民族出版社，2016年，第353页。

[2] 金寿铁：《文明的外流与回流：数学的发展》，社会科学战线网，2016年8月29日。

回到巴格达，并且随即将其翻译成了阿拉伯文书籍。学术界通常认为，这本算书就是《婆罗摩历算书》，它向阿拉伯人传播了印度的数学。830年，被誉为"代数之父"的穆罕默德·伊本·穆萨·花拉子米（长期定居于今伊拉克的巴格达）创作的《代数学》问世，创立了演算法，代数学便成为数学的一个重要分支。他的另一部书《印度的计算术》，是第一部用阿拉伯语介绍印度数码和记数法的著作，该书详细介绍了十进位制的记数法，以及运算方法。花拉子米的著作被翻译成拉丁文传入欧洲，后经欧洲人传播至美洲等地。由印度人发明的数字经花拉子米著作传至欧洲，被称为阿拉伯数字，最终成为国际通用数字[①]。

这样，起源于中国、印度的代数学最终在阿拉伯完成，对后世产生了巨大的影响。

（六）中国制糖技术回传印度

中国人很早便利用甘蔗制糖，但只有饴糖，没有人工熬制的砂糖。砂糖在古代有时又被称为石蜜。

中国人用甘蔗制造砂糖始于何年，还没有一个具体的年代，据季羡林先生研究，应为三国魏晋南北朝到唐代之间的某一个时代[②]。印度人先于中国人掌握了甘蔗制砂糖技术，这一技术最后随着佛经译介传入中国。晋代以来翻译的一些印度佛经，如《摩诃僧祇律》《五分律》《四分律》等，都有关于印度的压榨甘蔗以制砂糖这一技术的内容。尽管制造方法并不十分详细，但已经具有了一定的可操作性。

到了唐代，唐僧义净翻译的《根本萨婆多部律摄》卷八，记载了制作砂

[①] 金寿铁：《文明的外流与回流：数学的发展》，社会科学战线网，2016年8月29日。
[②] 季羡林：《中外文化交流的轨迹——中华蔗糖史》，经济日报出版社，1997年。

糖的方法。同样由义净翻译的《根本说一切有部百一羯磨》，在其卷九的夹注中指出："然而西国造沙糖时，皆安米屑。如造石蜜，安乳及油。"

在唐太宗的指令下，中国人开始向印度人学习制糖技术。《新唐书》记载："（摩揭陀）遣使者自通于天子，献波罗树，树类白杨。贞观二十一年……太宗遣使取熬糖法，即诏扬州上诸蔗，榨沉如其剂，色味愈西域甚远。"[①]《续高僧传》卷四《玄奘传》记载："使既西返，又敕王玄策等二十余人，随往大夏，并赠绫帛千有余段。王及僧等数各有差，并就菩提寺召石蜜匠。乃遣匠二人、僧八人，俱到东夏。寻敕往越州，就甘蔗造之，皆有成就。"王玄策从印度请回了工匠，传授熬糖法并有所改进。制糖技术在中国逐步成熟，所产的砂糖质量甚至超过了印度。

当中国具有了高超的制造砂糖的技术后，又开始向印度回传。在今天印度的一些语言里，还把白糖叫作"支尼"，即"中国的"[②]。这反映出中国砂糖输入印度，无论在数量上、时间上，还是在覆盖的地域上，都达到了相当的程度，对印度人的生活影响较大。

（七）中国的《秦王破阵乐》传入印度

唐朝，中印文学艺术方面的交流也盛况空前，中国的一些作品流传到了印度，如638年，当唐僧玄奘到迦摩缕波时，国王婆塞羯罗伐摩（Bhaskaravarman）告诉他，阿萨姆流行着中国的《秦王破阵乐》，这是一首赞美唐朝当时还是秦王的李世民战胜敌人刘武周的歌曲[③]。据记载，这首歌曲创作于619年后，而玄奘在638年到达阿萨姆，可知其传入阿萨姆的时间

---

① 〔宋〕欧阳修、宋祁等：《新唐书》卷二二一《西域传》，中华书局，1975年，第6239页。
② 薛克翘：《中国印度文化交流史》，昆仑出版社，2008年，第212、213页。
③ 中国社会科学院南亚研究所等编：《南亚与东南亚资料》第二辑，1982年，第120页；季羡林等校注：《大唐西域记校注》，中华书局，1985年，第797、798页。

应该早于638年。迦摩缕波是印度东北部的一个古国，地当今印度阿萨姆一带，玄奘是从南亚次大陆西北端进入印度的，而他没有在北印度其他地方发现此乐，而只在迦摩缕波，说明此乐不是从北方丝绸之路传入印度的，只能是从南方丝绸之路西线传入的。

二、东南亚地区

隋唐时期，中国文明沿着南方丝绸之路向东南亚地区传播的新内容，主要包括中国的制度文化、数学、文学、佛教、砖瓦制造技术、造船技术、采矿技术，等等。

（一）科举制度传入越南

隋唐时期，安南地区（今越南北部）是中国领土的一部分，归中央王朝直接管理。因此，安南地区与内地一样，实行中国的行政制度。科举制度就是其中之一。

隋朝开始设立科举考试制度，安南也实行了这一制度，通过进士、明经等科目考试，公开、公平地招揽人才。唐朝继续实行科举制度，尤其注意选拔边疆地区人才，对岭南地区的科举取士制度做出了更多有利的规定。《唐会要》载，天宝十三年（754年），唐玄宗发布御旨："自今以后，其岭南五府管内白身，有辞藻可称者，每至补选时，任令诸色乡贡，仍委选补，使准其考试。有堪及第者，具状闻奏。如有情愿赴京者，亦听。其前资官并常选人等，有词理兼通、才堪理务者，亦任北选，及授北官。"这就更加有利于安南地区人才的选拔和培养，于是，唐朝有为数不少的安南人士入仕中原，担任要职。著名的有爱州（今越南清化）人姜公辅，在唐德宗时科举考中进士，补校书郎，后官阶逐渐高升，进翰林学士，官至谏议大夫、同中书门下平章事。

但因直谏犯上，被贬为泉州别驾。805年，被唐顺宗起用为吉州刺史，然而还没有赴任便去世了，葬于泉州九日山麓。此山后被称为"姜相峰""姜相台""姜相墓"等。

姜公辅之弟姜公复也颇有才学，考中进士，曾出任侍郎。

（二）行政制度在越南

秦汉以来，以郡县制为标志的中央王朝行政体制便在越南北部地区确立。至唐朝，中央王朝加强了对安南地区的管理和控制，设安南都护府，成为唐朝六个重要的都护府之一，作为管理南部边疆地区的主要机构，都护府内部行政管理也较完备。

科举制度实行后，大批安南地区的人才得以入仕中原，这些人长期在中原任职，熟知中央王朝的行政体系、规章制度以及管理方法。当他们卸任回乡后，便将这些制度和方法传播于安南。

968年越南独立，建立大瞿越国，据越南的《大越史记全书》记载："建国号大瞿越，徙京邑于华闾洞。肇新都，筑城凿池，起宫殿，制朝仪，群臣上尊号，曰大胜明皇帝。"大瞿越国的行政体系全部照搬唐朝行政制度，称皇帝，封皇后，置百官，设立六军，等等，并于970年用"太平"为年号，从此开启越南历朝使用年号的历史。

此后历届越南封建王朝，都主动学习中国封建王朝的管理制度、管理思想和管理方法，如记载唐太宗治国的《贞观政要》便是阮朝开国皇帝阮福映所喜之读物，《大南实录》说："帝好观古史，尝称唐文皇致治之美。"另外，还派人到中原学习。同时，也有不少中原人士到越南为官，历朝皆有，有的位居高职甚至登上最高统治位置，这就更是直接传播了中国封建社会的行政体制。

越南采用的中国封建社会管理制度内容非常丰富，几乎涵盖了国家管理的各个方面，如：国土行政管理区域的划分、各级行政机构及人员设置、文武各级官员设置及其进阶、军队组织体系、典章制度，等等。在选拔人才方面，实行科举制度。在思想管理方面，推崇儒学，兴建文庙。在宗教管理方面，制定了僧道人士阶品。此外还有很多方面，不胜枚举。

这些中国封建社会行政体制一直被越南各封建王朝沿用，直到1945年越南的最后一个封建王朝阮朝覆灭为止。

（三）砖瓦制造技术传播

早在汉代，中国的砖瓦制成品便传入越南。到了唐代，中国的砖瓦制造技术及方法也传入越南。在越南的清化等地，考古发现了许多唐代烧制砖瓦的窑址。

中国的砖瓦制造技术传入后，越南人又将这一技术不断改进，制造的砖瓦从质量上和形制上，都有了全面的发展。越南人不仅能够烧制出普通的方形砖，为了满足修建拱形建筑的需要，还烧制出了带弧形的砖。

在砖瓦建造的装饰方面，已经能够生产着黄色、绿色彩釉的琉璃砖瓦，表明在材料、着色及烧制砖窑的温度控制等方面的技术上，也达到了相当的水平。

中国制造砖瓦技术传入越南后，进一步传至东南亚各地，对传入地的砖瓦制造业有着深刻的影响，越南及东南亚其他国家开始自己制造砖瓦。此后历朝历代，东南亚国家仍然竭力从中国学习先进的砖瓦制造技术，改进和发展本国砖瓦制造技术和产品质量。在越南李朝兴建的宫殿、泰国曼谷王朝修建的宫殿等东南亚古代遗留下来的宫殿建筑上，都可以清楚地看出中国制造砖瓦技术的传播和当地人的运用及发展。

（四）茶文化传播

中国茶文化不仅沿着南方丝绸之路向西传播，也沿着南方丝绸之路向东传播到了东南亚地区。

巴蜀茶叶传入东南亚后，以其质量优良销于各地，"蜀茶南走百越，北临五湖，皆自固其芳香，滋味不变，由此尤可重之。自谷雨已后，岁取数百万斤，散落东下，其为功德也如此"[1]。茶叶种植在缅甸的历史很悠久，早在公元前1世纪东汉设立永昌郡之后即经南方丝绸之路传入今缅甸北部，经过漫长时期，饮茶习俗才从云南保山、德宏地区传入缅甸[2]。12世纪缅甸蒲甘王朝的宫廷，既有饮茶习俗，还有小吃"用拌茶"，即将新鲜茶叶腌制成湿茶，伴着油炸蒜头、油炸大豆等点心一起嚼吃。

云南茶叶属于大叶种，是一个相对古老的种类，现在世界上有大叶种茶分布的地区，很多可以把源头指向云南。不仅缅甸、越南邻近地区有大叶种茶的种植，在海南五指山等地也可见到大叶种茶树，很可能是云南大叶种茶被带到当地野化繁殖而来的[3]。

（五）城市建筑文化传播

隋唐时期，中国城市建筑文化在东南亚得到了更加广泛的传播。9世纪初，吴哥王朝崛起，雄踞中南半岛，强大的王朝修筑了雄伟的王城——吴哥通王城。虽然吴哥通王城内的建筑面貌呈现出印度化，但其城市建设布局却是中国化的。

在吴哥通王城的建筑方面，可以看到中国城市建筑文化的传播。中国王城建造的布局传统是：城市呈方形，四周以城墙和护城河环绕，城墙四面开四座城门，连接四个城门的干道通往城市中心，中心是城市的制高点，建有

---

[1] 〔唐〕杨晔：《膳夫经手录》，《丛书集成初编》，商务印书馆，1935年。
[2] 贺圣达：《缅甸史》，云南人民出版社，2015年，第89页。
[3] 张海超：《物与社会：略论南诏大理国时期的盐和茶》，载邓海春主编：《南方丝绸之路上的民族与文化》，四川民族出版社，2016年，第347页。

高大的皇宫或门楼。从吴哥通王城的城市遗址可以清晰地看出，其城市布局正是接受了中国王城布局：城市略呈方形，中心建筑是王家寺庙巴戎寺，四周建有城墙及护城河。周达观在《真腊风土记》中描写道："州城周围可二十里，有五门，门各两重。惟东向开二门，余向皆一门。城之外巨濠，濠之外皆通衢大桥。"东城墙开有两门，其中一门是重修城墙时增开的。

中国城市建筑文化在秦汉时期就传播到越南，越南独立后仍以中国城市建筑为标本，建设自己的都市。如李朝时期，国都从华闾（今越南宁平嘉远县）迁至升龙（今越南河内），其新国都的布局就是仿照唐都长安城。之后在阮朝时国都顺化城的建设中，仿照了中国明清时期的北京城，顺化王宫被称为"小故宫"。

（六）陶瓷制造技术传播

中国的陶瓷制造技术在秦汉时期便传入越南，至唐代得到了更加广泛的传播。

学术界一般认为，在中南半岛南部的制陶技术首先是由印度传入，品质粗陋，但到了吴哥王朝初期（8世纪），制陶技术发生了突变，出现了上釉粗陶。这一新的技术来自中国，而且不断发展，到11世纪，吴哥王朝瓷器的品质已经达到了很高的程度，与越南瓷器不相上下。这种突变及发展，都是受益于中国陶瓷制作技术在中南半岛的传播。

（七）丝绸及雕刻艺术传播

在吴哥王朝的碑铭中记载，在寺庙的宝库中珍藏着"来自中国的丝织蚊帐"，而吴哥当时最紧俏的商品就是来自中国的"五色轻缣帛"。位于吴哥通王城中央的王家寺庙巴戎寺的回廊浮雕中，有反映中国丝绸商家庭生活的场景。此外，在巴戎寺和吴哥窟的窗棂上，都雕刻有中国丝织品上常见的花纹，表明中国丝绸在吴哥的传播。

在巴戎寺和吴哥窟的窗棂上,不仅雕刻有中国丝织品上常见的花纹,还有其他中国风格的画面,如中国式云朵、老虎、平底帆船,载有中国乐师的游船,中国商人在吴哥居住的生活场景,反映中国道教阴阳符图文化的图案,等等,显示出中国雕刻艺术在中南半岛的传播[①]。

吴哥王朝出现大量的中国文明要素集结,包括中国的建筑文化、陶瓷制作技术、丝绸、雕刻艺术等,不是偶然的,它们与南方丝绸之路支线南诏通南海诸条道路的开辟有着极大的关系。道路开通之后,中国文明得以更加快速、充分地传播至中南半岛。

吴哥王朝强盛时期的地域包括今柬埔寨全部、泰国及老挝大部、越南南部、缅甸南部,因此,可以说,中国文明的许多要素已经在东南亚得到了广泛传播。

(八)中国诗词、文赋在越南传播

越南长期使用汉字,逐渐接受了中国文学。唐代,中国文学发展到一个高峰,大批中原文人、宗教人士行走安南,直接传播了中国文学(以诗词、文赋为主)。同时,由于科举制度的实行,安南也有许多人才进入中原为官,学习了中原文学,回乡后便加以传播。中国诗词、文赋等传入安南,对安南的文学艺术发展产生了很大的影响。唐代安南著名的文人如姜公辅,科举及第进士,曾到唐廷任翰林学士,官至谏议大夫、同中书门下平章事,擅长文赋,他所写的《白云照春海赋》《对直言极谏策》,被收入《全唐文》。

越南独立以后,各朝代都涌现出杰出的文学家,甚至于许多国君,如陈朝的开国之君太宗,以及圣宗、仁宗、英宗、明宗、艺宗等,都有很高的文

---

① 杨保筠:《中国文化在东南亚》,大象出版社,2009年,第62、73、74页。

学素养，诗文俱佳。而越南文学，从创作体裁到写作技巧等方面，都显示出中国诗词、文赋的深刻影响。

（九）汉传佛教传入老挝

唐代，中国西南地区有南诏国，其势力直达中南半岛北部，设立银生节度管辖。据《中国历史地图集》，银生节度管辖的范围大致为今普洱市、临沧市、西双版纳傣族自治州和缅甸景栋、老挝北部、越南莱州等地。而方国瑜先生考证银生节度的南界为今之缅甸景栋、泰国清迈、沿老挝北部至越南莱州，节度府府治银生城（今云南景东）[1]，增加了泰国清迈地区。

随着南诏对老挝北部的统治，以及越南北部汉传佛教的传播，汉传佛教也在七八世纪时传入了老挝北部上寮地区。

（十）民族医药文化传播

傣族医药起源很早，在新石器时代便已萌芽，其药材以居住地特产为主要成份，从单纯使用植物发展到植物动物皆用，植物包括草根树皮、花、叶、果、实等；动物有肉、骨、血、内脏等，珍贵的如犀角、象牙、鹿茸，等等。

傣族医疗技术原本依靠"口口相传"的师父带徒弟方式传承，大约在公元前202年，巴利文书写的佛经传入今西双版纳，约在公元166年，傣仂文出现，用巴利文结合傣文整理医疗书籍，使得前人的经验能够得到确切记载，理论研究能够更广泛地传播，傣族医疗得到了快速发展。

南诏时期，因为战争的因素，滇南的许多傣族先民部落纷纷向南迁徙，进入中南半岛北部，逐渐发展成为西起今我国西藏自治区和印度、缅甸交界处并向东，过云南南部、东南部经老挝北部至越南北部的广阔地带上，人口最多、

---

[1] 方国瑜：《中国西南历史地理考释》上册，中华书局，1987年，第486页。

实力最强的民族。伴随着傣族部落的迁徙，傣族医药文化也随之传播出去。

傣族医药是中国四大民族医药之一，是东南亚各国的傣族及其他民族至今仍在广泛采用的民族医药。傣族医药用当地药材治疗当地人的疾病，行之有效，具有很大的影响力。

第六节　唐代南方丝绸之路的交通路网

《蛮书》《旧唐书》《新唐书》等古代文献记录了唐代南方丝绸之路的走向、具体经过的地方及里程、驿站设置等。这里摘录主干道的里程及驿站，以反映南方丝绸之路主干道的交通面貌。

一、唐代南方丝绸之路道路里程及驿站

（一）清溪关道

樊绰在《蛮书》卷一"途程"中，详细记载了从成都至清溪关道及清溪关道路的里程及驿站：

>　　自西川成都府至云南蛮王府，州、县、馆、驿、江、岭、关、塞，并里数计二千七百二十里。从府城至双流县二江驿四十里，至蜀州新津县三江驿四十里，至延贡驿四十里，至临邛驿四十里，至顺城驿五十里，至雅州百丈驿四十里，至名山县顺阳驿四十里，至严道县延化驿四十里，从延化驿六十里至管长溃关。从奉义驿至雅州界荥经县南道驿七十五里，至汉昌六十里，属雅州，地名葛店。至皮店三十里，至黎州潘仓驿五十

里，至黎武城六十里，至白土驿三十五里（原注过汉源县十里），至通望县木篋驿四十里（原注去大度十里），至望星驿四十五里，至清溪关五十里，至大定城六十里，至达士驿五十里（原注黎、巂二州分界），至新安城三十里，至菁口驿六十里，至荥水驿八十里，至初裹驿三十五里，至台登城平乐驿四十里（原注古县今废），至苏祁驿四十里（原注古县），至巂州三阜城四十里（原注州城在三阜山上），至沙也城八十里（原注故巂州，太和年移在台登），至俭浪驿八十里，至俄淮岭七十里，下此岭入云南界。……计一千八百八十里，并属西川管，差官将军专知驿务。

云南蛮界从巂州俄淮岭七十里至菁口驿，三十里至苊驿，六十里至会川镇，差蛮三人充镇。五十里至目集馆，七十里至会川，有蛮充刺史，称会川都督。从目集驿至河子镇七十里，泸江乘皮船，渡泸水（金沙江）。从河子镇至末珊馆五十里，至伽毗馆七十里，至清渠铺八十里，渡绳桥，至藏傍馆七十里，至阳褒馆六十里，过大岭，险峻极。从阳褒馆至弄栋城七十里，本是姚州，旧属西川，天宝九载为姚州都督张乾陀附蛮所陷。从弄栋城至外弥荡八十里，从外弥荡至求赠馆（聚珍本注：此句下有脱文）至云南城七十里，至波大驿四十里，至渠蓝赵馆四十里，至龙尾城三十里。从龙尾城至羊苴咩城五十里。以上一十九驿，计一千五十四里。

关于清溪关道的里数，《蛮书》记载似有不合之处。该书原说2720里，但内文说自成都至俄淮岭1880里，自俄淮岭至羊苴咩城1054里，那么，合计应为2934里。该书聚珍本校记里数，自成都至俄淮岭1495里，自俄淮岭至羊苴咩城1069里，合计为2564里。

关于清溪关，樊绰《蛮书》之"路程"记载："清溪关距黎州一百四十五里。"又"黎州"条记载："黎州南一百三十里有清溪峡，乾元二年置关，关外三十里即巂州界也。"《新唐书·地理志》记载清溪关为西川与南诏对峙之地，为通往南诏之第一站。因此，自西川成都府至云南蛮王府（羊苴咩城）之交通线被称为"清溪关道"。

（二）石门关道

贞元十年（794年），袁滋由石门关道入滇，至大理对南诏王进行册封，所记行程成为文献记载石门关道的重要依据。《新唐书·地理志》"戎州·开边县"注曰：

> 自县南七十里至曲州，又四百八十里至石门镇，隋开皇五年率益、汉二州兵所开。又经邓枕山、马鞍渡二百二十五里至阿傍部落，又经蒙夔山百九十里至阿夔部落，又百八十里至谕官川，又经薄哞川百五十里至界江山下，又经荆溪谷潋柔池三百二十里至汤麻顿，又二百五十里至拓东城。……贞元十年诏祠部郎中袁滋与内给事刘贞谅使南诏，由此。

以上所记行程以开边县为起点。樊绰《蛮书》卷二对开边县有记载："马湖江至开边县门，与朱提江合。"向达在《蛮书校注》中认为开边县为今宜宾西南的安边镇。

樊书的记载与《新唐书》大致吻合，详于日程及部落，但没记里数。

（三）安南通天竺道

安南通天竺道是南诏通往东南亚、南亚的道路，可以分为两段，即南诏通安南道和南诏通天竺道。也有叙述为从安南至南诏国都羊苴咩城，再从羊苴咩城至今缅甸、印度的道路。

1. 南诏通安南道

《新唐书·地理志》引贾耽《从边州入四夷路程》"安南通天竺道"：

安南经交趾太平百余里至峰州，又经南田百三十里至恩楼县，乃水行四十里至忠城州，又二百里至多利州，又三百里至朱贵州，又四百里至丹棠州，皆生獠也。又四百五十里至古涌步，水路距安南凡千五百五十里。又百八十里经浮动山、天井山，山上夹道皆天井，间不容跬者三十里，二日行至汤泉州。又五十里至禄索州，又十五里至龙武州，皆爨蛮安南境也。又八十三里至傥迟顿，又经八平城八十里至洞澡水，又经南亭百六十里至曲江，剑南地也。又经通海镇百六十里渡海河、利水至绛县，又八十里至晋宁驿，戎州地也。又八十里至拓东城，又八十里至安宁故城，又四百八十里至云南城，又八十里至白崖城，又七十里至蒙舍城，又八十里至龙尾城，又十里至太和城，又二十里至羊苴咩城。

樊绰《蛮书》卷一《云南界内途程》的记载有日程，无里数：

从安南府城至蛮王见坐羊苴咩城水陆五十二日程，只计日，无里数。从安南上水至峰州两日，至登州两日，至忠城州三日，至多利州两日，至奇富州两日，至甘棠州两日，至下步三日，至黎武贲棚四日，至贾勇步五日。以上二十五日程，并是水路。从贾勇步登陆至矣符馆一日，从矣符馆至曲乌馆一日，至思下馆一日，至沙双馆一日，至南场馆一日，至曲江馆一日，至通海城一日，至江川县一日，至晋宁馆一日，至拓东城一日。从拓东节度城至安宁馆一日，从安宁城至龙和馆一日，至沙雌馆一日，至曲馆一日，至沙却馆一日，至求赠馆一日，至云南驿一日，至波大驿一日，至白崖驿一日，至龙尾城一日，至羊咀咩城一日。

两本史籍的记录为同一条交通线，只是地名有出入，是因为互有详略。

贾耽所得资料为开元及贞元年间记录，而樊绰所得为咸通年间记录，是时通海以南之州县尽废，故贾耽记州名，而樊绰无州名，即土人所称之名，故二书站口之名不同[①]。

《新唐书》的"古涌步"与《蛮书》的"贾勇步"为同一地名。步头，古地名。《蛮书》卷六云："通海城南十四日程至步头，从步头航行沿江三十五日出南蛮。"表明步头是水陆分程的重要节点。学术界关于古涌步、通海及通海之南步头之所在，众说纷纭，未能达成一致，详见本书第一章第一节。

2. 南诏通天竺道

《新唐书·地理志》载贾耽《从边州入四夷路程》"安南通天竺道"，记载了南诏通天竺道的线路及里程：

> 羊苴咩城西至永昌故郡三百里，又西渡怒江至诸葛城二百里，又南至乐城二百里。又入骠国境，经万公等八部落至悉利城七百里。又经突旻城至骠国千里。又自骠国西渡黑山至东天竺迦摩波国千六百里。又西北渡迦罗都河至奔那伐檀那国六百里。又西南至中天竺东境恒河南岸羯朱嗢罗国四百里。又西至摩羯陀国六百里。一路自诸葛亮城西去腾充城二百里。又西至弥城百里。又西过山，二百里至丽水城。乃西渡丽水、龙泉水，二百里至安西城。乃西渡弥诺江水千里至大秦婆罗门国。又西渡大岭三百里至东天竺北界个没卢国。又西南千二百里至东天竺国东北境之奔那伐檀那国，与骠国往婆罗门路合。

由上可知，南诏通天竺道在诸葛亮城分为两条路，然后于东天竺汇合。

---

① 方国瑜：《中国西南历史地理考释》上册，中华书局，1987年，第523页。

二、南诏时期的道路交通网络

南诏是一个领土辽阔的地方割据政权,在最强盛的时期,其地域以今云南为主,包括有今川黔部分地区和中南半岛北部临近中国边境部分地区。《新唐书·南蛮上·南诏传》记载南诏领地"东距爨,东南属交趾,西摩伽陀(东天竺),西北与吐蕃接,南女王(今泰国北部南奔府),西南骠(今缅甸中部),北抵益州(以大渡河为界),东北际黔巫(今云南昭通、贵州威宁一带)。"《南诏野史》载:"六诏之地,东西三千里,南北四千六百里。"[①]

面对如此广袤的领土,南诏为了进行有效的统治,开展内外贸易,很重视道路交通的建设。这一建设既是在前人建设的基础上开展的,包括南诏国建立之前唐廷的建设,又具有开拓性;同时,也常常是伴随着军事行动展开的。

(一)东并乌蛮与洱海—滇池道的拓展

天宝五年至六年(746—747年)间,因唐王朝开通步头道的一些举措不当,引起了滇东诸爨领主的共同反唐。唐廷派遣云南王皮罗阁率军镇压诸爨领主的反叛。南诏乘机把势力从滇西的洱海区域伸向东方滇池周围的爨区。在顺利平定叛乱,并就势将唐朝势力逐出后,阁罗凤于天宝七年(748年)徙爨区部分白蛮人西迁,削弱了白蛮在滇池一带的实力,控制了这一地区。之后,又命凤伽异筑拓东城,置鄯阐府,即《南诏德化碑》所述"置府东爨,路通安南"之事。这样,就将洱海—滇池道拓展为西洱河通安南道的一部分。

而早在唐玄宗天宝年间,剑南节度使章仇兼琼便"开步头路"[②],筑安宁

---

① 〔明〕倪辂辑:《南诏野史》,文渊阁《四库全书》本。
② 〔唐〕樊绰:《蛮书》卷四《名类》,文渊阁《四库全书》本。

城,"路通安南"①。唐玄宗天宝十二年(753年),"左武卫大将军何复光将岭南五府兵击南诏",以及南诏发兵进攻安南,均是走的这条路。《南诏德化碑》也说:"安南都督王知进自步头路进。"足见步头道是南诏连接安南的重要通道②。

(二)北越金沙江控制清溪关

南诏与四川盆地的交通,主要经滇北的清溪关道,又称南路(即灵关道),以及滇东北的石门关道,又称北路(即五尺道)。石门关道在拓东与西洱河通安南道汇合,而清溪关道则与西洱河通安南道相会于伇龙驿(即求赠馆)。南诏吞并了滇东的爨氏区域,与唐朝的矛盾日益加剧,"天宝战争"致使南诏与唐关系破裂。南诏与吐蕃联合,派军队向北攻打,渡过金沙江,攻掠嶲州,占据了大渡河以南地区,南诏国北部边境由此"抵益州"。南诏占据清溪关,就控制了清溪关道自成都平原南下进入大渡河以南的入口关隘。故《新唐书·南诏传》说:"会安禄山反,阁罗凤因之取嶲州会同军,据清关。"南诏据清溪关后,曾多次循清溪关道北上,攻掠成都。

从唐初至后期唐与南诏失和,清溪关道都是中原通往云南最主要的交通线,"剑南虽名东西两川,其实一道,自邛关、黎、雅,界于南蛮也"③。但道路常受到吐蕃侵扰,时有阻断。在唐与南诏和好后,剑南西川节度使韦皋便着手开通清溪关道。樊绰《蛮书》记载:"贞元十年十月,西川节度使兵马与云南军并力破保寨、大定,献俘阙下。十一年正月,西川又拔罗山,置兵固守。邛南驿路由此遂通。"邛南驿路即清溪关道、南路。

---

① 《南诏德化碑》文,见龙云主修,周钟岳、赵式铭等编纂:《新纂云南通志》卷八十六《金石考六》,云南省地方志编纂委员会翻印,1989年。
② 方国瑜:《中国西南历史地理考释》上册,中华书局,1987年,第566—588页。
③ 〔后晋〕刘昫等:《旧唐书》卷一一一《高适传》,中华书局,1975年。

（三）重开石门关道

东北部的石门关道，即秦时五尺道，唐代称为石门关道，因其道路上有石门关（位于今昭通盐津）而得名。《蛮书》形容道："石门东崖石壁，直上万仞；下临朱提江流，又下入地数百尺，惟闻水声，人不可到，西崖亦是石壁。傍崖亦有阁路，横阔一步，斜亘三十余里。半壁架空，欹危虚险。"

此道路在隋朝经过了大规模的整修，在唐与南诏失和后，道路时常受阻，沿途无行馆。在唐与南诏和好后，剑南西川节度使韦皋便重开石门关道。樊绰在《蛮书》卷一《云南界内途程》中记载，贞元十年（794年）"其年七月，剑南西川节度使韦皋乃遣巡官监察御史马益开石门路，置行馆"[①]。开通道路，建驿馆，说明这是一次规模较大的整修工程。北路正式重开后，是年九月下旬，御史中丞袁滋为"持节册南诏使"，就是从此道入滇，再西去大理办理册封事宜。其路线为"石门外出鲁望，昆川至云南"。

南诏脱离吐蕃，与唐朝交好后，在其与唐军的夹击之下，吐蕃在西南地区接连失利，势力逐渐退缩。在这样的形势下，南、北两道更加畅通无阻。

（四）西开寻传以通骠国、天竺

南诏东并乌蛮，北越金沙江后，挥军西南，以永昌为基地开展军事行动。

向西，开寻传以通骠国、天竺。早在盛罗皮时代，南诏即在永昌地区发展势力，建立据点。《蛮书》卷六"永昌"条记载："开元以前闭绝，与六诏不通，盛罗皮始置柘俞城，阁罗凤以后渐就柔服。"又卷四"望苴子"条记载："在阑沧江（澜沧江）以西，是盛罗皮所讨定也。"表明在盛罗皮时代，南诏

---

① 〔宋〕司马光：《资治通鉴》卷二三三《唐纪四十九》德宗贞元七年十二月条，卷二三四《唐纪五十》德宗贞元八年二月条，中华书局，1956年。

已经取了永昌地区，且于阁罗凤时代加强了对该地区的统治。

《南诏德化碑》说："爰有寻传，畴壤沃饶，人物殷凑。南通渤海（泛指南方水域），西近大秦。"赞普钟十一年（宝应元年，762年）冬，"（阁罗凤）亲与寮佐，兼总师徒，刊木通道，造舟为梁，耀以威武，喻以文辞，款降者抚慰安居，抵捍者系颈盈贯。矜愚解缚，择胜置城。髁形不讨自来，祁鲜望风而至"，征服了澜沧江以西、伊洛瓦底江以东的广大地区。此事《蛮书》卷三记载为："阁罗凤西开寻传，南通骠国。"此后，南诏设置永昌（控制滇西南—缅掸邦高原）、丽水（控制怒江以西—伊洛瓦底江上游，与天竺接壤）二节度，控制西南疆域，重新沟通了一度受阻的南方丝绸之路国外段西线滇—缅—印道路（西洱河通天竺道）。《大唐西域记》卷十记载，迦摩缕波国"境接西南夷，故其人类蛮獠矣。详问土俗，可两月行入蜀西南边境"。懿宗咸通年间，"有天竺三藏僧，经过成都，晓五天梵语，通大小乘经律论。以北天竺与云南接境，欲假途而还"①，就是说有天竺僧人打算由成都取道云南返回印度。

《蛮书》卷十说，太和六年（832年），南诏国发兵劫掠骠国，虏其众三千余人，隶配拓东城。及咸通四年（863年）正月，在安南见胡僧事，盖被南诏征发而来者。《新唐书·骠国传》记载："异牟寻子寻阁劝立……自称'骠信'，夷语君也。"控制骠国后，南诏更将势力扩展到伊洛瓦底江下游的广大区域。

（五）向南拓展至海

南诏还向南开辟拓展了通往东南亚的道路，一直通到海岸，这是唐代南方丝绸之路交通网络的重大变化。

---

① 〔宋〕李昉等：《太平广记》卷一九〇，中华书局，1961年。

南诏的势力向南扩张至中南半岛北部，设立了银生节度进行管辖。根据《中国历史地图集》，银生节度的管辖范围大致包括今普洱市、临沧市、西双版纳傣族自治州和缅甸景栋、老挝北部及越南莱州等地，节度府的府治为银生城（今云南景东）[①]。另据方国瑜先生的考证，银生节度的南界为今之缅甸景栋、泰国清迈、沿老挝北部至越南莱州一带[②]，增加了泰国清迈地区。

南诏有交通从都城羊苴咩城通往南方海域，樊绰在《蛮书·云南城镇》中记载：

> 银生城在濮赕之南，去龙尾城十日程。东南有通镫川，又直南通河普川，又正南通羌浪川，却是边海无人之境也。东至送江川，南至邛鹅川，又南至林记川，又东南至大银孔，又南有婆罗门、波斯、阇婆、勃泥、昆仑数种。外道交易之处，多诸珍宝，以黄金麝香为贵货，有朴子、长鬃等数十种蛮。又开南城在龙尾城南十一日程，管柳追和都督城。又威远城、奉逸城、利润城，内有盐井一百来所。茫乃道并黑齿等类十部落，皆属焉。陆路去永昌十日程，水路下弥臣国三十日程，南至南海，去昆仑国三日程，中间又管模迦罗、于泥、礼强子等族类五部落。

这一记载显示出南诏有三条道路向南通往东南亚海边。

（1）银生城经羌浪川至海边。线路为：银生城（今云南景东）—镫川（今云南墨江）—河普川（今云南江城）—羌浪川（疑在今越南莱州境内）[③]—女王国（约今老挝川圹、桑怒等地）—文单（今老挝万象）—欢州（今越

[①] 方国瑜：《中国西南历史地理考释》上册，中华书局，1987年，第486页。
[②] 方国瑜：《中国西南历史地理考释》上册，中华书局，1987年，第491页。
[③] 方国瑜：《中国西南历史地理考释》上册，中华书局，1987年，第489页；赵吕甫：《云南志校释》，中国社会科学出版社，1985年，第326页。

南义静省义安）沿海[①]。《蛮书》卷十说："女王国，去蛮界（南诏）镇南节度三十余日程。"因唐代的女王国、欢州等地开发程度较低，故樊绰谓之"却是边海无人之境也"。

（2）银生城经大银孔至暹罗湾。此条道路走的是澜沧江—湄公河、湄南河流域，具体线路为：银生城（今云南景东）—送江川（今云南临沧）—邛鹅川（约今云南澜沧）—林记川（约今缅甸景栋）—大银孔（今泰国清迈）[②]。而《蛮书》又说大银孔"南有婆罗门、波斯、阇婆、勃泥、昆仑数种外道，交易之处"，应是指大银孔之南有数条道路通往诸国。婆罗门即天竺，今印度；波斯即伊朗；阇婆在印度尼西亚的爪哇；勃泥即婆罗洲，位于今印度尼西亚加里曼丹岛；昆仑在骠国之南，缅甸南部沿海地区。因此，通往这些古国的应该是海路，大银孔之南有港口与之相通。

"从银生城之位置言，通至南海港口，以在暹罗湾之说为是，银生城至海上交通贸易，南诏时已有，至后未绝。"[③]所以，大银孔之后，应沿着宾河（湄南河上游）、湄南河至暹罗湾港口。这样，就可与来自婆罗门、波斯、阇婆、勃泥、昆仑等国的商人交易了。

（3）南诏至昆仑国道。这条道是南诏银生城通海最重要的交通线，南诏与海外进行贸易，主要是循此道至白古或直通港。

此道路为一条水陆相间的交通线，从云南巍山南行，过西双版纳入缅甸，至萨尔温江流域，再南下出海。按照史籍的记载，此线路的具体走向为：开南城（今云南巍山）—柳追和城（今云南镇沅）—威远城（今云南景谷）—

[①] 羌浪川之后为女王国、文单、欢州，见陆韧：《云南对外交通史》，云南人民出版社、云南大学出版社，2011年，第95页。
[②] 方国瑜：《中国西南历史地理考释》上册，中华书局，1987年，第490页。
[③] 方国瑜：《中国西南历史地理考释》上册，中华书局，1987年，第490页；木芹：《云南志补注》，云南人民出版社，1995年，第90页。

奉逸城（今云南普洱）—利润城（今云南易武），过茫乃道及黑齿等类十部落（今云南景洪及西双版纳地区），再向西南入永昌地区（今缅甸东北部），沿着萨尔温江走水路（或河谷陆路），中途经过模迦罗、于泥、礼强子等族类五部落，至弥臣国及萨尔温江入海口的昆仑国。

弥臣国即白古，今缅甸的勃固。在7—9世纪时，伊洛瓦底江入海口一带的海岸线比现在的位置靠北，白古正好位于伊洛瓦底江三角洲东边西当河的入海口。

《蛮书》所说的昆仑国即萨尔温江入海口的今直通、毛淡棉和土瓦一带。9世纪中叶，幅员辽阔、部属众多的骠国瓦解后，南部沿海地区国家中，直通王国是其中主要的国家[①]。"缅甸最初形成的小国就有称为'杜温那崩米'的直通王国，当时位于海岸线上"[②]。

白古、直通都是这一时期东南亚沿海的重要港口，商业贸易非常繁荣。

此条道路也称为"青木香山路"。《蛮书》卷七《云南管内物产》记载青木香山"在永昌南三月程，山产青木香故名"。同书卷十又载："昆仑国，正北去蛮界西洱河八十一日程，出象及青木香……等诸香药珍宝犀牛等。"方国瑜、林超民先生说："昆仑国出诸种香药，而以青木香著称。所谓青木香路也就是昆仑路。"[③]

这条线路的后半部分为萨尔温江流域，那么，从南诏境内沿怒江河谷也可直达萨尔温江入海口的直通地区。尹梓鉴的《缅甸史略·弁言》记载："士通城Thaton（直通）在白古赴摸儿缅车道间，缅人亦不能考为何代王居，但云久远而已。按缅人初来，沿怒江流域而下至入海北岸马达邦士通城距仅

[①] 贺圣达：《缅甸史》，人民出版社，1992年，第36页。
[②] ［缅］波巴信：《缅甸史》，陈炎译，商务印书馆，1965年，第15页。
[③] 方国瑜、林超民：《〈马可·波罗行纪〉云南史地丛考》，民族出版社，1994年，第95页。

三十里，似为王城发轫地。"①自古以来，怒江—萨尔温江如同澜沧江—湄公河一样，都是沟通中国云南与东南亚重要的天然国际通道。

到南诏中期以后，随着南诏版图的逐渐扩大，以南诏王城羊苴咩城为中心（779年南诏都城从太和城迁至羊苴咩城，今大理古城一带），覆盖整个南诏并延伸至中南半岛的交通网络，在不断地拓展中逐渐形成，从羊苴咩城可以通往四川、广西、南亚及东南亚地区。南方丝绸之路的清溪关道、石门关道、安南通天竺道（包括安南通西洱河道、西洱河通天竺道）只是南诏交通网络体系中的主要干线，另有许多支线。较重要的支线有：大理向北经今丽江、盐源至西昌的道路；大理向西北经今丽江及中甸入藏的道路，此路还可以进一步延伸至印度；南诏通天竺的北至大雪山的交通线；从羊苴咩城向东至广西的邕州道；从昆明经曲靖至贵州遵义再至四川彭水的黔州道，等等。

从以上叙述可知，南诏国的都城羊苴咩城是连接南方丝绸之路东、西线路，连接南方丝绸之路与海上丝绸之路的最重要的交通枢纽。陆路通道，有安南通天竺道，从濒临南海的安南经羊苴咩城通往天竺，连接了南方丝绸之路东、西线路；海路方面，羊苴咩城向东通安南北部湾，向西南经伊洛瓦底江河谷、萨尔温江河谷直达印度洋，向南可经老挝、泰国下暹罗湾，均可与海上丝绸之路相连接。

并且，有史实表明这些道路是畅通的。《旧唐书》载："武后时，（逻盛）来朝，其妻方娠，逻盛次姚州，闻妻生子。"②徐云虔的《南诏录》记载："（南诏王）骠信已遣人自西川入唐，与唐约为兄弟，不则舅甥。"③

天宝十年（751年），唐军与南诏交战，清溪关道、安南通南诏道、石门

---

① 尹梓鉴：《缅甸史略》，载李根源辑：《永昌府文征》卷二十九，云南美术出版社，2001年校注本，第3847页。
② 〔后晋〕刘昫等：《旧唐书》卷一九七《南蛮西南蛮传》，中华书局，1975年。
③ 〔宋〕司马光：《资治通鉴》卷二五二《唐纪六十八》引，中华书局，1956年。

关道均为唐军入滇的行军道路。

前述的贞元九年（793年），异牟寻欲归顺唐朝，恐道路不通，就派了三队使者，各携带朱砂、生金、当归等，分别从三条路即戎州路（石门关道）、黔州道（从今曲靖经遵义入四川彭水）、安南道（从安南入唐）入唐。最终，三队使者都顺利抵达。

贞元十年（794年），御史中丞袁滋为"持节册南诏使"，前往大理办理册封事宜，就是从石门关道入滇，再西行至大理。在石门关（位于今昭通市盐津县豆沙镇）袁滋留下题记摩崖，全文八行，直下左行，计122字，释文为："大唐贞元十年九月廿日，云南宣慰使内给事俱文珍、判官刘幽严、小使吐突承璀、持节册南诏使御史中丞袁滋、副使成都少尹庞顾、判官监察御史崔佐时，同奉恩命，赴云南册蒙异牟寻为南诏。其时，节度使尚书右仆射成都尹兼御史大夫韦皋，差巡官监察御史马益，统行营兵马，开路置驿，故刊石纪之。袁滋题。"册封之后，袁滋还是从石门关道返回中原的。

同年，南诏与唐和好后，西川节度使韦皋便"开清溪道以通群蛮，使由蜀入贡"。伊洛瓦底江流域的弥臣国、骠国等入长安觐见朝贡，以及此后的50年间南诏贵族子弟数千人先后赴成都求学，均沿清溪关道入华。

第五章

五代两宋时期的南方丝绸之路

自唐亡以后,中国社会经历了五代十国短暂的分裂时期,至北宋重新统一了大部分地区。宋代是中国封建社会经济文化高度发展的时期,交通运输建设、商品经济都达到了空前的高度,保障了对外贸易广泛持续地开展,南方丝绸之路也获得进一步发展。

第一节 南方丝绸之路沿线的政治格局

在五代及宋时期,南方丝绸之路国内段的政治格局比较复杂,道路沿线的今四川、云南、贵州、广西等地区有着不同的政治格局,使得南方丝绸之路这一巨大的交通网络体系在政治上常处于割裂的状态。

然而,尽管南方丝绸之路国内段各地的政治格局比较复杂,统治归属及方法不尽相同:有中央王朝直接统治的,有地方割据政权的,还有羁縻管理的。但是,这种政治形势并没有导致社会的大动乱,整个区域的社会秩序相对比较安定，这有利于道路的建设和经济文化的发展。

这一时期，南方丝绸之路国外段的形势也有很大变化，最突出的变化就是越南的独立和蒲甘王朝的建立。

一、四川地区

在五代时期，四川地区先后经历了前蜀、后蜀两个割据政权，时间从908—965年（其间925—934年归后唐统治）。相对于全国其他地区，四川地区社会比较安定，前蜀、后蜀政权都曾经为发展地方经济做出了一些努力，经济文化得到了稳定发展。

965年北宋灭后蜀，开启了北宋王朝在四川的统治。北宋初期，朝廷视四川为保障军需的财源基地，横征暴敛，将后蜀府库财物尽送京师；忽略了四川传统地域情况，忽视团结蜀人，押解后蜀皇帝、官员及族人至京处置，为了征战而招发蜀人；北宋官兵还在蜀中杀人劫货。于是，很快便激起民众反抗，先有全师雄领导蜀兵起义，后有声势浩大的王小波、李顺起义，甚至北宋官兵也爆发了王均兵变。王小波、李顺起义军得到蜀中广泛响应，攻克成都，建立了大蜀政权，令宋廷极为震惊和恐慌。

虽然，这些起义和兵变最后都被宋军镇压了，但也让宋廷受到了冲击，认识到起义是由于"赋税不均，刑法不明，吏暴于上，民怨于下"，"非蜀之罪也，非岁之罪也，乃官政欺懦而经制坏败之罪也"[①]。于是，朝廷改变了对蜀地的政策，采取一系列政策措施以稳定四川社会秩序。这些措施包括肃清吏治、安抚百姓、团结蜀中士大夫、合理增设行政管理机构、加强军队管理，等等。

---

① 〔宋〕张俞：《送张安道赴成都序》，〔宋〕扈仲荣等编：《成都文类》卷二十二，文渊阁《四库全书》本。

经过太宗、真宗、仁宗三朝对四川的着力经营，四川政治局势得到了很大的改观，从动荡走向稳定，社会安定，民众积极从事生产、贸易活动，经济文化得以迅速发展，逐渐达到四川历史的最高水平。

1127年金朝灭北宋，两年后（建炎三年）宋高宗逃往江南，在杭州重建宋朝，史称南宋，四川地区属于南宋王朝统治区。建炎四年（1130年）的宋金富平之战，宋军大败，南宋丧失陕西五路，巴蜀危急，四川立即成为抗击金兵南下的前线。宋廷建立四川防区，以陕西汉中一带为前沿阵地，四川为战略补给后方，顽强抵抗外敌，多次打败了金兵的进攻。迄至金朝灭亡，金军终没能进入四川，使得四川社会相对安定，能够集中力量发展经济。

然而，自1227年起，蒙古汗国开始进攻蜀地。1227年，蒙古灭西夏，并且进占四川的西和、阶、文等州。1231年，遵循成吉思汗"假道于宋"的遗言，蒙古进攻金兵侧背，乘机抄掠汉中，攻陷阆州，略地至于西水县（今四川南部县西北），破四川城寨140处。1234年，蒙、宋会同灭金，蒙古兵锋遂直接指向南宋。宋、蒙战争由此揭开序幕，而四川又成为双方战争的重要战场之一。

长达四十余年（如果从1227年蒙古军队攻占四川的西和、阶、文等州算起的话，则长达五十余年）的残酷战争给四川造成了极大的破坏。至宋末元初，四川经济凋敝，人口锐减，尽失往日天府之国的繁华与舒适，两宋时期四川社会经济的走势可谓是盛极而衰。

二、云南地区

五代及两宋时期，与其他地方历经政权更迭不同，云南由单一的地方政权统治。

902年，南诏国灭亡。之后出现了三个短暂的过渡政权：大长和国、大天兴国、大义宁国，共计35年。937年，段思平建立大理国。

大理国基本沿袭了南诏国的国土疆域，拥有今云南全境和川西南、黔西部分地区以及缅甸东北部、老挝北部、越南西北部地区。东接横山（今贵州普安），南达鹿沧江（今越南北部黑水河），西抵江头城（今缅甸北部杰沙），北临大渡河。《元史·地理志四》记载："其地东至普安路之横山，西至缅地之江头城，凡三千九百里而远；南至临安路之鹿沧江，北至罗罗斯之大渡河，凡四千里而近。"书中的"路"是元朝的建置。

大理国的行政体制与南诏国大致相同，国都仍为羊苴咩城，设国都、八府、四郡、四镇，对国内进行有效管理。但到了大理国的后半期，一些地方和部落联盟势力逐渐强大，如乌蛮三十七部、景昽金殿国等，先后自立为王。还有一些偏远地区，大理国也只能维持羁縻统治关系。

大理国与宋朝的关系，与南诏国同唐朝的关系大不相同。一方面，宋朝一直受到北方金国、蒙古汗国的威胁，无心关注大理国；另一方面，大理国也没有向内地扩张领土的野心，因此，大理国与宋朝没有发生战争冲突。相反，大理国王一直希望依附中央王朝，得到中央王朝的首肯。从982—1038年的56年间，大理国先后9次派遣使者向北宋王朝进贡，请求加封，宋太宗遂封大理国王为"云南八国都王"。1116年，大理国又向北宋进贡战马380匹，以及麝香、牛黄、细毡、玉石等贵重物品，在呈交的表文中自称"臣"。次年，宋徽宗封大理国王段正严为"金紫光禄大夫、监校司空、云南节度使、上柱国、大理国王"，正式确定了大理国对于中央王朝的藩属关系。

大理国于1254年被元朝灭亡，共317年。

总的来看，在五代及宋时期，大理国境内社会基本安定，统治者重视道路建设，发展经济，尤其是对外贸易。大理国的经济和文化都得到了较大的发展。

三、贵州地区

南方丝绸之路贵州沿线区域，在五代时期，与封建王朝的关系非常疏远，因此《五代史》对这一地区的记载很少。当时贵州应是部落林立的局面。《宋史·西南诸夷传》记载："黔州、涪州徼外有西南夷部，汉牂牁郡，南唐宁州、牂牁、昆明、东谢、南谢、西赵、充州诸蛮也。其地东北直黔、涪，西北接嘉、叙，东连荆楚，南出宜、桂。俗椎髻、左衽，或编发，随畜牧迁徙亡常，喜险阻，善战斗。部族共一姓，虽各有君长，而风俗略同。"及宋初，有"五姓蕃"皆"常奉职贡，受爵命"。这些西南夷部落分布在今贵州及川东南至渝南、桂西北一带。

"五姓蕃"为龙蕃、方蕃、张蕃、石蕃和罗蕃，他们入贡宋朝，送上当地土特产，得到更多、价值更高的回赠，因此，入贡的积极性很高。起先每年入贡一次，而且人数众多，常达数百人。至宋神宗，便令其五年一贡，每次入贡人数以70人为限。"五姓蕃"中以龙蕃势力最大，入贡宋廷也最勤。常与龙蕃一同入贡的还有顺化等九部落，大致分布在今贵阳、安顺等地区。顺化等九部落多次随龙蕃入贡宋廷，其首领也得到了宋朝封赐的官职。

后来又有程蕃、韦蕃势力较大，"比附五姓"，合称为"西南七蕃"。此外，在涪、泸、嘉、叙一带边缘地区，还分布着成百上千的少数民族部落。这些部落皆常与宋朝有互市往来，也大都"奉职贡"[①]，接受宋朝封赐的官职。

《宋史》的记载表明，在宋代，南方丝绸之路贵州区域内少数民族部落众多，数以千计，而多数都接受宋朝的羁縻统治，社会秩序比较安定。

从地理位置上看，南方丝绸之路贵州区域（包括川南）的少数民族部落处于宋朝与大理国之间，当地地势险阻，部落林立，客观上成为宋朝与大理国之间的缓冲地带。

---

① 〔元〕脱脱等：《宋史》卷四九六《蛮夷传四·黔涪施高徼外诸蛮》，文渊阁《四库全书》本。

四、广西地区

南方丝绸之路广西沿线区域，在五代时期归南汉政权（917—971年）统治。相较于内地战乱不止的形势，南汉统治地区社会安定，于是成为大量中原人士南下避乱之地，带来了中原先进文化，促进了广西地区的经济文化发展。

南汉还与黔、蜀及云南地区有往来，西通黔、蜀，得其珍玩，并与大长和国联姻，将增城公主嫁给云南大长和国国主郑仁旻。

971年北宋灭南汉，广西地区并入北宋版图。至南宋，广西地区成为南宋王朝的大后方。两宋期间，尤其是南宋朝廷，由于广西北部湾有出海港口，意义重大，因此着意经营广西，建设道路，发展经济。

宋朝除设置隶属中央管理的州县外，还大量设置羁縻州县，有相当多的羁縻州县位于南方丝绸之路沿线。据《宋史·地理志》记载，隶于邕州都督府的羁縻机构有州四十四、县五、峒十一，其中位于左右江地区的最多，隶于左江道的羁縻机构有州二十七、县四、峒十一；辖于右江道者有羁縻州十七、羁縻县一。各羁縻机构均以当地少数民族的首领为官吏进行管理。

五、越南北部地区——大瞿越国

唐朝末年，中央政权衰落，地方割据并起，安南地区也陷入混乱状态。10世纪初唐灭，进入"五代十国"局面，安南曾经被南汉政权占据。939年，安南地方将领吴权击败南汉军队，自立为王，建立吴朝，越南开始走上独立的道路。但吴朝仅存在了5年，之后又经历了24年的史称"十二使君之乱"，到968年，终于完成统一，建立丁朝，国号大瞿越国，其国境包括今越南北部。

大瞿越国建立后，越南与中国的关系发生了质的变化，它从属于中国中原王朝直接管辖的地区变成了一个独立的国家。这是南方丝绸之路步头道、进桑道道路末端政治格局的大改变。

丁朝建立后便于970年"遣使如宋示结好",972年又遣王子丁琏为贡使,入宋朝贡,宋太祖封丁部首领为"检校太师""交趾郡王"。此后,宋朝向越南各代王朝都进行遣使册封。1174年,宋廷正式册封越南李英宗为"安南国王","加食邑一千户、食实封四百户,加守谦功臣",标志着宋朝正式承认了越南独立为国,并确立了中国与越南的宗藩关系。

越南独立后,政局逐渐稳定下来。有宋一代,都与中国保持了良好的关系,常入宋进行朝贡,民间交往一如既往。

六、缅甸地区——蒲甘王朝

11世纪初始的缅甸,存在许多部落、邦国、古国。中部和北部以骠人部落为主,北部和东北部掸人部落数量亦较多。西部较大的是阿拉干国,中部是蒲甘王国,南部沿海是孟人的国家,最主要的是直通王国。

蒲甘王国原处于钦敦江与伊洛瓦底江汇合处以东的广大区域,在11世纪以前已经有了200多年的积累和发展,在阿奴律陀于1044年登上王位后,迅速崛起。经过10年的准备,蒲甘王国开始了猛烈的军事扩张,在缅甸历史上第一次统一了上缅甸和下缅甸,建立起统一了缅甸大部地区的蒲甘王朝。

蒲甘王朝的建立,极大地改变了南方丝绸之路国外段西线区域的政治格局。在南方丝绸之路国外段西线的交通要道上,出现了一个统一的王朝政权。这个统一王朝的出现,并没有造成南方丝绸之路交通的阻碍,相反,统一的政令、稳定的政局,有助于道路的畅通和贸易的开展。有宋一代,在国家层面上,蒲甘王朝与大理国、宋朝及印度各邦国之间都保持了友好的关系,蒲甘王朝至少4次入宋廷朝贡觐见;在民间交往方面,蒲甘王朝采取开放的态度，成为南方丝绸之路西线国际贸易的一个重要场所，宋朝商人、大理国商人及印度商人都在上缅甸和下缅甸进行自由贸易。

第二节 丝帛所产，号为天下繁侈

五代两宋时期，蜀地经济文化发展较快，尤其宋代，四川经济文化的发展达到古代史的高峰。作为重要的起始地和动力源，成都经济文化的高速发展对于南方丝绸之路的发展提供了重要保障。

一、丝绸之都，衣被天下

前后蜀时，蜀锦生产有增无减。后唐庄宗曾希望用马同前蜀交易"锦绮珍玩"[1]。前蜀王衍在宫廷内以缯彩数万段，装饰了一座"彩楼山"，绮破损，立即去旧换新。王衍出行阆州，泛舟江中，其舟子皆衣锦绣。王衍灭时，宫中府库尚存"纹锦、绫、罗五十万匹"[2]。后蜀时，蜀锦生产更多，花样愈加翻新，当时蜀锦中的长安竹、天下乐、雕团、宜男、宝界地、方胜、狮团、象服、八答晕、铁梗裹荷等纹样，颇负盛名，合称"十样锦"。后蜀孟昶有一条锦被，宽度相当于当时三幅帛的宽度，一棱织成，称为"鸳衾"，这种无缝锦是一般织机所无法织出的，足见当时蜀中织锦技艺之高妙精湛。

宋代四川丝绸业更加发展，"蜀土富饶，丝帛所产，民织作冰纨绮绣等

---

[1] 〔宋〕司马光：《资治通鉴》卷二七二《后唐纪一》后唐庄宗同光二年，文渊阁《四库全书》本。

[2] 〔宋〕郭允蹈：《蜀鉴》卷七，文渊阁《四库全书》本。

物，号为冠天下"①。丝织业的分布，除传统的以成都为中心的川西地区以外，又在梓州路的梓州、果州、遂州，利州路的蓬州、巴州、阆州等川中、川北地区，兴起了另一个丝织中心。据载，宋朝匹帛"岁总收之数"的绢，成都府路为337357匹，梓州路为381553匹。各路租税收入的匹帛中，绢的数量，梓州路为213396匹，成都府路为63760匹。绢的数量，成都府路为11703匹，梓州路为19840匹②。四川上贡给朝廷的34000匹绫中，东川（梓州路）为26300匹，西川（成都府路）为7800匹③。成都的丝织生产是"连薨比室，运箴弄杼"④，并设置了成都锦院，梓州的丝织业也是"机织户数千家"⑤，还设置了绫绮场；成都的蜀锦名扬天下，梓州的熟绫、蓬州的综丝绫、遂州的樗绫、达州的兰绸、阆州的莲绫也相当有名。这些都表明以梓州为中心的川中、川北地区的丝织业，发展相当迅速，臻于兴旺发达。

巴蜀丝织品的种类愈益繁多，质量也越来越高。除成都锦院的蜀锦名闻天下外，丝、罗、绸、缎、纱、绢等丝织品也是花样翻新，品种纷出。绫有杂色绫、重莲绫、水波绫、鸟头绫、红绫、樗蒲绫、白绫；罗有白熟罗、单丝罗、白花罗、花罗、春罗；纱有花纱、交梭纱，等等，不胜枚举。不少丝织品织造精美，如"梓州织八丈阔幅绢献宫禁，前世织工所不能为也"⑥，"遂宁出罗，谓之越罗，亦似会稽尼罗而过之"⑦。

---

① 〔宋〕杨仲良：《皇宋通鉴长编纪事本末》卷十三，淳化四年，文渊阁《四库全书》本。
② 〔清〕徐松辑：《宋会要辑稿·食货》卷六十四之一，文渊阁《四库全书》本。
③ 〔宋〕李心传：《建炎以来朝野杂记》甲集卷十四《四川供绢绸绫锦绮》，文渊阁《四库全书》本。
④ 〔宋〕吕大防：《蜀官楼记》，〔明〕杨慎编：《全蜀艺文志》卷三十四，文渊阁《四库全书》本。
⑤ 〔清〕徐松辑：《宋会要辑稿·食货》卷六十四之二三，文渊阁《四库全书》本。
⑥ 〔宋〕张邦基：《墨庄漫录》卷二，文渊阁《四库全书》本。
⑦ 〔宋〕陆游：《老学庵笔记》卷二，文渊阁《四库全书》本。

丝织品的染色技术也大大提高，染红色用的红花、染青色用的兰草、染绿色用的艾、染皂褐色用的皂斗等植物染料，乡间已广泛种植；丹砂、石青、石黄、石绿、粉锡、铅丹等矿物染料也普遍使用。城市中出现专门出售染料的染铺，成都就有"郭家鲜翠红紫铺"。当时还创造出一整套改良蚕丝性能以适应染料的染色工艺技术。据记载，少卿章帖在四川做官，曾把吴地的罗、湖地的绫带到四川，与川帛一起染红带回京师，经过梅雨季节，吴罗、湖绫均因返潮而褪色，唯有川帛颜色不变，后向蜀人询问缘由，"乃云：'蜀之蓄蚕与他邦异，当其眠将起时，以桑灰喂之，故宜色。'然世之重川红，多以为染色之良，盖不知蚕所致也"[1]。

四川丝织业在全国占有重要地位，是宋代一大丝织业基地。四川匹帛丝绵不但在朝廷每年的租税收入中占有很大比重，而且还时常作为朝廷军需所出。宋仁宗时，"自西边用兵，军须绸绢多出益、梓、利三路，岁增所输之数，兵罢，其费乃减"[2]。四川丝织品还由于量多质优而价廉物美，匹帛贸易十分兴隆，"日输月积，以衣被于天下"，"以供四方之服玩"[3]。

在北宋平蜀时，宋廷就曾把一批优秀的蜀中锦工迁至汴京，以其为骨干，建立官营的绫锦院，有织机400多张，专门织造供皇室用的丝织品。又在益州、梓州建立官营的绫绮场，梓州绫场规模很大，有织工1000多人。在成都设有"博买务"，征收锦绫等高级丝织物。还设有"内衣物库"，受纳"绫锦院、西川所输锦、鹿胎、绫、罗、绢织成匹缎之物"[4]。

宋神宗元丰六年（1083年），成都府官吕大防创办成都锦院，集中生

---

[1] 〔宋〕吴曾：《能改斋漫录》卷十五，文渊阁《四库全书》本。
[2] 〔元〕脱脱等：《宋史》卷一七四《食货志上·布帛漕运》，文渊阁《四库全书》本。
[3] 〔宋〕吕大防：《锦官楼记》，〔明〕杨慎编：《全蜀艺文志》卷三十四，文渊阁《四库全书》本。
[4] 〔清〕徐松辑：《宋会要辑稿》卷五十二之二三，文渊阁《四库全书》本。

产，统一管理。锦院规模日益扩大，有厂房127间、织机154台、军匠583人（包括军匠和募工300人，和雇匠200余人）。日用挽综工164人、机织工154人、练染工11人、纺绎工110人，工序亦按操作过程分为挽综、机织、练染、纺绎等4道。每年用丝125000两，染料211000斤，产锦1500匹。其中，额定上贡锦690匹，分为土贡锦3匹、官诰锦400匹、臣僚袄子锦87匹、广西锦200匹①。前三类是皇室用锦，广西锦是贸易用锦。

建炎三年（1129年），都大茶马司在成都建立茶马司锦院，织造被褥，折支黎州等处马价，不久又在成都的应天、北禅、鹿苑寺三处增辟三个工场。南宋孝宗乾道四年（1168年），茶马司锦院与成都锦院合并，设在旧廉访司的洁己堂，成都锦院规模更大了。

由于成都锦院把锦工的个体生产组织为官办的手工场生产，有利于生产中的分工协作和技术提高，所以蜀锦生产从此达到一个新的水平。

宋代，蜀锦与定州缂丝、苏州刺绣同为全国三大工艺名产，在纺织史和工艺美术史上有着重要地位。据《宋会要》食货部统计，从967年到1172年，每年国库收入的锦绮、鹿胎、透背等高级织物共9615匹，其中四川织造的为1892匹，约占全国的20%；其中成都府路1094匹，梓州路798匹。全国每年收入绫147385匹，四川织造的就有38682匹，约占26%。每年上贡锦绮"鹿胎"透背1010匹，成都府路就有759匹，约占75%。每年上贡绫44906匹，四川就有14456匹，约占32%②。所以，《宋史·地理志》称川峡四路"织文纤丽者，穷于天下"。

宋代四川的布，主要是麻布和葛布。麻布是以𰡢布、白𰡢布、高枰布、弥牟布等𰡢麻所织的布质地最为优良，列为贡品。葛布产于普州、富顺监、

---

① 〔宋〕吕大防：《锦官楼记》、费著：《蜀锦谱》，〔明〕杨慎编：《全蜀艺文志》卷三十四、卷五十六，文渊阁《四库全书》本。
② 〔清〕徐松辑：《宋会要辑稿》卷六十四，文渊阁《四库全书》本。

戎州、泸州等地，亦有列为土贡之列者。总的来说产区比唐代更加扩展，产量也大为增加。仅官府征收的布，成都府路为554739匹，梓州路为11787匹，利州路为585匹，夔州路为2478匹，共计569589匹，约占全国岁收布3192765匹的18%[1]，足见产量之大。

宋元之际，四川纺织业遭到宋、蒙战争摧残而严重破坏，元代又受到官营工匠制度的束缚，未能恢复到宋代的水平。不过，蜀锦的生产仍然具有规模，蜀锦同样是元朝皇宫内的华丽装饰品，也是元朝赠予外国的珍贵礼品。

二、富丽之都，号为天下繁侈

宋代四川的商业高度繁荣，商品经济持续发展，农村场镇集市蓬勃发展，城市商业更加发达，世界上最早的纸币"交子"在四川诞生，更加推动了商品经济的高度发展。尤其是成都，因其富丽而"号天下繁侈"。到了宋代，成都商业更加繁荣。

宋代成都是中国西部织锦、绢帛、麻布、茶叶、药材、纸张、图书等各类商品的最大集散地和商业中心，各地巨商大贾云集成都，大批交易各种货物，由此商税数额巨大。熙宁十年（1077年），成都府的商税达17万贯之巨，仅略低于杭州，居全国第二位，是全国第二大商业城市。

成都素来是西南第一都会、天下名都，宋时更是繁丽非常，"万井云错，百货川委，高车大马决骤于通逵，层楼复阁荡摩乎半空。绮谷昼容，弦索夜声，倡优歌舞，娥媌靡曼，裙连袂属。奇物异产，瑰琦错落，列肆而班市。黄尘涨天，东西冥冥"[2]，一派繁荣兴旺景象。唐五代时期成都的季节性贸易，

---

[1] 〔清〕徐松辑：《宋会要辑稿》卷六十四，文渊阁《四库全书》本。
[2] 〔宋〕李良臣：《东园记》，同治《成都府志》卷十三。

已进一步发展成为按照物品季节月令定期销售的大集市，有正月灯市、二月花市、三月蚕市、四月锦市、五月扇市、六月香市、七月七宝市、八月桂市、九月药市、十月酒市、十一月梅市、十二月桃符市[①]。一年四季，商品山积，充满于市，商人出入，川流不息。仅蚕市，据田况《成都邀乐诗》所记，就有"正月五日五门蚕市""正月二十二日圣寿寺前蚕市""二月八日大慈寺前蚕市""三月九日大慈寺前蚕市"[②]。蚕市开市时，"贸易毕集，阛阓填委"[③]。尤其是大慈寺前蚕市，规模颇大，"高阁长廊门四开，新晴市井绝纤埃"[④]，是当时有名的贸易集市。

由于比唐代的市场规模更大、商品种类更多、店铺开业时间更长、交易额更大，宋代成都商品经济得到高度发展，终于在这种盛况空前的商品经济中，产生了世界上最早的纸币——"交子"。

宋代四川还有许多商业城市纷纷崛起，著名的有梓州、遂州、果州、利州、夔州、渝州、会州、泸州、嘉州、绵州等。梓州在唐代时是东川节度使治所，主要还是一个政治中心。宋代，由于梓州丝织业的兴起和大发展，成为一座新兴的工商业都会，"江山形胜，水陆之冲，为剑外一都会，与成都相埒"[⑤]。熙宁十年（1077年），梓州商税额为55000贯，在四川仅次于成都府[⑥]，俨然成为四川第二大商业城市；果州"繁盛冠东川""蜀人唤作小成都"[⑦]，同年商税额为32000贯，成为川中北的一大商业中心；利州商业亦发达，同年

[①]〔宋〕赵抃：《成都古今记》，商务印书馆，1930年。
[②]〔明〕杨慎编：《全蜀艺文志》卷十七，文渊阁《四库全书》本。
[③]〔宋〕佚名：《五国故事》，《丛书集成初编》，中华书局，1985年。
[④]〔宋〕田况：《成都邀乐诗》，〔明〕杨慎编：《全蜀艺文志》卷十七，文渊阁《四库全书》本。
[⑤]〔宋〕王象之：《舆地纪胜》卷一五四，中华书局，1992年。
[⑥]〔清〕徐松辑：《宋会要辑稿·食货》卷十六，文渊阁《四库全书》本。
[⑦]〔宋〕王象之：《舆地纪胜》卷一五六，中华书局，1992年。

商税额43000贯,时称利州为"小益,对成都之为大益也"[①];遂州亦是著名的川中大商业城市,同年商税额为48000贯,居四川第三。

第三节　国内外贸易的进一步拓展

五代两宋时期,中国南方尤其是岭南地区得到了大开发和大发展,中国经济重心南移,商品经济高度发展,海上贸易兴盛,南方丝绸之路国内段东西线路平衡发展等,都极大地促进了南方丝绸之路贸易的发展。

但是,这一时期中国文明对外传播的内容、途径等方面有所变化,具有时代特征。在封建社会商品经济发达的形势下,对外贸易毫无争议、当之无愧地成为中国文明对外传播最主要的途径,而文化传播的新内容以瓷器和印刷术为突出代表。

一、茶马贸易的兴起

茶马贸易兴起于唐,据唐人封演《封氏闻见记》卷六:"按,古人亦饮茶耳,但不如今人溺之甚,穷日尽夜,殆成风俗。始自中地,流于塞外。往年回鹘入朝,大驱名马,市茶而归。"其后有《新唐书》《文献通考》等史籍沿用。这条史料告诉我们,在唐末,丝绸之路上的茶马贸易已经存在唐与回鹘之间。但不可否认的是,这一时期,唐与西域之间的主要贸易形式仍然为绢马贸易。在北方草原地带,因回鹘在安史之乱时帮助唐王朝收复长安、洛阳,

---

① 〔宋〕王象之:《舆地纪胜》卷一八四,中华书局,1992年。

"代宗厚遇之……岁送马十万匹，酬以缣帛百余万匹"[1]。这种大规模的绢马贸易在唐代宗、宪宗和德宗年间都有发生。茶马贸易相对于绢马贸易而言，无论是规模和次数都不能相比，可以认为唐代茶马贸易还只是零星地存在，并没有形成规模。

唐时虽然许多名茶已经进入吐蕃，但吐蕃对茶还没有形成多少认识。李肇《唐国史补》卷下记载："常鲁公使西蕃，烹茶帐中，赞普问曰：'此为何物？'鲁公曰：'涤烦疗渴，所谓茶也。'赞普曰：'我此亦有。'遂命出之，以指曰：'此寿州者，此舒州者，此顾渚者，此蕲门者，此昌明者，此浥湖者。'"[2]赞普虽有不少名茶，但对于饮茶之法尚不了解，而且也不知茶的名字。唐代的藏民"俗重汉缯而贵瑟瑟"，丝绸也是他们追求的主要物品。在这一时期，中原与边疆各地茶马贸易的数量非常少。

茶马贸易在唐代丝绸之路的贸易中没能形成规模，也与中国茶叶的生产有很大的关系。虽然关于茶的记载早在《周礼》中已经出现，但大规模的饮茶习俗尚未形成。南北朝时，北魏统治者仍对饮茶一事不屑一顾，认为是"苍头水厄"[3]。南朝则因其地产茶之故，不仅形成了喝茶的习俗，而且把茶叶列为贡品，"乌程县西二十里有温山，出御荈"[4]。这种饮茶习俗的南北差异，至中唐始被打破[5]。而关于茶树的人工种植和栽培技术，在文献中最初的记载也是见于成书于760—780年间的陆羽《茶经》，该书记载的茶树种植技术，大致反映了唐中期以前的状况。上述记载可以看出，中唐以前，茶叶生产还不足以支持大

---

① 〔宋〕欧阳修、宋祁等：《新唐书》卷五十四《食货志》，中华书局，1975年。
② 〔唐〕李肇：《唐国史补》，上海古籍出版社，1979年。
③ 〔北魏〕杨衒之：《洛阳伽蓝记》卷二《城东》、卷三《城南》，文渊阁《四库全书》本。
④ 〔唐〕欧阳询等：《艺文类聚》卷八十二杜育《荈赋》，卷名二引，上海古籍出版社，2013年影印本。
⑤ 王洪军：《唐代的茶叶生产——唐代茶业史研究之一》，《齐鲁学刊》1987年第6期。

规模的茶马贸易。随着饮茶习俗的普及、茶树种植以及茶叶生产技术的改进，到晚唐时，茶树种植的范围大为扩大，茶的品种和工艺种类都有所增加。陆羽《茶经》记载产茶之地有山南、淮南、浙西、剑南、浙东、黔中、江南、岭南八大产区的44州，及至唐末，产茶之地已经发展到98州[1]。晚唐五代时期，中国古代传统的精耕细作农耕技术，已运用到了茶叶生产过程之中，时人韩鄂的《四时纂要》对此有详细的记述。在采茶和制茶方面，不仅采摘春茶，也开始采摘秋茶。在茶的制作工艺方面，除生产团茶、饼茶外，开始制作散茶。

  宋代的茶叶生产在唐末基础上有了更大的发展，东南十路产茶遍及60州242个县。福建的建州每到采茶季节，"千夫雷动，一时之盛，诚为伟观"。北宋还在岭南新辟了许多茶园，到北宋嘉祐四年（1059年），东南地区的茶叶产量达到了两千多万斤。作为茶马互市主要供应地的四川，在唐和五代时期，其茶区占全国茶产地的四分之一，四川茶叶的产量很高，仅蒙顶山茶叶就年产万斤左右[2]。及至两宋时期，四川茶叶生产有了长足的进步，盆地的丘陵区和低山地带都分布有茶园，据宋人测算，"蜀茶岁约三千万斤"[3]。宋代茶叶产量的大增，为茶马互市贸易的开展奠定了可靠的物质基础。

  安史之乱后，唐朝的河西走廊为吐蕃所占有，唐代马政受到严重影响，国家马匹的来源只能依靠回鹘而取得，因而产生了绢马贸易。及至北宋建立，其地域较之唐朝大为缩小，北方相继出现了辽、夏、金等政权。这些游牧政权长期与宋对立，威胁着宋的安全，再加上宋所控制的多为农耕地带，马匹短缺十分严重。宋人深刻地认识到马的重要性，"国之大事在兵，并在马"，"固国之方，在于置卫，置卫之实，在于市马"。为了解决马匹问题，巩固国防，宋朝积极推行茶马互市。因东北及北方的政权与北宋处于敌对状态，因

---

[1] 王洪军：《唐代的茶叶生产——唐代茶业史研究之一》，《齐鲁学刊》1987年第6期。
[2] 〔唐〕杨晔：《膳夫经手录》，《丛书集成初编》，商务印书馆，1935年。
[3] 〔宋〕吕陶：《净德集》卷一，文渊阁《四库全书》本。

此西北、西南藏族聚居的地区就成为宋朝马匹的主要来源地,"藏民复不得货马于边鄙,则未知中国战马从何而来"[1]。中原饮茶风俗传至涉藏地区以后,到宋代,茶叶已成为藏族聚居地人民的生活必需品,以至"不可一日无茶以生"[2]。双方的互相需求,为宋代丝绸之路上茶马贸易的繁荣提供了契机。

北宋初年,出于对马匹的需要,多采取以铜钱、布帛、银绢交换藏族聚居地区的马匹,不过也已经出现用茶易马的情况。据《宋史》记载,"宋初,经理蜀茶,置互市于原、渭、德顺三郡,以市蕃夷之马"[3]。太平兴国八年(983年),宋太宗设买马司,禁止以铜钱买马,而改用茶货易马。及至宋神宗熙宁七年(1074年),宋朝夺取安多吐蕃故地(今甘肃甘南及青海地区),设置熙、和、洮、岷、叠、宕六州,用以换取西部高原的马匹。同年,在四川实行榷法,推行茶叶专卖。并派官"入蜀经画买茶,于秦(今甘肃天水)、凤(今陕西凤翔)、熙(今甘肃临洮)、河(今甘肃临夏)博马"[4]。元丰四年(1081年),宋朝接受群牧判官郭茂恂的建议,并茶马为一司,专以雅州名山茶来易马。这个政策的实施因满足了蕃部对于茶的需求,"蕃马至者稍众"[5],促进了茶马贸易的发展。

南宋绍兴年间(1131—1162年),将川、秦茶马司合并为都大提举茶马司,专掌以川茶与少数民族贸易马匹,互市的交易场所重点移至四川雅安一带。川场主要与西南少数民族互市,所得马匹多充作役用;秦场全部与西北少数民族互市,为战马提供来源[6]。元朝因具有广阔的草原地带,因此没有茶

---

① 〔宋〕李焘:《续资治通鉴长编》卷四十四,文渊阁《四库全书》本。
② 《续文献通考》卷二十二,浙江古籍出版社,1988年。
③ 〔元〕脱脱等:《宋史》卷一八四《食货志下》,文渊阁《四库全书》本。
④ 〔元〕脱脱等:《宋史》卷一八四《食货志下》,文渊阁《四库全书》本。
⑤ 〔元〕脱脱等:《宋史》卷一九八《兵志十二·马政》,文渊阁《四库全书》本。
⑥ 参见中国农业百科全书总编辑委员会茶业卷编辑委员会、中国农业百科全书编辑部编:《中国农业百科全书·茶业卷》,农业出版社,1988年,第25页。

马互市的需求。明朝建立后，也存在马匹严重不足的问题。在沿袭宋代的茶马贸易政策的基础上，明朝实行严厉的茶马专营政策，严禁私茶出境。此外，明朝还实行金牌信符，作为官方贸易执照，以严格控制走私，同时严格规定每州的具体纳马数。金牌信符的实施，改变了单纯把马匹作为贸易对象的传统，进而成为明王朝向西北少数民族征收赋税的一个特项[1]。

茶马贸易是丝绸之路在发展过程中所承担的新的功能。唐宋时期，茶马互市所经行的道路主要为北方丝绸之路的唐蕃古道。唐蕃古道的大致路线为由京兆府长安出发，西行经凤翔府，沿河西走廊的陇州、秦州、渭州、临州、河州、缮州、鄯城、绥戎城、赤岭，西南行经吐蕃界内的大非川、阁川驿等地至逻些（今西藏拉萨）。唐蕃古道入吐蕃之前的道路，与吐谷浑时期形成的北方丝绸之路青海道在走向上正相一致，在吐蕃经大非川之役控制吐谷浑之后，进入逻些的道路与其相连。这条古道行经现甘肃、青海、西藏等地，是两宋王朝所易之马的主要来源地。除此之外，川茶还沿黎州路和雅州路进入藏族聚居的区域。黎州路沿南方丝绸之路牦牛道，即经雅安、荥经，出大相岭，经牦牛县，过飞越岭、化林坪至沈村，渡大渡河，经磨西，至木雅草原。雅州路经雅州、天全、泸定、鱼通、丹巴、道孚、甘孜，到达德格[2]。早在汉武帝通西南夷时，曾派使者通过此道寻找通往印度的道路，但受阻，未能成功。宋代茶马贸易的兴起，一方面使北方丝绸之路的唐蕃古道和南方丝绸之路牦牛道发挥了新的功能，另一方面也开辟了新的道路，赋予南方丝绸之路新的功能。

明代，政府为了"联番制房"，以茶叶联络吐蕃，钳制蒙古，严格限制川茶的流通范围。朝廷把保宁、夔州地区的茶叶划为"巴茶"区域，归陕西

---

[1] 杜常顺：《略论明代甘青少数民族的"差发马赋"问题》，《民族研究》1990年第5期。
[2] 任新建：《茶马古道与茶马古道文化》，载雅安市人民政府、四川省文物管理局编：《边茶藏马——茶马古道文化遗产保护（雅安）研讨会论文集》，文物出版社，2012年，第47页。

巡茶御史管理，每年调运巴茶100万斤至西宁、河州、洮州易马。巴茶以外的川茶则由四川茶盐都转运使管理。这部分川茶又分为供藏族聚居地区的边茶和供应内地的腹茶。边茶又分供应黎、雅的边茶和供应松潘的边茶，故称"两边一腹"[①]。黎、雅的边茶主要通往打箭炉，从雅州出发分为两道，一道从雅安经荥经、黎州、泸定、磨西至打箭炉，大致相当于沿着宋代黎州路的路线，只是至磨西延伸到了打箭炉；另一道从雅安出发，经天全两河口、马鞍山、岩州，渡过大渡河，经烹坝、大冈到达打箭炉。两路在打箭炉汇合，北行经道孚、章古（炉霍）、甘孜，由林葱（原邓柯县）渡金沙江，经纳夺、江达到达昌都，再转至拉萨。松潘边茶则沿着丝绸之路青海道行进，由都江堰沿岷江上行，过茂县、松潘、若尔盖经甘南至河州、岷州，转运至青海。清代基本沿着明代通往打箭炉和拉萨的道路进行茶马互市。

唐宋时期兴起，盛行于两宋、明、清的茶马互市所进行的茶马交易，是依托南、北丝绸之路而进行的，茶马贸易进一步促进了丝绸之路的发展。一方面，茶马互市是丝绸之路在新的时代条件下经济贸易、文化交流功能的继续发挥和创新；另一方面，茶马互市的发展推动了丝绸之路支线的发展。唐宋时期唐蕃古道、雅州路及黎州路，以及明、清时期黎、雅边茶进入康定和拉萨的道路，都是丝绸之路在新时期的发展。

二、对外贸易的发展

宋代在南方丝绸之路上开展的对外贸易，除了经南方丝绸之路西线销往南亚、西亚及以西之地以外，还经南方丝绸之路东线牂牁道从滇东北经贵州至广西，在钦州或永平寨与海商和交趾商人做进出口交易，取代了以往从步

[①] 贾大泉、尉艳芝：《浅谈茶马贸易古道》，《中华文化论坛》2008年第S2期。

头道、进桑道至交州港出口的贸易。此外，牂牁道的终点广州港也是重要的对外贸易场所。宋廷对海外贸易采取积极的态度和政策，加之指南针运用于航海，于是海外贸易高度发展，成为中国文明对外传播最主要的途径。

南方丝绸之路西线仍然是陆路、水路并举，继承南诏国对外交通的线路，向西与今缅甸、印度，向南与今老挝、泰国、柬埔寨等国展开对外贸易。输出的商品仍然是以丝绸为主，但也有一些变化，输出的丝绸不仅产自四川，也有大理国出产的。昔日南诏"俗不解织绫罗，自大和三年蛮贼寇西川，掳掠巧儿及女工非少。如今悉解织绫罗也"[1]，至宋代，大理国出产的丝织品质量已达上乘，可以参与对外贸易。

这一时期，缅甸已经发展成为国际贸易之地，不仅有中国商人、大理国商人，还有印度商人在此经商，印度商人多从事转手买卖。蒲甘社会有许多印度人，除了住在城镇里的商人以外，还有不少奴隶。这种国际贸易兴盛的情景，虽然缅甸缺乏史书记载，却反映在了一些文学作品中。如缅甸著名的短篇小说《蒲甘集市》，就对中国商人与蒲甘商人的生意场景进行了生动的描写。

宋代在广西举办的博易场，是西南地区向东开展的国内、国际贸易的场所。南宋周去非的《岭外代答》卷五记载：

> 邕州横山寨博易场：蛮马之来，他货亦至。蛮之所赍，麝香、胡羊、长鸣鸡、披毡、云南刀及诸药物。吾商所赍，锦缯、豹皮、文书及诸奇巧之物……
>
> 邕州永平寨博易场：邕州永平寨与交趾为境，隔一涧耳。其北有交趾驿，其南有宣和亭，就为博易场。永平知寨主管博易。交人日以名香、

---

[1] 〔唐〕樊绰：《蛮书》卷七，文渊阁《四库全书》本。

犀、象、金、银、盐、钱,与吾商易绫、锦、罗、布而去。凡来永平者,皆峒落交人。……若右江又有南江栅,与交趾苏茂州为邻,亦时有少博易,则湳江巡防主之。

钦州博易场:凡交趾生生之具,悉仰于钦,舟楫往来不绝也。博易场在城外江东驿,其以鱼蚌来易斗米尺布者,谓之交趾蜑。其国富商来博易者,必自其边永安州移牒于钦,谓之小纲;其国遣使来钦,因以博易,谓之大纲。所贵者乃金银、铜钱、沉香、光香、熟香、生香、真珠、象齿、犀角。吾之小商近贩纸笔、米布之属,日与交人少少博易,亦取足言。唯富商自蜀贩锦至钦,自钦易香至蜀,岁一往返,每博易动数千缗。

还有廉州港,"钦、廉皆号极边,去安南境不相远,异时安南舟楫多至廉,后为溺舟,乃更来钦。今廉州不管溪峒,犹带溪峒职事者,盖为安南备尔。廉之西,钦也;钦之西,安南也。交人之来,率用小舟。既出港,遵崖而行。不半里即入钦港,正使至廉,必越钦港"①。

宋代四川商品经济发达,出口商品以蜀锦、丝绸等为大宗。在钦州博易场内,最大宗的海外贸易是蜀锦与蕃香的交易,蜀锦南下、蕃香北上,逐渐发展成常规贸易,"富商自蜀贩锦至钦,自钦易香至蜀,岁一往返,每博易动数千缗"②。"川广交通,货宝杂还,有金银茶马之贡,香凡缯锦之利,资其雄富。……南通交趾,结连溪洞。"③

大理国的军马是宋朝最需要的商品,而出口海外的商品多为金、银、铜器,大理著名的特产有大理刀、剑、鞍马器、海贝、麝香及其他药物,等等。

---

① 〔宋〕周去非:《岭外代答·边帅门·钦廉溪峒都巡检司》,文渊阁《四库全书》本。
② 〔宋〕周去非:《岭外代答·财计门·钦州博易场》,文渊阁《四库全书》本。
③ 〔宋〕李心传:《建炎以来系年要录》卷六十八,文渊阁《四库全书》本。

交州的商人贩卖的商品，并非完全出产自本国，还有来自海外中南半岛、南亚及西亚其他国家的商品，如转卖占城的沉香至中国。通过钦州港，中国与安南（今越南北部中部）、占城（今越南南部）、暹罗（今泰国）、真腊（今柬埔寨）、三佛齐国（印度尼西亚诸岛）、昆仑（今缅甸南部沿海）、蒲甘（今缅甸）、婆罗门（今印度）、狮子国（今斯里兰卡）、波斯（今伊朗）、大食（阿拉伯帝国）等国都有着贸易关系。

留存至今的云南大理剑川石宝山石窟，有一部分开凿于大理国时期，有一尊石刻造像上刻有"波斯国人"四字，人物装束为戴有耳环、腰间束带、足穿靴。学者们对此人物的国籍认识不一致，有认为是西亚波斯国（今伊朗）商人，有认为是缅甸勃生的商人。这一石刻造像反映出有外商在大理活动，是宋代大理国与中南半岛及南海各国交往的物证[①]。

入贡与回赐，则是具有国家间的贸易往来关系的一种对外贸易。宋朝采取"怀柔远人""招引朝贡"的政策来对待外国朝贡，凡来朝贡者，宋廷一律给予非常优厚的回赐，于是，海外前来朝贡的国家络绎不绝。经南方丝绸之路来朝的主要有东南的大瞿越国、西南的蒲甘及其他国家和部落。

北宋时期，越南使臣入宋朝贡常至京城汴京。南宋时期，是由钦州或永平寨入贡，宋廷规定："其国入贡，自昔由邕或钦入境，盖先遣使议定，移文经略司，转以上闻。有旨许其来，则专使上京，不然则否。旧制，安南使班在高丽上。建炎南渡，李天祚乞入贡，朝廷嘉其诚，优诏答之。"[②]安南的朝贡规模很大，曾一次"贡金器凡一千二百余两，以珠宝饰之者居半。贡珍珠，大者三颗如茄子；次六颗如波罗蜜核；次二十四颗如核桃；次十七颗如李核；次五十颗如枣核，凡一百颗，以金瓶盛之。贡沉香一千斤，翠羽五十只。深

---

① 杨延福：《剑川石宝山考释》，云南民族出版社，1999年，第99页。
② 〔宋〕周去非：《岭外代答·外国门上·安南国》，文渊阁《四库全书》本。

黄盘龙缎子八百五十匹，御马六匹……"①

宋代，越南各王朝遣使入贡非常频繁，从丁朝、前黎、李朝至陈朝，入宋朝朝贡次数多达57次之多②，是东南亚朝贡次数最多的国家。

11世纪中叶，缅甸诞生了第一个统一的国家蒲甘王朝。蒲甘王朝至少4次入宋廷朝贡觐见，其中有两次确定是走的南方丝绸之路。《宋会要辑稿》卷一九九记载：

> 高宗绍兴六年七月二十日，大理、蒲甘国表贡方物。是日，诏大理、蒲甘国所进方物，除更不收受外，余令广西经略使差人押赴行在，其回赐令本路转运、提刑司于应管钱内取拨付本司，依自来体例计价，优与回赐……

蒲甘、大理使者进贡，先从南方丝绸之路西线入滇，再走由滇至广西的邕州道。《明史·土司传》记载："宋宁宗时，缅甸、波斯等国进白象。"这里所说的波斯国，应是产象的缅甸勃生，而不是西亚的波斯（今伊朗）③。大象难以海运，因此，这批入贡使者所行之路，也应该是与前述蒲甘、大理使者的道路相同。同样的，宋代真腊国曾经7次遣使来朝，多进贡象牙、犀角、香药等物，宋朝均给予赏赐加封。其中一次是南宋绍兴二十五年（1155年），真腊国遣使朝贡，进献大象等物。真腊国的属国罗斛国，位于今泰国华富里一带，分别于1115年、1155年遣使入宋朝，后一次还进献一头大象④，都应该是从陆路进入中国的。

---

① 〔宋〕周去非：《岭外代答·外国门上·安南国》，文渊阁《四库全书》本。
② 〔日〕山本达郎主编：《越南中国关系史——从曲氏的崛起到清法战争》，山川出版社，1975年，附《越中交涉年表》。
③ 陈茜：《川滇缅印古道初考》，《中国社会科学》1981年第1期。
④ 〔清〕徐松辑：《宋会要辑稿》卷一九七《蕃夷四》，文渊阁《四库全书》本。

第四节　文化交流的拓展

一、以大理国为媒介

大理国继承了南诏国的疆域、道路交通和文化遗产，在五代两宋时期，内地的汉文化进一步在大理广泛传播，并经大理国再传播到东南半岛各国。

大理国不仅在农业、畜牧业、矿山开采等方面接受内地汉族先进的生产技术，而且在文化上仰慕、接受汉文化，具有强烈的文化认同感。如北宋崇宁二年（1103年），大理国遣使奉表入宋，"求经籍，得六十九家，药书六十二部"。政和六年（1116年），大理国派遣使臣李紫琮、副使李伯详等出使宋廷，使团路过鼎州（今湖南常德）时，"闻学校文物之盛"，便请求参观州学，观瞻孔子像。知州满足了使者的要求。后来使团进京后，"又问御书阁，乞观皇帝御制，举首读遍，以笏扣头。要巡斋观看，每至一斋，皆顶礼"[①]。南宋嘉泰元年（1201年）大理国遣使入宋时，明确要求宋廷赐《大藏经》，获得后珍藏在大理国都城的五华楼中。那时，大理国上层人士的确具有很高的汉文化素养，以读汉人书、写汉文诗词为时尚，正如元初曾亲至大理国的郭松年所说："宋兴，北有大敌，不暇远略，（大理国）相与使传往来，通于中国。故其宫室、楼观、言语、书数，以至冠婚丧祭之礼，干戈战阵之法，虽不能尽善尽美，其规模、服色、动作、云为，略本于汉。"[②]

上行下效，大理国民间百姓也主动学习汉文化，与内地人士交往、参加博易场交易，都是学习汉文化的好机会。

[①]〔元〕脱脱等：《宋史》卷四八八《外国传四·大理》，文渊阁《四库全书》本；〔清〕徐松辑：《宋会要辑稿》卷一九七《蕃夷》四之六〇《大理国》，文渊阁《四库全书》本。

[②]〔元〕郭松年：《大理行记校注》，王叔武校注，云南民族出版社，1986年。

另一方面，大理国在与外国的交往中，又传播了中国文明。与南诏国军事扩张不同，大理国除与大瞿越国有过军事冲突外，与其他中南半岛国家都没有发生过战争，文化的传播是以对外贸易、入贡等方式进行的。

大理国的疆域向南拥有今缅甸东北部、泰国北部、老挝北部、越南西北部地区，因此，中国文明首先在这些区域内得到广泛传播。

大理国与大瞿越国无论是民间贸易往来还是国家间的交往都很密切。大理国曾经与大瞿越国发生过战争冲突，但之后又恢复了友好关系。绍兴九年（1139年），交趾发生内讧，大瞿越国国王庶出儿子出奔大理国，改名赵智之，自称"平王"，受到大理国的优待，后出兵护送这位国王庶子回国争夺王位，但未获成功①。

大理国与蒲甘王朝关系密切。蒲甘王朝北部边境直抵大理国金齿百夷地区，与大理国接壤。据《琉璃宫史》第一卷记载，蒲甘王朝第一代国王阿奴律陀（1044—1077年）为了弘扬佛教，曾经亲自领军至大理国都羊苴咩城，希望得到佛牙。阿奴律陀受到了大理国王的厚礼接待，在大理逗留了三个月，未能如愿得到佛牙，但得到了一个珍贵的碧玉佛像。阿奴律陀回到蒲甘后，将这个碧玉佛像供奉在皇宫中，每日顶礼膜拜②。但段玉明认为阿奴律陀未能抵达羊苴咩城，只是到了金齿之地的某一重镇③。此外，缅甸境内的其他国家也常向大理国进贡。如北宋崇宁二年（1103年）缅人、波斯、昆仑三国遣使至大理国，进献白象及香物④。木芹在《南诏野史会证》中指出，缅人在今缅甸北部，波斯为今缅甸勃生，昆仑即萨尔温江入海口的今直通、毛淡棉一带。缅人入贡走的是南方丝绸之路西线，即蜀身毒道；波斯、昆仑走的是南至海

---

① 〔清〕徐松辑：《宋会要辑稿》卷一九七《蕃夷》四之四三，文渊阁《四库全书》本。
② 〔缅〕《琉璃宫史》第一卷，曼德勒三藏经出版社，1956年，第275—280页。
③ 段玉明：《大理国史》，云南人民出版社、云南大学出版社，2011年，第276页。
④ 〔明〕倪辂辑：《南诏野史》，文渊阁《四库全书》本。

上道[①]。北宋政和五年（1115年），缅人至大理国进献金花。在今大理有象圣寺塔，1978年进行翻修时，曾经发现一尊琉璃佛像，据研究此佛像封存于公元1000年前后，是由缅甸或印度传入的[②]。

大理国还与印度、西亚有着较为密切的民间交往，官方间也有友好往来。大理国著名的《张胜温画卷》第131—134号所绘的"十六大国王众"，其中有东南亚、南亚人的形象。

二、中国人入仕越南朝廷

越南独立时，有许多中国人留在越南，有些人还担任官职。独立后，仍有一些中国人因各种原因来到越南生活，甚至入仕越南朝廷。

由于历史的及其他原因，越南历代王朝都重用中国人才，委华人以要职，使得中国人才能够进入统治阶层，甚至开创了新的王朝。

据中越史籍的记载，越南历代王朝的建立者大都为华人。如李朝，北宋沈括的《梦溪笔谈》记载，宋"景德元年，土人黎威（桓）杀（丁）琏自立。三年威死，安南大乱，久无酋长。其后，国人共立闽人李公蕴为主"。李公蕴便于1009年登基，越南进入李朝时代。

再如陈朝，其开创者陈煚的祖籍也是中国。据《大越史记全书》记载："帝之先世闽人（或曰桂林人），有名京者，来居天长即墨乡，生翕，翕生李，李生承，世以渔为业。帝乃承之次子也。"据学者研究，李公蕴、陈煚的祖籍都是今福建安海。

中国人在越南朝中位居高职，甚至成为最高统治者，无疑将积极有效地

[①] 方铁主编：《西南通史》，中州古籍出版社，2003年，第387页。
[②] 陈茜：《川滇缅印古道初考》，《中国社会科学》1981年第1期。

传播中国文明。

三、民族迁徙

进入12世纪，云南和中南半岛北部的泰人（又称掸、傣）势力迅速崛起。到13世纪，泰人诸部落已经很强大，足以与中南半岛传统强者吉蔑人（又称高棉人）相抗衡，建立了一系列以泰人为主体的国家。如11世纪建立的孟骚（位于今老挝），1180年建立的景昽金殿国（位于今中国西双版纳），1228年建立的阿萨姆（位于今印度阿萨姆），1268年建立的清莱（位于今泰国清莱），1296年建立的兰那泰（位于今泰国清迈），13世纪中叶建立的素可泰（位于今泰国）、阿瓦王朝（位于今缅甸北部），等等。其中，孟骚国、阿萨姆王国的建立都与中国境内泰傣民族的迁徙有着直接的关系。

11世纪建立的孟骚国，位于今老挝琅勃拉邦一带，是泰老人建立的国家。"根据种种迹象判断，大部分泰老人是从云南经由红河上游河谷、奠边府和南翁河谷，大约在公元11世纪到达湄公河的。他们同吉蔑帝国和素可泰王国建立了联系。他们在湄公河左岸南甘河口建立了芒斯瓦（即孟骚）公国，定都香东（琅勃拉邦）。"①

13世纪早期，居住在茅隆（Mautung，或译为勐卯）的傣掸族阿豪马人，在他们首领苏卡法（Sukapha，或译为思卡法、诸古法等）的率领下，离开茅隆向西迁徙到印度东北部的阿萨姆地区。

茅隆是通过帕开特山隘口进入云南境内的蒙格里蒙格拉蒙（Mungri-mungram）的一个区域，傣掸族是傣族或泰族的一个分支。阿豪马人的迁徙线路是，从云南南部沿南方丝绸之路向西行，沿着缅甸东北和东南阿萨姆的江

---

① ［法］菲利普·德维耶:《老挝》，张丽译，《世界历史译丛》1979年第5期。

河主流行进。他们通过今缅甸东北部户拱谷地傣掸土著部落区域时，有5个向阿豪马人进贡的部落加入了迁徙，人数达到9000人，还有2头象和300匹马。苏卡法一路征服试图阻扰他们的部落，最后到达印度东北部的阿萨姆地区，并且建立了一个阿萨姆王国。经过一段时间的扩张，版图扩展到整个布拉马普特拉河谷，持续时间长达600年，直到19世纪早期被并入英属印度。

阿豪马人定居在阿萨姆地区后，还努力保持阿萨姆—缅甸—中国之间的交通稳定[①]。

此外，中国云南的傣族还大量迁徙进入东南亚诸国，如越南、泰国（在泰国称为泐）、缅甸等。

拉祜族的主体在中国云南，与彝族、纳西族同源于氐羌族系，曾经受大理政权的统治。10世纪后脱离大理南迁，几经辗转，迁入缅甸和泰国北部的清迈及清莱二府[②]。

还有侬族中的智高部南迁滇东南至越南。侬族智高部原本生活在今广西西部，在北宋皇祐四年（1052年）举行起义，反抗北宋的统治，但次年便告失败，举族退走，由桂入滇，在滇东南定居下来。逐渐繁衍，"俗类百夷"，一直延绵分布至今越南西北。宋神宗元丰元年（1078年），交趾脱离宋的统治后，成为中越跨境民族。

四、宗教人士往来

虽然在五代两宋时期，印度佛教（除密宗以外）已经很衰落了，但中国

[①] ［印］S.L.Baruah：《关于南方丝绸之路的印度历史证据阿豪马人迁居阿萨姆的路线》，江玉祥译，曾媛媛校，载段渝主编：《南方丝绸之路研究论集》，巴蜀书社，2008年，第491、492页。
[②] 覃圣敏主编：《东南亚民族·越南、柬埔寨、老挝、泰国、缅甸卷》，广西民族出版社，2006年，第171页。

去印度取经的僧人仍然不少。经由南方丝绸之路去印度学习佛教的僧人，既有中国人，也有安南人。

陈鼎的《滇黔纪游》记载："宋乾德二年，诏沙门三百入天竺求舍利及梵书，至开宝九年始归。其记录行程，曰巍峰、曰鸡足山、曰优波掬多石室、曰王舍城、曰鹫峰、曰阿难半身舍利塔、曰毕钵罗窟。以今考之，皆大理古迹也。"将这些印度古迹的所在地记为大理，显然是错误的，但也不能因此就断言没有发生此事。南宋范成大的《吴船录》一书，明确记载在乾德二年（964年），有300个中国僧人赴印度求法；印度学者的研究也指出，10世纪有300名从中国来印度取经的僧侣取道云南回国[1]，表明宋初确有300名中国僧人取道南方丝绸之路至印度学习佛法。

在越南李朝李神宗（1128—1138年在位）期间，有徐道行、阮明空等僧人途经大理国，取道安南通天竺道至印度学习佛法，然后回到越南传播佛教密宗[2]。这些僧人在大理国停留、行走了较长的时间，可以接触、学习到一些中国文化，并在回到越南后加以传播。

第五节　中国文明对外传播

五代两宋时期，南方丝绸之路上中国文明对外传播，在东西两个方向蓬勃开展。传统的丝绸输出不减，而新兴的瓷器输出崛起，对输入地产生了极大的影响，成为中国继丝绸之后又一享誉世界的珍贵商品，是中国对世界古

---

[1] ［印］S.L.Baruah：《关于南方丝绸之路的印度历史证据阿豪马人迁居阿萨姆的路线》，江玉祥译，曾媛媛校，载段渝主编：《南方丝绸之路研究论集》，巴蜀书社，2008年，第491页。
[2] 贺圣达：《东南亚文化发展史》，云南人民出版社，1996年，第149页。

代文明的又一巨大贡献。

一、南亚及以西地区

五代两宋时期，南方丝绸之路西线中国文明对外传播的新内容，主要包括瓷器、钢铁、建筑技术及其他方面。

（一）瓷器输往印度

唐代及其以前，中国史籍缺乏瓷器西传印度的记载。宋代开始，史书记载较多，归纳起来，宋代开始大量输往印度的中国瓷器，有两种输出类型：一种是印度的一些邦国至宋朝朝贡，朝廷回赐中包括瓷器；另一种是在对外贸易中，中国瓷器输往印度。

宋代是中国瓷器生产及外销高度发达的时期，这时四川生产的瓷器虽然不如定窑、汝窑、钧窑、官窑、龙泉窑及景德镇诸窑的瓷器那么著名，但也具有很高的品质，拥有一定的知名度。

四川瓷器生产地域广泛，巴、蜀之境皆有，尤以成都平原的瓷窑数量最多，并以邛窑、思文窑、磁峰窑、玉堂窑等窑的产品质量最高，主产白瓷、青瓷、黑瓷三个系列，享誉川内外。其中，邛窑是最杰出的代表。邛窑兴于晋，盛于唐，至宋代，产品种类繁多，生产工艺复杂，对我国传统的制瓷工艺和成型方法都曾加以采用，普遍使用化妆土，釉色种类极多，可以生产出深浅、浓淡不同的色彩，特别是青釉和琉璃混合施于瓷器，首创了多色彩釉[①]。

中国陶瓷史告诉我们，从汉、晋到唐、宋，中国古陶瓷逐步实现了由青瓷、白瓷、黑瓷到其他各种单色瓷、花釉瓷、彩绘瓷以及彩色雕塑陶瓷的突

---

① 贾大泉主编：《四川通史》第四册，四川大学出版社，1993年，第222页。

破性飞跃。在这一飞跃过程中，四川生产的陶瓷制品扮演了承上启下的创造性、开拓性的角色，功不可没。从总体上看，以邛窑为主体的唐、宋时期四川瓷器最突出的共性，就是集全国各地知名陶瓷窑口的风格于一身[1]。

除了四川瓷器以外，宋代云南、广西的瓷器也具有一定的产量和质量。

在印度阿萨姆地区出土了高岭土陶瓷制品[2]，时间早至公元1和2世纪，延续至12世纪，其中有12世纪的中国青瓷，即灰白色的表面覆盖着绿釉，有细裂纹痕迹。"发掘出土的带外倾边、短颈的瓶（jars），非常类似中国西南使用的陶瓶（the pottery vessels）。在布拉马普特拉河河谷发现这样独特的中国青瓷器，无疑证明从中国通过布拉马普特拉河河谷至印度存在固定的商道。"[3]

虽然没有看到有文献确切记载四川瓷器曾在宋代由南方丝绸之路西线输入南亚地区，但是，以宋代南方丝绸之路西线畅通，中印贸易繁荣（包括朝贡），尤其是印度东北部阿萨姆地区考古遗址出土了不少中国陶瓷来推测，四川瓷器乃至中国其他地方的瓷器，应该可以经由南方丝绸之路传入南亚地区。

（二）钢铁西传

四川是中国较早生产钢铁的地区之一，并且与南亚、西亚有着冶炼文化交流。土耳其学者研究认为，土耳其与相邻周边区域见证了西南亚地区最早期对金属资源的开采以及冶金学的出现[4]。李映福教授通过对四川炉霍县呷拉宗村冶铁遗址（6世纪）冶炼炉自然送风冶炼技术及历史文献的研究，认为中

---

[1] 张天琚:《古代巴蜀瓷器的辉煌——唐宋时期四川地区瓷器》，《收藏家》2016年第10期。
[2] M. K. Dhavalikar, *Archeology of Gauhati*, Bulletin Deccan College Research Institute, 1973, p. 142.
[3] ［印］Haraprasad Ray:《从中国至印度的南方丝绸之路——一篇来自印度的探讨》，江玉祥译，曾媛媛校，载段渝主编:《南方丝绸之路研究论集》，巴蜀书社，2008年，第485页。
[4] ［土耳其］本吉·巴萨尔·瑟尔维:《古代土耳其前古典时代的冶金》，《"四川盆地及中国古代早期冶铁与中国古代社会"国际学术研讨会论文集》，2012年。

国西南地区在发展源于中原地区生铁冶炼技术的同时，也存在与南亚地区有着密切关系的冶炼技术[①]。

印度梵文中有cīnaja一词，意为"钢"，字面意思是"中国产的"。季羡林先生研究认为："这就说明，尽管古代印度有钢铁生产，而且，印度生产的钢铁还输出国外，在古代颇有一些名气。但是，'中国产'的钢铁在某一个时期某一个地区曾输入印度，这是无法否认的事实……约生于公元后820—830之间的阿拉伯地理学家Ibn Kurdadhbah，在他的游记里提到中国的钢铁、瓷器和大米。可见一直到九世纪中叶以后中国的钢铁还是能够同瓷器相提并论的著名产品。另一位阿拉伯地理学家Ibn muhdhih（约生于公元后941年），在克什米尔看到一座观象台，是用中国钢铁造成的。这个例子说明中国钢铁确实传入印度……传入的时间绝不会就是公元后十世纪，恐怕要早得多。"[②]

至元代及明代，中国钢铁仍然输入印度。对此，元代汪大渊的《岛夷志略》及明代费信的《星槎胜览》等书都有记载。

（三）中国佛教建筑文化西传

随印度佛教一同传入中国的，还有印度佛教建筑文化。自唐代以后，中国的佛教建筑格局逐渐定型，既具有中国特色，也包含印度佛教建筑的因素。至五代两宋时期，这种中国式佛教建筑文化被前往印度求法的中国僧人传到了印度。汪大渊的《岛夷志略》"土塔"条记载："居八丹之平原，木石围绕，有土砖甃塔，高数丈。汉字书云：'咸淳三年八月毕工。'……至今不磨灭焉。"咸淳三年即1267年，表明南宋末期中国佛塔建筑已经传播到了印度。

---

① 李映福：《四川炉霍县呷拉宗村冶铁遗址初步研究》，《"四川盆地及中国古代早期冶铁与中国古代社会"国际学术研讨会论文集》，2012年。

② 季羡林：《中印文化交流史》，中国书籍出版社，2017年，第139、140页。

（四）阿豪马人的迁徙

13世纪早期，阿豪马人从中国云南向西迁徙到印度阿萨姆地区，带去了中国文明的一些要素，包括先进的生产技术、编年史写作、绘画和音乐、建筑文化等。由于阿豪马人定居阿萨姆后，建立了古国，统治阿萨姆达600余年，可以推断，阿豪马人带去的文化就在阿萨姆地区得到迅速传播，深刻影响和改变了阿萨姆地区的文化面貌。

阿豪马人是掌握了良好的水稻耕作知识的先进农业民族。他们把先进的水稻耕作法介绍到阿萨姆，还使用水牛耕地，这给当地人们的生活带来了根本的改变。

阿豪马人有编写编年史（Buranjis）的传统，用编年史的体裁来记录各种各样的事件。阿豪马人将这个传统带入阿萨姆，被泰人广泛接受。在阿豪马人统治期间，撰写和编纂了数百种编年史，对后来编写印度史做出了很大贡献。

此外，在阿萨姆传统的建筑、绘画和音乐等方面，都能够发现阿豪马人传播的中国文明要素[1]。

二、东南亚地区

五代两宋时期，中国文明又有一些新文化、新要素经由南方丝绸之路传播到东南亚地区，其中的火药、印刷术、建筑文化、历史学等，都是中国文明对世界文明的重要贡献，对传入地的社会经济文化发展有很大的影响和促进。

---

[1] ［印］S.L.Baruah：《关于南方丝绸之路的印度历史证据阿豪马人迁居阿萨姆的路线》，江玉祥译，曾媛媛校，载段渝主编：《南方丝绸之路研究论集》，巴蜀书社，2008年，第491页。

（一）缅人的迁徙

缅族是今缅甸人口最多的民族，其来源众说纷纭，没有定论[1]，比较有影响的是源于中国说。英国学者卢斯认为缅人的先民是中国西北的羌人，7—8世纪到达云南澜沧江以西地区[2]，9世纪进入缅甸蒲甘地区。一些中国学者认为缅人源于云南，他们是西南民族百濮的一支——蒲人[3]，《史记·西南夷列传》中所说的"靡莫"就是缅族的祖先[4]。

可以确定的是，缅人长期居住在今缅甸北部，位于钦敦江与伊洛瓦底江汇合处以东的广大区域。在骠族崛起后，缅人部落多从属于骠国。由于缅人东临南诏，接受了很多来自南诏的中国文明要素。缅甸学者觉岱博士在《缅甸联邦历史》中说道："缅人在进入缅甸内陆以前，在南诏文化的影响下，发生了很大的变化。在南诏统治时期，缅人学会了很多技术。学会了用桑树木制作弓，学会了饲养马匹，骑马的技术变得娴熟。此外，缅人还从南诏学会了其他的生活技术，比如淘金技术、制盐技术、开采琥珀技术等。在山坡上种植梯田的技术也是从南诏那里学会的。学会了引水灌溉技术以及在平原地区利用河水修建灌溉网的技术。"[5]

赵汝适在《诸蕃志》中曾说缅甸"其国多马，不鞍而骑"。中国大理盛产良马，缅甸北部钦族称其为"缅人的动物"或"外国的动物"，可以推论，缅

---

[1] 贺圣达：《缅甸史》，云南人民出版社、云南大学出版社，2015年，第24—26页。
[2] ［英］卢斯：《前蒲甘时期的缅甸》，牛津大学出版社，1983年，第46页。
[3] 尹梓鉴：《缅甸史略》，载李根源辑：《永昌府文征》卷二十九，云南美术出版社，2001年校注本，第3847页。
[4] 岑仲勉：《据〈史记〉看出缅、吉蔑（柬埔寨）、昆仑（克伦）、暹罗等族由云南迁去》，《中山大学学报（社会科学）》1959年第3期。
[5] ［缅］觉岱：《缅甸联邦历史》，可缅出版社，1966年，第101、102页。

甸的马是通过缅人从大理引进的[①]。

随着缅人势力逐渐深入缅甸内陆,缅人所带来的中国文明要素得到传播,尤其是在11世纪,缅人建立起缅甸历史上第一个统一了上下缅甸的蒲甘王朝(1044—1287年)后,这种传播更加广泛而深入。

(二)中国佛教建筑文化传入缅甸

不仅有缅人做传播者,在五代两宋时期,中国文明传播到今缅甸还有其他多个途径,新传入缅甸的中国文明包括佛教建筑文化、壁画等。

蒲甘王朝统治者在全国推行佛教南传上座部,但并不排斥中国的汉传佛教,中国的佛教建筑文化及壁画艺术逐渐传入蒲甘王国。

蒲甘是蒲甘王朝的都城,大兴修建佛塔,号称"万塔之城",在约41平方千米的土地上建造了4446座佛塔,目前尚存2217座[②]。这些佛塔建筑既有印度式、缅甸式、印缅结合式,也存有带有明显中国建筑风格的佛塔,并且在一些佛塔内的佛像雕塑、壁画上,也显示出中国文化色彩。正如缅甸考古学家杜生诰所说,缅甸11世纪建造的佛塔和雕塑佛像,明显受到中国佛教的影响,在辛尼耶佛塔中,塑有中国式的弥勒佛和阿弥陀佛像[③]。在悉塔那佛塔(sittana)和瑞珊陶佛塔(shwesandao)中,也塑造了中国佛教徒喜欢供奉的弥勒佛像。有的佛塔建筑风格与中国的相似,如瑞喜宫佛塔(shwesigon)和瑞陶辛佛塔。缅甸佛塔和佛教寺庙大门外都有两个巨大的石狮子,佛塔建筑中常见的辐射拱门、多层飞檐楼阁等,都带有明显的中国佛教建筑艺术风

---

① [缅]觉岱:《缅甸联邦历史》,可缅出版社,1966年,第102页。
② [缅]吴波给:《蒲甘研究指南》,仰光文学宫出版社,1968年,第13、14页。
③ [缅]陶辛郭:《蒲甘的中国式古迹》,《缅甸学会学报》1911年第1卷第2分册。

格，说明受到了中国文化的影响[①]。

(三) 中国绘画艺术风格传入缅甸

蒲甘佛塔中多绘有壁画，从保存下来的大量壁画来看，很多壁画的绘画风格及笔调等方面，都酷似中国唐宋时期的绘画作品[②]。这在蒲甘优波离戒坛的壁画上，表现得更加明显。其画面轮廓及描绘的线条都非常突出和分明，显示出中国绘画艺术风格传入缅甸，并且产生了较大的影响，能够在缅甸蒲甘王朝时期人们的最高精神追求——佛塔建造中得以运用。

(四) 漆器制造技术传入缅甸

古蜀大地是中国漆器发源地之一，漆器生产在古蜀手工业中占有重要地位，成都是漆器生产中心。1980年代在四川荥经、青川等地发现大批漆器，荥经曾家沟战国墓群中出土的漆器上铭刻有"成""成市造"等铭文，据考证为成都出产。成都羊子山172号墓也出土了较多漆器[③]。春秋战国时代，蜀国与秦、楚、滇、夜郎、中原地区以及南亚、中亚、西亚和东南亚诸国进行商贸活动，漆器就是重要的输出物。

漆器的制作技术在11世纪蒲甘王朝初期，从南方丝绸之路西线传入缅甸。经过缅甸工匠的努力，将缅甸民族文化融入，使得缅甸的漆器制作技术成为缅甸民族传统工艺，缅甸漆器成为具有鲜明民族文化特色的工艺品。漆器制作技术传入缅甸，丰富了缅甸的手工业制作品种，而且一直沿用至今。上缅甸的曼德勒成为全缅甸的漆器制作中心，生产的漆器种类繁多，有两

---

① [缅] 杜生诰:《中国古物在蒲甘》, 转引自何芳川主编:《中外文化交流史》(上卷), 国际文化出版公司, 2008年, 第397页。
② 周一良主编:《中外文化交流史》, 河南人民出版社, 1987年, 第16页。
③ 四川省文物管理委员会:《成都羊子山第172号墓发掘报告》,《考古学报》1956年第4期。

三百种，产量较大，既有艺术品，也有适应日常生活需要的产品，还有一些成了缅甸旅游纪念品。

（五）纸币传入越南

宋代，中国封建社会商品经济达到了很高的水平，与大规模商品交易相适应的是货币形态的发展——出现了纸币。

纸币最早产生于四川，名曰"交子"。成都作为南方丝绸之路的起点，中国西南最发达的经济文化中心，在宋代商业高度繁荣，商品经济持续发展，是中国西部织锦、绢帛、茶叶、麻布、药材、纸张及图书的生产和制作中心，也是各种农业、手工业产品最大的集散地和商业中心。全国各地的巨商大贾云集成都，大量交易各种货物，因此产生了巨大的商税，如熙宁十年（1077年），成都府的商税达17万贯之巨，仅略低于杭州，是全国第二大商业城市。北宋人仲殊曾经作词《望江南·成都好》，对成都及成都蚕市有过精彩的描述：

成都好，蚕市趁遨游。夜放笙歌喧紫陌，春邀灯火上红楼。车马溢瀛洲。

人散后，茧馆喜绸缪。柳叶已饶烟黛细，桑条何似玉纤柔。立马看风流。

四川交子至迟在宋太宗时期，即公元十世纪末便已在市场流通。史籍记载，王小波、李顺起义后，四川罢铸铁钱，"民间钱益少，私以交子为市"。起初，交子是由有信誉而且财力雄厚的私家交子铺制作发行的。但不久就奸弊百出、狱讼滋多，官府便将交子的印制、发行和管理权收归官府。

北宋仁宗天圣元年（1023年），宋廷设置益州交子务，次年二月正式发行交子。之后名称有所更替。到南宋时期，全国纸币流通的范围更广，种类也有许多，有关子、会子以及淮交和湖会等地方性纸币。

宋代四川及其他地方流通纸币后，很快便传播到了越南。越南由于缺乏铸币所需的铜，便效仿宋朝的交子，造交钞引，即发行纸币。

此外，还有印刷术、火药、历史学、音乐、习俗等中国文明要素经由南方丝绸之路或者海上丝绸之路传播到了东南亚。

第六节　五代两宋时期南方丝绸之路道路建设

宋代是中国封建商品经济高度发展的时期，南方丝绸之路的道路建设也得到了高度发展。但是由于区域内不同时期有着不同的政治格局、商品贸易等特殊背景，对道路的建设影响很大，使得这一时期南方丝绸之路交通网络体系呈现出新的面貌。

一、影响交通体系变化的主要因素

五代时期，南方丝绸之路交通线变化不大。但在宋朝，因朝廷政策及全国形势使得交通网络体系发生了较大的改变。

（一）宋对大理国的政策

宋朝从建国初始至王朝结束，一直都受到北方少数民族政权的强势威胁，因此，宋朝的主要注意力也一直放在抗击北方辽国、金国、蒙古汗国等军队南下方面。而西南地区的大理国及西南夷部落则对宋朝没有威胁，如果南下用兵，恐北方有难，进而危及国家政权。

而且，宋朝上至君王、下至群臣都认为，唐朝的灭亡与它长期和南诏作战大有关系。965年，宋兵灭了后蜀，统帅王全斌建议乘势南攻大理，并献上大理地图，而宋太祖赵匡胤断然表态，宋以大渡河为界，大渡河以外绝不用兵。李京所著《云南志略》就记载道："王全斌克蜀，欲取云南。太祖止之曰：'德化所及，蛮夷自服，何在用兵？'于是开边之衅息矣。"这显示了其以德服人、德化四夷而非武力征服的思路。北宋欧阳修主持编纂的《新唐书·南蛮传赞》更是直言："'丧牛于易'，有国者知戎西北之虞，而不知患生于无备……唐亡于黄巢，而祸基于桂林。"所说"祸基于桂林"，是指防备南诏的军队在桂林起义。地方官员也持此观点，如政和（1111—1118年）末，宇文常知黎州，"有上书乞于大渡河边外置城邑以便互市者，诏以访常。常言：'自孟氏入朝，艺祖取蜀舆图观之，画大渡河为境，历百五十年无西南夷患。今若于河外建城立邑，虏情携贰，边隙寝开，非中国之福也。'"①在这样的背景和指导思想之下，北宋不仅与大理国划大渡河为界，而且不愿与大理国多有交往。

宋廷南渡以后，国土面积大为缩减，但官员们仍然主张对大理国采取和而不取的政策，如绍兴六年（1136年）九月，有翰林学士朱震上言："大理国本唐南诏，大中、咸通间入成都，犯邕管，召兵东方，天下骚动。艺祖皇帝鉴唐之祸，乃弃越巂诸郡，以大渡河为界，欲寇不能，欲臣不得，最得御戎上策。"②这一观点具有普遍性。

但是，宋朝又不能与大理国彻底断绝往来。原因主要有二：其一，宋朝商品经济蓬勃发展，需要巨大的市场，包括国内市场和国外市场，大理国也是一个不可忽视的市场；其二，也是最重要的原因，宋朝与北方少数民族政权交战，需要大量的军马，尤其是宋廷南渡以后，西北及川陕买马之路阻绝，

---

① 〔元〕脱脱等：《宋史》卷三五三《宇文常传》，文渊阁《四库全书》本。
② 〔宋〕李心传：《建炎以来系年要录》卷一〇五，文渊阁《四库全书》本。

大理国成为其军马最主要的来源，具有战略性的重要意义。另一方面，大理国也需要与宋朝进行商品交易，并借道宋朝道路进行海外贸易。

综合以上诸多因素，宋朝与大理国处于政治上疏远、经济上联系较紧密的状态。宋朝在边界开辟博市场所，开展双方交易，而博市的地点便决定了道路建设的方向与沿途区域的兴盛。

宋朝与大理国开展博市之地有二：一是黎州，一是邕州。宋人记载："国家买马，南边于邕管，西边于岷、黎，皆置使提督，岁所纲发者，盖逾万匹。"[1] 西去黎州即走灵关道（唐称清溪关道，宋又称西川道），宋与大理在黎州博市。南去邕州，设有多个博市地点，也有数条从云南东行至邕州博市之地的道路。而大理入邕管之道，方国瑜先生指其"在昔未盛，盖云南至中原以经西川为常；惟宋时，疆吏鉴于南诏之祸为词，闭关不纳，乃辟邕管一途。迄南渡，议买马，虽有言边防未便者，而事所趋，开邕州道招徕大理贾客，始大通焉"[2]。这表明云南与内地联系的道路向东得到了很大的发展。

（二）东南出海港口的变化

在五代两宋时期，东南出海港口的变化，引起南方丝绸之路交通体系发生了重大变化，这就是步头道、进桑道重要性的削弱和牂牁道地位的提升。

步头道、进桑道在南诏是安南通天竺道的一部分，是西南地区通往安南的主要干道。唐时海外贸易走向繁荣，交州港成为中国海上贸易最主要的港口之一。但是，到唐朝后期，南诏军与唐军在安南进行了一系列战争，从咸通元年（860年）至咸通七年（866年），年年交战，南诏军队还曾经攻陷交趾，致使民众纷纷出逃避乱，尤其是在安南从事贸易的客商，更是避乱逃往

---

[1] 〔宋〕洪迈：《容斋随笔》卷五，文渊阁《四库全书》本。
[2] 方国瑜：《南宋邕州与大理之交通及市马》，载氏著：《方国瑜文集》（第二辑），云南教育出版社，2001年。

安定的广西沿海港口，继续海上贸易。

至唐末，安南逐渐脱离中央王朝，自立为国。968年越南独立，建立大瞿越国，安南不再是中国领土的一部分。交州港失去中国内地经济作为强大的支持，自身经济又欠发达，因此逐渐走向衰落。

交州港的衰落还有一个重要原因，就是自隋唐至宋，中国造船技术日益进步，宋代指南针运用于航海，使得中国开展海上贸易的大船可以不再像汉晋时期那样，紧临海岸线航行，而是可以在大海上航行很远，直达南海诸国，往来于东西方。于是，远离内地的交州港自然失去了往日的重要性。

在交州港衰落的同时，位于东南沿海的广西北部湾的钦州港迅速崛起，广州港在原来的基础上得到了更大的发展。与出海港口变化相对应的是，南方丝绸之路通往安南的步头道、进桑道的重要地位被通往广西、广东的牂牁道所取代。

（三）全国经济重心南移

经过长时期的开发，至南宋时期，江南广大地区在农业、手工业、商业等各个方面都得到了全面的发展，经济实力远超北方，繁华看江南。

南宋海外贸易空前发达，由于地处南方，海外贸易多从东南沿海港口出发。这就形成了全国贸易中心在江南，出海港口在东南的经济局面，从而促使西南地区的道路交通向东南发展。

自先秦时期起，长江水路就是古蜀与楚之间的交通线路之一。至唐代，成都地区经岷江至长江而下荆楚的航运蓬勃开展，杜甫有诗曰"门泊东吴万里船"。到宋代，这条水路更是四川东出三峡至江汉、江南的主要交通线。但是，经由牂牁道至钦州港、广州港、廉州港（前身为合浦）的交通线也不可忽视。这不是一条单纯的商品运输线，而是连接了川、滇、黔、桂、粤多地的交通线，其间开展的经济文化交流不亚于长江水路。

综合以上原因，在五代两宋时期，南方丝绸之路的道路建设，出现了明显的向东发展趋势。

二、五代两宋时期的南方丝绸之路

这一时期，南方丝绸之路在保持了原来各线路的基础上，向东有了新发展，改变了以往的南方丝绸之路国内段东线较弱的态势，呈现出东西线平衡的状态。

（一）稳定发展的道路

南方丝绸之路灵关道、五尺道仍然是交通川滇的主干道。灵关道与南诏时期一样，宋与大理双方以大渡河为界，各自设岗把守。五尺道与黔州道、邕州道、牂牁道都可联通，融入南方丝绸之路向东发展的建设之中。

南方丝绸之路步头道、进桑道的道路没有变化，虽然不再是官道，大理国也不再以交州港为主要出海港口，使其交通道路的重要性有所下降，但道路仍然存在，是红河流域民族往来、民间贸易的交通线。

南方丝绸之路博南道、永昌道仍然畅通。大理国国都羊苴咩城，位于滇西大理洱海西岸，是向西通往中南半岛、南亚的交通枢纽，此交通线对大理国非常重要。因此，大理国着意经营，使其仍然是大理乃至整个西南地区通往缅甸、印度及其以西地区的陆上交通干线。

南诏留下的南诏通印度洋、南海的诸道路，如银生城经大银孔至暹罗湾、南诏至昆仑国道（青木香山路）等，在五代两宋时期依然可以通行，是大理国联系中南半岛诸国的交通线，大理国通过这些道路与东南亚各国进行贸易活动。虽然到了大理国后期，统治政权削弱，在澜沧江—湄公河中游，位于今西双版纳一带建立了以傣族为主体民族的景昽金殿国，但景昽金殿国也还是大理国的羁縻地。所以，道路仍然畅通，民族往来、民间贸易频繁。

宋熙宁七年（1074年），四川商人杨佐至大理国联系买马，在大云南驿（今云南祥云县）见到驿站前有块里堠碑，写道：

> 东至戎州，西至身毒国，东南至交趾，东北至成都，北至大雪山，南至海上，悉著其道里之详，审询其里堠，多有完葺者[①]。

这个交通体系是南诏国留给大理国的宝贵遗产。

（二）邕州道

樊绰的《蛮书·云南界内途程》对邕州道的叙述是："从邕州路至羊苴咩城，从黔州路至羊苴咩城，两地途程，臣未谙。"《唐会要》卷九十九《南诏蛮》仅说道，邕州至善阐府水陆共47日程，再11日程可到羊苴咩。史书记载并不详细，可能反映出唐代邕州道的交通重要性较低。

至宋代，邕州道得到了很大的发展。南宋在邕州设置买马提举司，在横山寨、永平寨、钦州等地向大理国和自杞、罗殿诸蕃买马及开展博市，大理国入贡宋廷也多走邕州道。因此，邕州道的地位大大提高，文献对此条交通线的记载也就较为详细：

> 中国通道南蛮，必由邕州横山寨。自横山一程至古天县，一程至归乐州，一程至唐兴州，一程至睢殿州，一程至七源州，一程至泗城州，一程至古那洞，一程至龙安州，一程至凤村山僚渡江，一程至上展，一程至博文岭，一

[①] 〔宋〕杨佐：《云南买马记》，〔宋〕李焘：《续资治通鉴长编》卷二六七引，文渊阁《四库全书》本。

程至罗扶，一程至自杞之境名曰磨巨，又三程至自杞国。自杞国四程至古城郡，三程至大理国之境名曰善阐府，六程至大理国矣。自大理国五程蒲甘国，去西天竺不远，限于淤泥河不通，亦或可通，但绝险耳。凡三十二程。

若欲至罗殿国，亦自横山寨如初行程，至七源州而分道，一程至马乐县，一程至恩化县，一程至罗奔州，一程至围慕州，一程至阿姝蛮，一程至朱砂蛮，一程至顺唐府，二程至罗殿国矣。凡十九程。

若欲至特磨道，亦自横山，一程至上安县，一程至安德州，一程至罗博州，一程至阳县，一程至隘岸，一程至那郎，一程至西宁州，一程至富州，一程至罗拱县，一程至历水铺，一程至特磨道矣。自特磨道一程至结也蛮，一程至大理界墟，一程至最宁府，六程而至大理国矣。凡二十程。

所谓大理欲以马至中国，而北阻自杞，南阻特磨者，其道里固相若也。闻自杞、特磨之间，有新路直指横山，不涉二国。今马既岁至，亦不必由他道也[①]。

从上述记载可知，邕州道实际由三条道路组成：

第一条，邕州通大理国之自杞道。起自横山寨（今广西田东），向西北至泗城州（今广西凌云县），渡南盘江，经自杞（今贵州兴义）进入云南罗平一带，再经石城（今云南曲靖）、善阐府（今云南昆明）西去大理国王城羊苴咩城，然后西去蒲甘（今缅甸）、西天竺（今印度）。

第二条，邕州通大理国之罗殿国道。起自横山寨，向北至罗殿国（今贵州安顺一带），向西进入云南，凡19程。之后西行至善阐府，与前道汇合。

第三条，邕州通大理国之特磨道。起自横山寨，过安德、那坡，由隘岸

---

① 〔宋〕周去非：《岭外代答·外国门下·通道外夷》，文渊阁《四库全书》本。

（今广西剥隘）西去特磨道（今云南广南），再西行经开远至大理国中心地区。

邕州道可看作是南方丝绸之路东线牂牁道的支线，进入大理国后融入大理国交通网络。邕州道三条路虽然只有第一条道路明确指出可以西去缅甸、印度，但到达大理国境内后，都有道路通往其都城羊苴咩城，之后，可以沿着南方丝绸之路西线通往缅甸、印度及其他地区。

（三）黔州道

黔州道见于贞元九年（793年）的记载，异牟寻欲归顺唐朝，恐道路不通，就派了三队使者，各携带朱砂、生金、当归等，分别从三条路即戎州路、黔州道、安南道入唐。黔州道即"出牂牁，从黔府路入"。

黔州道是由川入黔再至滇的道路。唐代黔州治今四川彭水。异牟寻死后，南诏与唐再次交恶，安南都护蔡袭"奏请分布军马，从黔府路入（昆明牂牁）"[①]，表明唐末此路仍然通行。黔州道的走向为：起自四川彭水，西南行至贵州遵义，再经毕节、威宁至曲靖。道路的西段由川入黔，在遵义后进入牂牁道起始端，再西行至曲靖。

因此，可以说，黔州道是南方丝绸之路牂牁道的支线。

（四）牂牁道

在宋代，南方丝绸之路向东发展，西南地区得到最大发展、起到最重要作用的交通干线就是牂牁道。牂牁道干线的具体线路为：上接五尺道至贵州西北的赫章（赫章即为牂牁道的起点），向南而行，经今安顺，沿北盘江流域关岭、望谟，在北盘江与南盘江汇合后，渡过南盘江，进入广西，沿红水河、黔江行进，经今河池、来宾、梧州等地，进入广东封开，再沿西江经肇庆、

---

① 〔唐〕樊绰:《蛮书·附录》，文渊阁《四库全书》本。

广州，至出海口。

  但是，牂牁道还有许多支线，尤其是道路的起始路段，不仅有前述的邕州道、黔州道，还有数条支线从四川汇入，如由南平军到贵州桐梓—遵义的道路；由合江沿赤水河进入贵州，再至遵义的道路；由纳溪沿永宁河上行至叙永、古蔺，进入贵州毕节的道路。

  道路进入广西以后，牂牁道与北上内地、南下安南的道路相连接。通往内地的主要有经桂林、越城岭至湖南全州和经贺州、萌渚岭至湖南道州的道路。

  南宋在永平寨、钦州博市，而永平寨与安南仅一水之隔，钦州也在北部湾临海处，于是，有道路从广西来宾、南宁一带南下分别去永平寨、安南及钦州。根据谭其骧先生的《中国历史地图集》，南宋从邕州至安南的道路主要有：邕州向西南至左江流域，从凭祥（或折往永平寨）进入安南；邕州南下思明从永平寨进入安南；邕州东南至钦州，再转海路去安南。

  广州港、钦州港，是宋代西南地区从东南端出海的主要港口，尤其对大理国而言，是距离最近的两个港口。因此，南方丝绸之路国内段东线牂牁道及其各条支线，都发挥了重要作用。

第六章

元明清时期的南方丝绸之路

元明清三朝是中国封建社会的后期。在这一时期中,一方面,中央王朝强力扫荡了各个地方割据势力,建立起大一统封建王朝的统治,道路建设空前大发展;另一方面,在明清两朝都有较长时间实行闭关自守的政策,这对中国与国外的交通和交流产生了很大的影响。在19世纪中期鸦片战争之后,帝国主义列强加紧入侵与掠夺,使得中国逐渐沦为半殖民地半封建社会,给近代南方丝绸之路打下了殖民主义的烙印。

南方丝绸之路就是在这样的背景下,步入道路得到高度发展、经济文化交流受到相对制约、殖民主义逐渐渗透的时代。经由南方丝绸之路传播的中国文明,也充满矛盾——希望与困难并存。

第一节 元明清时期南方丝绸之路区域政治形势

元明清时期,南方丝绸之路区域国内段的政治形势,与五代两宋时期相较有了很大的改变,具有鲜明的时代特色,不仅地方割据被消灭,重归统一的中央王朝;而且推行了以前所没有的一些政治制度,最突出的是大规模地推行土司制度和官办屯田制度。在这些制度推行以后,南方丝绸之路区域内呈现出全新的政治面貌。

南方丝绸之路区域国外段政治局势也发生了重要变化:缅甸的蒲甘王朝灭亡;在元朝武力征战及推行土司制之下,缅甸、泰国、老挝的北部地区及越南的西南地区成为元朝的边疆领土,但在明清时期逐渐丧失。

近代,南方丝绸之路区域,无论是国内段还是国外段,都遭到帝国主义殖民者的入侵,英、法等帝国主义成为南方丝绸之路沿线区域强势的外来势力,严重影响、干扰甚至左右了区域内的社会自然发展趋势。

一、统一及镇守西南边疆

1235年,蒙古军队进攻四川地区,拉开了蒙古南征南宋的序幕。1259年,蒙古国第四任大汗蒙哥率军在四川作战时,战死在合川钓鱼台。次年,忽必烈继位,立即派遣官员对四川地区进行军政统治。1278年,元朝宣布四川全境基本平定。

1253年,忽必烈亲率10万蒙古大军进攻大理国,同年12月,攻破大理国王城羊苴咩城,灭了大理国,结束了云南延续500多年的南诏国、大理国地方割据时代。1261年控制了金齿地区。

1259年,蒙古大将兀良合台率四王骑兵3000人和云南土军1万余人,进攻广西横山寨,横扫南宋军队,连克贵州、象州、静江府、辰州、沅州,直抵潭州(今湖南长沙)城下[①]。1276年,蒙古大军再次进攻广西,采取招抚与

---

① 〔明〕宋濂等:《元史》卷一二一《速不台传附兀良合台》,文渊阁《四库全书》本。

军事行动相结合的方法，收效甚大。次年，元朝置广南西路宣抚司，广西地区逐渐被元军平定。

元朝取得贵州与取得广西的时间大致相当，只是方法上以招抚南宋地方官为主。1275年，元世祖下诏敦促南宋播州安抚使杨邦宪、思州安抚使田景贤投降，许封爵世袭。杨、田二人先后降元。贵州诸部落也纷纷归附元朝。元朝在贵州地区设置了行政管理机构。

经过四十多年的时间，元朝建立起了在南方丝绸之路国内段区域的统治地位。不仅如此，元朝统治者有着强烈的开疆拓土意愿，采取立足云南，向外拓展疆域的思路，不断向东南亚扩张。向东南方向，数次出兵安南和占城，迫使安南臣服，占有其西北地区；占领占城。向西南方向，自1271年，元廷遣使诏谕蒲甘王朝（元朝称为缅国）内附，未成。1277年便出兵攻打蒲甘王朝。元军先后几次进攻蒲甘王朝，是蒲甘王朝覆灭最大的外部原因，最终取得缅甸北部土地。向南进占了今泰国、老挝等国的北部地区。这样，元朝西南疆域包括今云南、广西和缅甸北部、泰国及老挝北部、越南西北部。元朝统治的西南边疆的区域如此之大，远远超过之前的历朝历代。

可以看到，南方丝绸之路国内段全部及国外段的相当部分，都纳入了元朝的统治，这对于南方丝绸之路的道路建设，畅通保障，具有非常重大的意义。

代元而立的明朝，继承了元朝大一统的江山。但是，明朝最高统治者对待边疆的指导思想，是沿袭了汉唐"守在四夷"、不对外扩张的思路。朱元璋曾经说道："海外蛮夷之国，有为患于中国者，不可不讨；不为患中国者，不可辄自兴兵。"[①]而且，当时明朝的边防重点在北方地区。因此，明朝摒弃了元朝在西南积极开疆拓土的做法，采取守势。明朝在西南地区较大的军事行动

---

① 《明实录·太祖高皇帝实录》卷六十八《皇明祖训·箴戒篇》，南京国学图书馆影印本。

有两次，一次是正统年间的征麓川之役，另一次是万历年间的播州之役，都是因平乱而战。

在明朝永乐年间，西南边疆国界与元朝大致相当，有今缅甸（阿拉干除外）、泰国北部（清迈）地区、老挝北部（拉勃拉邦）地区、越南西北部（莱州）地区。但是，自16世纪以后，西方殖民主义入侵中南半岛，缅甸东吁王朝崛起，两股势力都不断向北步步紧逼，使得中国西南地区边疆受到挤压。明万历十一年（1583年），缅甸东吁王朝出兵进扰中国云南施甸一带，明军奋起反击，击退东吁军队，并深入缅甸进行追击。但此后，中缅边境多有战乱，明朝便收缩防线，采取在交通要道、险要之地修筑关口的防御方法。万历二十二年（1594年），修筑八关二堡于三宣要害戍缅，并且兴办屯田。八个关隘都处于中缅边境，它们是"万仞、巨石、神护、铜壁、铁壁、虎踞、天马、汉龙也……自永昌迤逦而南为顺宁，又南为普洱，其边袤亘盖二千余里"①。关外为蔽，守护的领土包括关外蔽之地。然而，后来关外蔽之地也逐渐失守，在今缅甸只存上缅甸邻近云南的土地。

清朝继承了明朝的西南边疆沃土，清朝的统治者在西南边疆的治边思想、方法上都承袭明朝，据关而守，但对西南边疆的实际控制区域进一步缩小。《清史稿·地理志》记载，云南省"东至广西泗城七百五十里，南至交趾界七百五十里，北至四川会理四百里，西至天马关接缅甸界二千三百一十里"，即国境只在关内。当19世纪中期，东南半岛的缅甸、老挝、越南等国相继沦为英国、法国的殖民地，中国也在鸦片战争以后，逐步沦为半殖民地半封建社会。中国西南边疆区域更是大为缩小，不仅丧失今缅甸、泰国、越南、老挝等国北部的土地，而且被迫割让大片国土，云南南部的部分领土被英国、法国占有。这样，南方丝绸之路国内段大为缩短。

---

① 赵尔巽等:《清史稿》卷五二八《缅甸传》，中华书局，1977年。

17世纪，英国东印度公司便进入南亚次大陆，南亚逐渐沦为英帝国主义的殖民地。到19世纪中期，英属印度地域包括了今印度、孟加拉国、巴基斯坦、缅甸。也是在19世纪中期，越南成为法国的殖民地。南方丝绸之路国外段西线、东线的政治形势也发生了极大的变化。从另一个角度来说，明清两朝，中国西南边疆区域的变化，也就是南方丝绸之路区域政治形势的变化。

二、土司制度的兴废及其对南方丝绸之路区域的影响

元朝建立后，在西北、中南和西南少数民族地区大量任用当地少数民族首领，让其担任本地行政长官，称之为"土官"，借助其力量来管理、统治一方土地。土官由朝廷任命，是国家正式官员，官职名称主要有宣慰使司都元帅府、宣慰使兼管军万户府、都元帅府、元帅府、宣抚司、安抚司、招讨司以及诸军、诸蛮夷长官司等，与流官一样被授予虎符等凭证。贵州的土官，如《黔南职方纪略》卷七记载："元代土官有总管、宣抚司、安抚司、长官司、土府、土州、土县，凡七等。其在顺元宣慰司者，有总管一、安抚使十三、土府六、土州三十七、土县十二、长官司二百七十二。又有乌撒乌蒙宣慰及播州沿边溪洞宣慰，皆在今贵州境。"①

明代在元代土官制的基础上，进一步发展，形成土司制度。土司由朝廷任命，职位准许世袭，但必须遣送人质入朝。土司作为本地首领，有权力管理、处置本地的一切军政事宜，但必须向朝廷缴税纳贡，并在朝廷需要时按照征发令派兵出征。

与唐宋时期对少数民族部落实行羁縻制度不一样的是，土司与朝廷的联系更加紧密，朝廷对土司的领导和管理更加直接，将少数民族地区纳入郡县

---

① 〔清〕罗绕典：《黔南职方纪略·土司·序》，道光二十七年，罗氏家刻本（第二册），第1页。

制的管理轨道,加强了内地与边地少数民族的关系。

土官、土司制度自元朝开始,明朝继续,清朝仍实行了一段时间。南方丝绸之路区域内设有为数众多的土官、土司,地域包括今四川西部、南部,云南、贵州和广西,以及缅甸、泰国北部、老挝北部和越南北部等地。

元明清时期在今缅甸、泰国、老挝及越南等地设置土司一览表[①]

土官名称及姓氏	治所地	设置时间
木邦军民宣慰使司罕氏	今缅甸腊戌新维	元至元二十六年(1289年)
孟密宣抚使司思氏	今缅甸掸邦蒙米特	元至顺二年(1331年)
八百大甸军民宣慰使司刀氏	今泰国清迈	明洪武二十一年(1388年)
缅中军民宣慰司卜氏	今缅甸中部阿瓦	明洪武二十七年(1394年)
孟养军民宣慰使司思氏	今缅甸克钦邦孟养	明永乐二年(1404年)
老挝军民宣慰使司刀氏	今老挝琅勃拉邦	明永乐元年(1403年)
缅甸军民宣慰司那氏	今缅甸中部阿瓦	明永乐二年(1404年)
孟艮府土知府刀氏(来属土司)	今缅甸掸邦景栋	明永乐三年(1405年)
大古剌军民宣慰司	今缅甸南部勃固	明永乐四年(1406年)
底马撒军民宣慰司	今缅甸南部毛淡棉	明永乐四年(1406年)
茶山长官司早氏	今缅甸克钦邦恩梅开江畔	明永乐五年(1407年)
里麻长官司刀氏	今缅甸克钦邦买立开江畔	明永乐六年(1408年)
底兀撒宣慰司	今缅甸勃固西北	明永乐二十二年(1424年)

---

① 引自李良品:《元明清时期土司的地理分布》,《乌江论丛》2017年第12卷第3期。

续 表

土官名称及姓氏	治所地	设置时间
东倘长官司新氏（来属土司）	今缅甸掸邦境内	明宣德八年（1433年）
蛮莫安抚司思氏	今缅甸克钦邦曼昌	明万历初年
孟养长官司思氏	今缅甸克钦邦孟养	明万历十三年（1585年）
猛梭寨土寨长刀氏	今越南北部封土	清顺治九年（1652年）
猛赖寨土寨长刀氏	今越南北部莱州境	清雍正四年（1726年）
猛蚌寨土寨长刀氏	今越南北部孟崩境	清雍正四年（1726年）
猛乌土把总召氏	今老挝北部	清雍正七年（1729年）
乌得土把总刀氏	今老挝北部	清乾隆六年（1741年）

以上于今缅甸、泰国北部、老挝北部及越南北部等地设置的土司机构，从一个方面反映了当时中央王朝对这些地方的控制权。

在实行土司制度初期，土司制度的优点快速显现，加强了中央王朝对少数民族地区的统治，有利于维护国家统一、少数民族地区社会稳定和经济发展。这对于保障南方丝绸之路道路交通畅通，对外贸易开展，各民族往来，中外文化交流等，都起到了重要的作用。

但是，随着土司制度的长期实行，其固有弊端逐渐积累，在明朝中期以后就越发明显地表现出来，甚至越来越深重，达到积重难返的地步。土司制的弊端，最突出的有三条：一是土司势力越来越大，割据一方，无视朝廷，甚至对抗朝廷，使得朝廷无法进行有效统治；二是诸多土司之间，为了各自的利益而常年征战，造成地方局部战乱不断；三是土司独霸一方，形成相对封闭的地域，在区域内生杀予夺，肆意妄为，并且阻止外地人迁入，使得区域社会经济发展迟缓，长期处于落后状态。

越来越突出的弊端促使朝廷加强对土司的管理，规范其行为，然而，收效不大。于是，朝廷开始改土归流。到明朝中后期，全国的改土归流逐渐达到一定规模，如在贵州，明代有土司228家，经过改土归流，清初剩余170余家①。然而，西南地区一些地方官认为土司制有必要存在，只是要将势力过大的土司改掉，要多分割土地，建立众多土司，使其势力不可能过大，即实行分而治之的策略②。加之明末吏治腐败，农民起义席卷大半个中国，朝廷疲于应付，因此，明代的改土归流成效很有限。

清初的顺治朝及康熙朝，由于国之初立，朝廷还没有时间和力量来废除土司制度，但土司制度的弊端已经日益突出。明末四川、贵州、云南三省交接之地，"滇黔有可制之势而无其权，四川有可制之权而无其势；土蛮不耕作，专劫杀为生，边民世其荼毒"③。云贵总督鄂尔泰指出，土司"无事近患腹心，有事远通外国，自元迨明，代为边害"④。为了社会安定与发展，消除土司制的弊端迫在眉睫。从清雍正四年至十年（1726—1732年），清廷以雷霆之势，不惜动用武力，在西南地区展开了全面的改土归流，基本达到了改土归流的目标。但清廷并未完全废除土司制度，还保留了很少一些土司，多分布在滇南、滇西南沿边地区及贵州、广西部分地区，均处边疆和偏僻山区，大都是低级别的土司和土官。据统计，清初四川有土司342家，清末仅有150余家，其中有实权的不过50家；云南在改土归流前有土司210家，改土归流后仅南部边疆地区有22家，而且大都没有实力；贵州原有土司170余家，改

---

① 龚荫：《中国土司制度》，云南人民出版社，1992年，第747页。
② 〔清〕张廷玉等：《明史》卷二四九《朱燮元传》，文渊阁《四库全书》本。
③ 〔清〕魏源：《圣武记》卷七《雍正西南夷改流记》，岳麓书社，2011年。
④ 雍正四年，云贵总督鄂尔泰呈报《奏请改土归流疏》，分析了土司制的种种弊端，阐述了改土归流的必要性及方略。从《清史稿》卷二八八《鄂尔泰传》可以看出，此奏疏得到了雍正帝的肯定。

土归流中被大量废除，但其后又陆续增设一些土弁和土目，至清末有各级土司259家，其中多为中低级土司；广西经过改土归流后，仅有43家土司，除已经衰落的两江田州土司有些实力，其他土司实力都很微弱[①]。

元、明及清初，实行在中央政府管理下的土司制度，是南方丝绸之路区域内的一大政治特色。雍正朝改土归流，基本废除了封建领主制度，让西南少数民族地区有了更大的发展空间。南方丝绸之路区域处于中央王朝的直接统治之下，也获得了更大的发展空间。

三、屯田制的推行及其重要作用

屯田制自汉代开始实施，历时很久，但一直未在西南地区大力推行。元明清三代，中国处于大一统的时代，无论是元朝的立定边疆向外拓展，还是明清的"守在四夷"，西南边疆都需要大量的驻军。为了解决驻边军队的给养问题，元明清三朝，尤其是元朝和明朝，都在西南地区积极推行屯田制度，巩固边疆。屯田的规模之大，历时时间之长，超过以往任何历史时期，这是元明清时期南方丝绸之路区域很重要的一个政治特色。屯田主要包括军屯、民屯两种形式，明代有少量的商屯。

蒙古军队南下占领西南地区后，便开始实行屯田制度，一直延续到明清两朝。

四川自中统三年（1262年）开始实施屯田，屯田主要分布在居于交通要道而又有荒地沃土可以开荒耕种的地方。至元十一年（1274年），朝廷置西蜀四川屯田经略司，专门管理四川屯田之事。元朝政府为了鼓励军士积极屯田，常在资金、农具、税收等方面提供优厚的条件，如至元二十一年（1284

---

① 龚荫：《中国土司制度》，云南人民出版社，1992年，第174、463、748、999页。

年），元廷"给西川蒙古军钞，使备铠杖，耕遂宁沿江旷土以食，四顷以下者免输地税"[1]。并且投入大量军人屯田，如至元二十二年（1285年），"分四川镇守军万人屯田成都"[2]。

元代四川军民屯田情况表[3]

政区	户数（户）	田数（亩）	所在州县
成都路	7475	118717	崇庆、灌州、温江县
嘉定府路	12	缺	龙游县
叙州路	4683	4183	长宁军、富顺州、宣化县
重庆路	4766	42000	泸州、忠县、巴县、江津县
绍庆路	91	缺	彭水县
夔州路	5083	5600	奉节县
顺庆路	5790	13545	长安府、南充县、岳池县
潼川府	4412	35000	遂宁州、郪县
广元路	1416	12787	保宁府、绵谷县
合计	33728	231832	

四川行省的军民屯田户数，在全国排名居前，民屯为第三位，军屯户占全国总屯田户数的约38.1%，居第八位[4]。

明代实行军卫制度，以卫所为单位开展屯田，明朝政府对屯田给予了很优越的条件，提供耕牛、农具等。在明朝军卫制度较为健全时期，军屯建设得到很大发展，边远地区逐渐得到了开发。如今凉山地区，卫军多达5800余名，兴建军屯后，建昌（今四川西昌）、会川（今四川会理）两卫能够自给，盐井

---

[1] 〔明〕宋濂等：《元史》卷十三《世祖纪十》，文渊阁《四库全书》本。
[2] 〔明〕宋濂等：《元史》卷十三《世祖纪十》，文渊阁《四库全书》本。
[3] 引自王颋：《元代屯田考》，《中华文史论丛》第4辑，上海古籍出版社，1983年。
[4] 王颋：《元代屯田考》，《中华文史论丛》第4辑，上海古籍出版社，1983年。

（今四川盐源）、宁蕃（今四川冕宁）、越西三卫仍需要朝廷调拨部分粮食[1]。

明末清初，长期的战乱使四川遭受重创，十室九空，土地荒芜。清初，清廷在大力推进移民垦荒的同时，也尝试开展屯田。入关后的第四年，即顺治五年（1648年），四川就开始进行屯田，主要在川北广元及昭化一带开展了军屯。乾隆十七年（1752年），清廷在平定了大渡河上游的大、小金川叛乱后，便在那里设立杂谷脑厅，推行土屯（以当地土著藏民为屯丁），建有杂谷脑等5屯。乾隆四十一年（1776年），清廷结束了第二次金川之役，便设立懋功厅开展土屯，建有5屯。以上军屯、土屯都是由朝廷机构管理并提供资金与农具等方面的资助。此外，四川宜宾和南溪等地也进行了一些屯田。

云南设立专门机构管理屯田政务，实行较大规模屯田，始于元朝。忽必烈灭了大理国，在云南行省建立之前，地方官便在今云南地区开展屯田，《元史·张立道传》就记载，张立道随被世祖封为云南王的忽赤哥入滇，后张立道任大理等处劝农官，兼行屯田事。云南行省建立后，首任云南平章政事赛典赤兴修水利，广置屯田[2]，迅速将云南的屯田推向高潮，以乌蒙、中庆、大理、威楚、曲靖、临安等处的屯田规模较大，此外，鹤庆、武定、乌撒等处也有相当数量的屯田。

元代云南军民屯田情况表[3]

政区	户数（户）	田数（双）	所在州县
威楚路	1533	7266	
大理金齿等处宣慰司都元帅府	4941	22105	大理、金齿、永昌、腾冲等

---

[1] 陈世松主编：《四川通史》第五册，四川大学出版社，1993年，第207页。
[2] 〔明〕宋濂等：《元史》卷一二五《赛典赤·赡思丁传》，文渊阁《四库全书》本。
[3] 据《元史》卷一〇〇《兵志三》、《元史》卷六十一《地理志四》记载整理，以一双合五亩计算，共计屯田483335亩。但缺乌撒宣慰司、罗罗斯宣慰司兼管军万户府数据。

续表

政区	户数（户）	田数（双）	所在州县
鹤庆路	252	1008	
武定路总管府	187	748	
中庆路	4906	22459	
曲靖等处宣慰司兼管军万户府	4075	9140	曲靖路、澄江路、仁德府
乌撒宣慰司	200	缺	乌撒路、东川路
临安宣慰司兼管军万户府	2588	5152	
梁千翼军屯	先1000人，后700人	3789	先在乌蒙地区，后迁新兴州
罗罗斯宣慰司兼管军万户府	467	缺	会通、建昌、会川路、德昌路
乌蒙等处屯田总管府	5000人	1250顷	
合计	19149户及6000人	71667双及1250顷	

从上表可见，云南屯田规模相当大。不过，云南地区的屯田并不都是新开垦农田，主要是利用已经开垦过的耕地。

元代云南军屯，随驻军而建，多在军事要地。如《元史·兵志三》记载，延祐二年（1315年）立乌蒙军屯，云南行省报："乌蒙乃云南咽喉之地，别无屯戍军马，其地广阔，土脉膏腴，皆有古昔屯田之迹，乞发畏吾儿，及新附汉军，屯田镇遏。"

明朝派遣大量军队驻扎云南守边，军需浩大，于是，明廷自洪武中期便开始军屯。之后，又颁布规定，驻守边地的军队，三分守城、七分屯种，并将屯田定为云南军政的一项基本制度。朝廷常在其他省份购买耕牛农具发给屯田军士，对军屯给予支持。如洪武二十三年（1390年），明廷从沅州调拨6770余头官牛给滇东黔西地区的军屯使用。在朝廷的积极推进之下，大规模的军屯迅速展开并取得了很大的成效，无论是规模还是收获都超过了元代。《明史》记载，沐英镇守云南时"垦田至百万亩余"，沐英之子沐春世袭其父之职后，七年间"大修屯政，辟田三十余万亩"①。

明清朝代更迭时期的战乱，致使社会经济凋敝，有的屯田荒芜，有的成为私田。清初，清廷鼓励移民进入云南开垦种田，但并未大力推行屯田制。清代云南的屯田规模不及明朝，如明代永昌卫所有屯田1143余顷，至康熙朝中期可耕种的屯田仅有364顷，其余土地不是被隐占，就是成了荒地②。随着屯田私有化的逐渐发展，大批军屯化为私有，康熙二十四年（1685年），清廷将曾经赏赐给吴三桂的原沐氏勋庄作价改为民田，形成更大的化公为私之风，屯田制走向结束。

贵州在元代还没有成为单独的行政区划，其地分属川、滇、桂等。在蒙古军队占领今贵州地区以后，就开展了较大规模的屯田。明朝贵州开始屯田要早于滇、桂地区，早在洪武元年（1368年），明朝在贵州镇远地区设立了清浪、梅溪、相见及柳塘四堡，随后便实施军屯。洪武四年（1371年），又在永宁卫进行屯田。洪武十五年（1382年）设立了贵州都司卫所，贵州开始了大规模的屯田。明永乐十一年（1413年）贵州建省，军屯数量大增，正统六年（1441年），贵州20卫所屯田面积达到95万亩。但明中期以后，由于多种因素作用，屯田规模逐渐缩小，到万历三十年（1602年），贵州屯田面积降为63万亩③。贵州曾经一度实现了军粮自给，但在军屯规模缩小后，又有了较大缺口。此外，贵州还推行了民屯和商屯，以资军用。

---

① 〔清〕张廷玉等：《明史》卷一二六《沐英传》，文渊阁《四库全书》本。
② 〔清〕罗纶监修，〔清〕李文渊纂修：康熙《永昌府志》卷九《屯户赋》，康熙四十一年刻本。
③ 方铁主编：《西南通史》，中州古籍出版社，2003年，第632页。

清雍正七年（1729年），贵州设立了"苗疆六厅"，其地包括古州、清江、台拱、八寨、丹江及都江等地。改土归流后，派驻军队并开展军屯，苗疆六厅即清代贵州军屯的主要区域。此外，还在黎平等地实行了军屯。但总的来讲，屯田规模远小于明朝，后来还大量流失。

广西屯田始于蒙古军队占领广西地区以后，驻守军士随即开展了大规模的军屯。此外，还招募汉族、瑶族、僮族等族民众充当壮丁屯田，政府发放耕牛、种子和农具等，予以支持。据《元史·地理志》记载，湖广行省在广西和今贵州东部设立了两处屯田。一处是海北海南道宣慰司都元帅府民屯，除高州、化州以外，琼州路有5110户，屯田292顷98亩；雷州路有屯户1566户，屯田165顷51亩；廉州路有屯户66户，屯田4顷88亩。另一处是广西两江道宣慰司都元帅府僮兵屯田，元大德二年（1298年）黄胜许叛逃交趾，遗弃545顷7亩水田，于是元朝便招募瑶族、僮族等人在上浪、忠州等地屯田。大德十年（1306年）又在滕州进行屯田，有208顷19亩。

明代广西战乱频繁，严重影响了农业生产，屯田规模远不及滇黔，虽然朝廷也采取了发耕牛等资助政策，一些地方也设立了屯田千户所，开垦土地，但都因战乱不能长久持续下去。

清代广西屯田规模也不大。清雍正五年（1727年），广西布政使金铁进行了屯田，给予参加者分田、耕牛等许多优惠，还教授农技，数年后成效显著，报告开田30余万亩，后被查虚报数万亩。

总的来看，元明清时期朝廷在西南地区大力推行屯田制，取得了明显的成果。但是，屯田制的实施并不总是很完备的，屯田也并不总是很兴盛。在社会安定，屯田制度制定、执行较好的时期，屯田积极开展，收效很大；在社会动乱，尤其是朝代中后期，屯田制度遭到破坏时，屯田军士、壮丁逃跑，官田化为私田，剩下的屯田也多被荒废。

屯田制与南方丝绸之路和中国文明对外传播有着重要的联系，对中国文明对外传播具有非常积极的促进作用。

屯田制具有很强的政治目的，给驻守军队提供了比较稳定的后勤保障，在一定程度上解决了军粮问题，保障了驻军的战斗力，这非常有利于巩固政权，保卫边疆，保证南方丝绸之路道路安全畅通，中外经济文化交流。

以云南为例，自唐代早期至南宋末，西南边疆以云南为主的地区都处于地方割据政权的掌控：先为南诏国，在经历了短暂的大长和国、大天兴国及大义宁国更迭后，归于大理国。南诏、大理的辖地大致包括今云南省及四川的大渡河以南地区，贵州西部及缅甸东北部和越南北部，割据时间长达500多年。这就使得南方丝绸之路云南及川南、黔西等区域不属于中央王朝的管辖范围。1253年，蒙古大军进攻大理国，灭了大理国。1261年控制了金齿地区。云南全境重新归由中央王朝直接统治管理。但是，战争造成社会动荡不安，交通不通畅。而且，新政权也并不稳固。如至元元年（1264年），云南爆发了舍利威领导的多民族民众大起义。起义军最多时有30余万人，以滇东、滇中为中心，先后攻占曲靖、寻甸、昆明、楚雄、姚安等地，还准备进攻大理。声势浩大，影响面广。虽然这次起义最终被镇压了，但也暴露出蒙古人统治的脆弱，社会的不安定。

这样动荡的形势需要朝廷派遣大量的驻军，而实施屯田能够在一定程度上就地解决驻军所需的军粮，正如《元史·世祖纪》所载：立云南屯田以供军储。有驻军或者计划用兵之地，便着力屯田。再如广西，为了对越南用兵，元朝曾经在广西设立黎兵屯田万户府，在与安南接壤的雷白等十余寨进行屯田，有水田522顷，屯户4600余户。至元三十年（1293年），"发湖湘富民万家，屯田广西，以图交趾"[①]。

明朝初期，朝廷认为云南新附，人心未定，于是派遣了80余万官军驻扎

---

① 〔明〕宋濂等：《元史》卷一三六《哈剌哈孙传》，文渊阁《四库全书》本。

镇守，建立卫所及屯田制度，将军事镇守与垦荒耕种相结合。如明正统十四年（1449年），朝廷第三次发兵征讨麓川思仑叛乱后，改腾冲守御千户所为腾冲卫，兵力达15000人以上，随即开展屯田。再如明朝隆庆年间，朝廷在平定了广西右江上游古田叛乱之后，便屯土兵，且耕且守[①]。

屯田制的实施，有利于保障南方丝绸之路交通线路畅通。因为驻军及屯田之地，多分布在南方丝绸之路沿线重要地区，如四川的温江、崇州、都江堰、泸州、宜宾、西昌等地，云南的昭通、曲靖、昆明、安宁、楚雄、姚安、大理、祥云、巍山、保山、腾冲、瑞丽、通海、玉溪、建水、弥勒、蒙自、文山等地，贵州的毕节、威宁、遵义、安顺、镇远及广西的廉州等地。

由于南诏国、大理国先后割据云南及周边地区，使得边疆与内地的经济文化交流受到相当长时期的阻隔乃至分离，造成了文化疏离，而屯田制的推行则有效地改变了这一状况。

从事屯田的军士及随军家属，大多是从内地迁到边疆地区的，他们带来了内地先进的生产技术、思想文化。屯田军士与当地居民长期杂居生活在一起，传播了内地的生产技术与思想文化，增进了民族间的相互了解与融合，给边疆地区民族文化增添了新鲜内容。

一些史籍对内地汉族移民到云南的情况有所记载。如《景泰云南图经志书》记载，明代云南楚雄地区"多旧汉人，乃元时移徙者，与㸌人杂处"[②]，元末明初迁入的汉人一段时间后就被认为是当地居民。昆明地区的"土著之民不独㸌人而已，有曰白罗罗、曰达达、曰色目及四方之为商贾、军旅移徙

---

① 〔明〕宋濂等：《元史》卷三一七《广西土司传》，文渊阁《四库全书》本。
② 〔明〕陈文：《景泰云南图经志书校注》卷二《楚雄府·风俗》，李春龙、刘景毛校注，云南民族出版社，2002年，第206页。

曰汉人者杂处焉"[1]。另如前述明正统十四年（1449年）朝廷第三次征讨麓川战役后，设腾冲卫，开展屯田，军士有15000人以上，加上家属，人数更多，形成了滇西南边疆上一个很大的汉族聚居区。到明朝中期，云南的汉族人口已经占有相当比重，如正德《云南志》卷二"屯田"条记载："云南屯田最为重要，盖云南之民多汉少夷。"就云南内地移民人口来说，元代及明代迁入西南地区的外来人口，主要是因为军队驻守、仕宦、谋生而迁徙者，这一点不同于清朝初期，其主要是政府组织的大规模平民的移民。因此，可以推断，迁入驻守的军人及随军家属应该占据大多数。明代云南卫所屯田示意图（见下页）可以反映出屯田汉族移民的分布地区。

云南卫所及屯田地区分布广泛，除西北地区及南部边疆地区以外，汉族人口逐渐超过了当地少数民族，社会文化逐渐转变为以汉族文化为主导。一些少数民族受汉文化的影响，改变了部分原来的旧风俗，并且知汉语，通贸易。明嘉靖《大理府志》便记载大理地区土民与卫军错居，其俗本于汉[2]。

军民屯田还促进了区域内，尤其是边疆少数民族地区的经济开发。开垦荒地从事农业生产，兴修水利工程，使得地区的农业生产水平大大提高。如云南在南诏、大理国时期，仅在洱海一带兴建了一些简陋的水利工程。元初，首任云南平章政事赛典赤领导兴修水利，广置屯田[3]，运用内地先进的技术，在滇池一带兴建了水利工程，灌溉周边农田。明代开展了更多的水利建设，除边远山区以外，几乎各府、州、县都兴建了水利工程，无论是工程技术还是建设规模都超过了以往任何时代。以大理地区为例，洱海卫军民新建

---

① 〔明〕陈文：《景泰云南图经志书校注》卷一《云南府·风俗》，李春龙、刘景毛校注，云南民族出版社，2002年，第4页。
② 〔明〕李元阳：嘉靖《大理府志》，云南省图书馆藏抄本（翻印），大理白族自治州文化局，1983年，第81、82页。
③ 〔明〕宋濂等：《元史》卷一二五《赛典赤·赡思丁传》，文渊阁《四库全书》本。

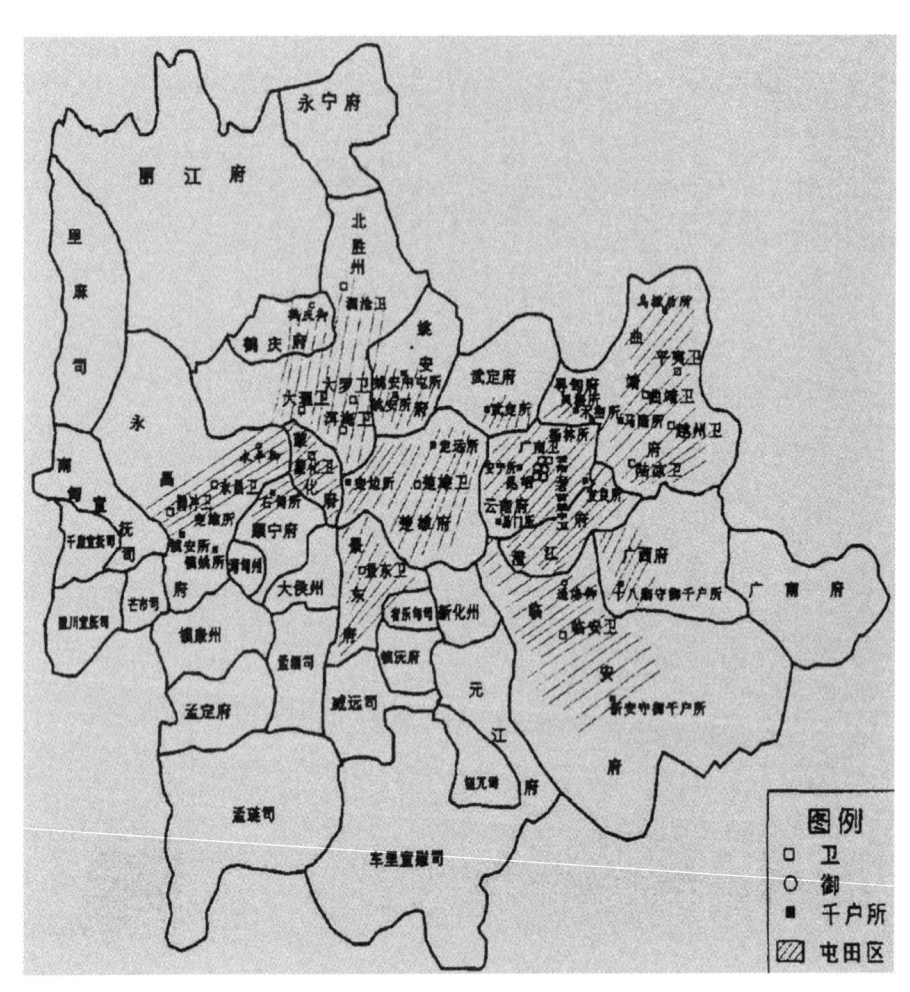

明代云南卫所屯田示意图[①]

---

① 引自陆韧:《明代云南汉族移民定居区的分布与拓展》,《中国历史地理论丛》2006年第21卷第3辑。

了祥云宝泉坝,"垒石为坝,高三十尺,长二百五十尺,广半其长之数,中为斗门,视水之大小以节启闭……水之所注,可以溉田万顷,而利民于无穷"[1]。"红山渠,在县东北十二里,名三营川,每岁大雨时行,渠多拥塞,伤坏屯亩,每岁三四月间合起,附近屯军开挖,管屯指挥千户所宜究心。"[2]此外,还新建、重修了邓川横江堤、弥苴佉江堤、御患堤、段家坝、双塘等共十数个水利工程[3]。

当地民众运用内地传入的筒车提水灌溉技术,使得许多旱田变成了水田。耕田技术也有进步,从原来的"二牛三夫"改为一牛或二牛牵引,一人或二人扶犁的方法。还有一些内地的农作物品种和农具也传入边疆地区。

屯田军民还促进了边疆手工业、采矿业和商业的发展。明朝,云南的各卫所都配有专门的世袭军匠,他们长期与当地人民居住在一起,传播了内地的工矿业技术以及手工艺技术。采矿业如铁、银、锡、铜、大理石、玉石等,得到空前的发展,尤其是银矿开采,如明代宋应星的《天工开物》记载:"凡银中国所出……合浙江等八省所生,不敌云南之半。"手工业、采矿业的发展,促进了商业的兴旺。汉族商人来到云南,用内地的金银制品换取当地的特产。南方丝绸之路云南段上的重要枢纽点,都成为商业重镇,有一些是历史悠久的传统经济中心城市,如昆明、大理、保山、乌蒙(今云南昭通)等,还有一些是随着卫所屯田兴起的经贸中心,如临安(今云南建水)、蒙自、元江等。

卫所屯田还直接促使一些地方发展成为区域经济文化先进之地,例如

---

[1] 〔明〕李元阳:嘉靖《大理府志》,云南省图书馆藏抄本(翻印),大理白族自治州文化局,1983年,第105页。
[2] 〔明〕李元阳:嘉靖《大理府志》,云南省图书馆藏抄本(翻印),大理白族自治州文化局,1983年,第108页。
[3] 〔明〕李元阳:嘉靖《大理府志》,云南省图书馆藏抄本(翻印),大理白族自治州文化局,1983年,第102—109页。

位于今蒙自市城东南的新安守御千户所，原为"阿僰蛮"之地。明正德八年（1513年）正式设置千户所并屯田，其军士及随行家属大多是从中原及江南迁入的汉族移民[①]。他们新建城池，修建"法果泉"水利工程灌溉农田。在耕种之外，还兼做烧窑及织布等，用内地的先进技术烧窑，为官府制作"窑银"；妇女用当地的"草棉"织出的"新安所布"，保暖而且耐用，久负盛名；新安所产的烟叶，品质上乘，是畅销货物。新安所还兴办学校或书院，传播儒学。据康熙《蒙自县志·选举》记载，明代新安共出了八位进士、一位武进士。经过长期耕耘，新安所从滇东南落后地区逐渐发展成为经济文化较先进之地。

综上所述，可以看出，屯田制度在西南地区的推行，有效地维护了西南边疆的社会安定，促进了区域政治经济和文化建设，保障了南方丝绸之路交通线的安全畅通，这些都将促进南方丝绸之路上中国文明的对外传播。

第二节　元明清时期南方丝绸之路道路建设

元明清大一统封建社会，中央高度集权，国土幅员十分辽阔，因此历代皆注重道路建设。这一时期的南方丝绸之路道路建设，包括新修、整修道路和完善驿站制度。元朝在前人的基础上，对水陆交通做了全面的建设，形成元明清时期的交通基础，明清时期又继续投入建设，使得南方丝绸之路道路建设达到了封建社会的最高水平。

[①] 朱端强、白云：《明代新安守御所考略——云南历代汉族移民研究之一》，《云南师范大学学报（哲学社会科学版）》1996年第5期。

南方丝绸之路在元明清时期的主要特点有以下几点：第一，水路建设得到前所未有的发展，包括开通河流航运、架设桥梁等；第二，1276年元朝设置云南行中书省，治所为中庆（今云南昆明），于是云南的政治、经济、文化中心从大理转到中庆，南方丝绸之路在云南境内的交通重心随之向东转移；第三，近代以后，随着帝国主义入侵南亚、东南亚及中国，南方丝绸之路道路建设呈现出殖民化特色，南方丝绸之路近代交通建设是在帝国主义入侵的形势下开展的。

一、道路建设

蒙古军队在进军西南的过程中，占领一地便开始在当地进行道路建设。至元四年（1267年），发巩昌、凤翔、京兆等处未占籍户一千，修治四川山路、桥梁、栈道[①]。南方丝绸之路道路建设，四川段以水路为重点，建设了岷江水路（成都—叙州）、横江水路（叙州—华帖），水路交通有了较大的进步。

四川段以水路为建设重点的原因主要是：第一，以往由滇入蜀，或说由滇入中原的道路以灵关道为主，但随着云南政治经济重心东移，云南入蜀、入中原的道路也随之东移，灵关道的重要性有所下降；第二，水路运输较之陆路运输有较大的优势，既可以单次多运货物，也可以避免在条件恶劣的山间道路上行走。

云南段于至元十四年（1277年）重新打通了石门关道（即五尺道），水陆驿路直达叙州。至元十六年（1279年）建设云南入缅甸道路及驿站。至元二十年（1283年）开云南驿路，对已有的道路都进行驿站建设，疏通河道，

---

① 〔明〕宋濂等：《元史》卷六《世祖纪三》，文渊阁《四库全书》本。

设渡口，架桥梁。至元三十年（1293年），开通了从中庆经乌撒达泸州的驿道。

在今贵州和广西地区，元朝修复了一些旧道，也开辟了新的道路，主要是开通了从中庆经普安达黄平的道路、中庆经广南入广西的道路和广西至安南的道路。

元代南方丝绸之路国内段，从成都平原南下云南的两条主要道路：灵关道和五尺道都保持畅通，只是岷江道及五尺道的部分增加了水路航运建设。此外，增修了从成都先沿岷江道行进再转至泸州，随后从泸州经贵州至昆明的道路。元军多次攻打缅甸，也曾进军安南及占城。因此，南方丝绸之路步头道以及国外段的东线、西线也应该是全面畅通的。从云南中庆、大理南下至缅甸、八百（今泰国北部）的道路也整修开通。

明清两朝南方丝绸之路道路建设是在元朝的基础之上进行的，主要是整修已有道路、拓展道路、建设水路、架设桥梁等。整修道路，基本上将元代已有的道路都整修过。拓展已有道路，如从昆明经元江、车里至缅甸、八百至海边的道路，从赵州（今云南大理凤仪镇）经景东、景谷、车里至缅甸、八百至海边的道路，等等，都拓展到了域外。水路建设，如明洪武二十三年（1390年），永宁宣慰使司上奏："所辖之地，水道有一百九十滩，其江门大滩等八十二处，皆石塞其流。"[1]次年，明廷便派遣曹震专程至四川进行整治工程，"震至泸州按视，有枝河通永宁界，乃凿石削岩，直接其地以通漕运。复辟陆路作驿舍邮亭"[2]。这是明代四川最大规模的交通建设。关于架设桥梁，元明清三代在南方丝绸之路上建筑桥梁是很突出的，据天启《滇志》的记载统计，明代云南有桥梁370余座，重要桥梁见下表。

---

[1]《明太祖实录》卷二〇四，北京大学图书馆藏本。
[2]《明太祖实录》卷二一四，北京大学图书馆藏本。

元明清时期南方丝绸之路上新建/重建的重要桥梁统计表

序号	桥梁名称	河流名称	时代	新建/重建
1	眉山铁索桥	缺	清代	新建
2	姚安青蛉桥	青蛉河	明代	新建
3	大理安固桥	龙溪	明代	新建
4	永昌众安桥	沙河	明代	新建
5	永昌霁虹桥	澜沧江	元明清代	重建
6	龙川桥	龙川江	元明代	重建
7	漾濞桥	漾濞河	明代	重建
8	潞江桥	怒江	清代	新建

以上所说的道路建设，是指1840年鸦片战争爆发之前进行的建设。鸦片战争之后，帝国主义加快了侵略中国的步伐，中国逐渐沦为半殖民地半封建社会。

在南方丝绸之路沿线地区，英、法帝国主义在18世纪下半期就进行了殖民侵略战争。19世纪前期，缅甸逐步沦为英国的殖民地。19世纪中期的英属印度包括今印度、孟加拉国、巴基斯坦、缅甸。法国先后将越南、老挝、柬埔寨纳入其殖民统治，19世纪晚期法属印度支那联邦包括今越南、老挝、柬埔寨及中国广州湾租界。在此之后，英、法帝国主义的侵略行为都深入了中国云南地区，企图先占据云南，继而深入整个中国西南。

伊洛瓦底江是南方丝绸之路缅甸境内重要的水路交通线。英国殖民者在伊洛瓦底江入海口——仰光修建海港、通河道，开辟了伊洛瓦底江内河轮船航运。而且，输入近代航运公司参与市场竞争，击垮了缅甸原有的落后的水运船家，垄断了伊洛瓦底江的航运。

英国殖民者在缅甸先后建成了从仰光到卑谬的铁路、仰光至东吁的铁路、东吁经曼德勒至密支那的铁路、曼德勒至腊戌的铁路等，一直修到了中国云南边境。缅甸成为中南半岛第一个拥有铁路运输的国家。之后，英国殖民者又计划修建滇缅铁路，企图打通印度—缅甸—中国云南—中国四川至长江流域的交通线，即从缅甸经云南至金沙江，再顺江东流而下至长江流域。殖民者多次派遣探险队、勘测队沿着南方丝绸之路活动，著有《云南——印度与长江间的链环》，但终因地质情况非常复杂，投资太大而没能实现。

英国殖民者还在缅甸大修公路，把公路修到了茅草地，距离中国云南边境仅一程之处。海运也得到了空前发展，开辟了从仰光至印度、阿拉伯等地的航运。

法国殖民者先是获取了在澜沧江—湄公河下游自由航行的权利，继而在越南北部从红河水道向中国云南渗透。1848年在红河三角洲北部开建近代化的海防港。1872年，法国海军的一艘载有军火及170人的炮舰，从红河入海口溯江而上至河内，再改乘4艘民船，继续溯红河而上抵达中国云南，将军火卖给了云南提督马如龙，这一事件成为红河近代航运的开端。两年后，法国和越南签订第二次《西贡条约》，法国人得到了在红河自由航行的权利，法国殖民者可以通过红河自由航行至中国云南。

1895年的中日战争后，法国进一步威逼清廷，企图获得云南铁路的修筑权。1898年，法国取得了修筑由越南通往云南铁路（即滇越铁路）的路权。1901年，法国成立滇越铁路公司，正式开始建设。滇越铁路越南段于1901年开始建设，1903年完工；云南段于1904年动工，1910年竣工；1910年4月1日全线通车。这是中国西南第一条铁路，也是第一条通往国外的铁路，标志着中国西南进入近代铁路交通时代。

需要特别说明的是，英、法帝国主义在中南半岛进行的殖民地交通建设，大都是沿着古代南方丝绸之路交通线开展的，不仅河流的航道是这样，就连近代化的铁路建设也如此，如滇越铁路基本上是沿着古代南方丝绸之路滇越交通线进桑道、步头道修筑的。

二、驿站制度

元明清时期，中央王朝管理下的交通驿站制度得到了很大发展，臻于完备。

驿站在元代称为站赤，是在历代驿站制度的基础上发展起来的，元代将其规范化，凡是元朝管辖地区的道路都设置站赤，包括直接统治区域和属国。"我国家疆理之大，东渐西被，暨于朔南，凡在属国，皆置驿传，星罗棋布，脉络通通，朝令夕至，声闻毕达，此又总纲挈之大机也。"[1] "大元一海内，列郡县，梯航万里，咸以驿递。传达旦，建候馆，馈饷相望于道，以待使客，敬上命也。"[2]

元朝中央设立通政院，总管各地驿站，其驿站建设包括：在道路上设置驿站，一般以六十里建一驿站；驿站内建有驿馆，供往来人士歇息、过夜居住；驿站之间还设有急递铺，急递铺的间隔在十里至二十里之间，专门负责传递紧急文书。驿站由政府经营，每个驿站都有额定的驿马、驿夫、所牛、所夫及口粮饲料、岁支工料外备等银。驿站不仅供官方使用，如皇帝诏书、朝廷公文、使臣往来、军情传递、官员往来、外国使臣觐见等，还可以民用，如商人、百姓出行。元朝的驿站制度，马驿、水递，置邮传命，秩然有序。使节络绎，无旦夕虞。逆旅民居，宿止有常，皆便安之。

明代驿站，"在京曰会同馆，在外曰水马驿，并递运所"[3]。洪武十五年（1382年）便开设建设驿道，要求道广十丈，仍以60里为一驿，只是在偏远

---

[1]〔明〕解缙等编：《永乐大典》卷一九四一六《站赤一》，文渊阁《四库全书》本。
[2]〔元〕朱德润：《存复斋文集》卷二《凝香亭记》，涵芬楼秘笈本。
[3]〔明〕李东阳等：《大明会典》卷一四五，文渊阁《四库全书》本。

地区为80里—100里,甚至百里以上设置驿站①。在通往边塞的驿道上还修建了堡,设立巡检司,加强防备,有的地方则是以堡代替驿站。但明朝的驿站一般只设置在中央王朝能够直接统治管辖的地区,土司、土官统治的宣慰司、宣抚司诸地基本不设驿站。

清代的驿站制度设计更为完善,形式多种多样,交通与通信合一。清代驿站由兵部统领,《清会典》记载:"凡置邮曰驿、曰站、曰塘、曰台、曰所、曰铺。"凡明代对外驿道,其线路、驿站均被清代承袭。明清两朝,驿站由政府管理,仍以公务使用为重,民间人士也可使用,而清代驿站设置密度更大,更加方便了官方和民间人士交通行走。

清代改土归流后,尽管一些偏远的地方仍实行土司制,但土司的势力非常弱小,而中央王朝直接统治的区域大为扩大,而且统治更加深入,因此,清朝设置驿站的地域突破了明代设驿的区域,一直将驿站建设到了边境之地。

南方丝绸之路交通体系中的各条交通线路,都是西南地区重要的交通线,元明清三朝都在这些交通线路上进行了驿站建设。

三、南方丝绸之路主要交通线路

元明清时期,南方丝绸之路东西线各主要道路及驿站设置叙述如下。

(一)灵关道

灵关道自开辟起就是成都平原乃至中原通往滇地最主要的交通干道,至元初仍然如此。元明时期又称建都路、建昌路、建越路。此路大约在至元二十年(1283年)前后设置站赤,元官吏称:"在先赴云南有二道,事不急

---

① 杨正泰:《明代驿站考》,上海古籍出版社,1994年,"综述",第1页。

者由水站，急者取道建都。今一切使臣皆往建都道。"①但是，元代及其以后，灵关道的道路走向有了一些改变。由于云南地区的政治中心从大理迁至中庆（今云南昆明），因此，道路在进入云南地界后，不再是向西直接去大理，而是折向东，先赴中庆，再西去大理。

这条道路的走向及主要驿站为：成都本府站（今四川成都市）、唐安站（崇州市治）、白鹤站（邛崃市治）、百丈站（今四川雅安市名山区百丈镇）、雅州站（今四川雅安市）、荥经站（元代荥经当置站）、沈黎站（元代黎州当置站，位于今汉源县清溪镇）②、大渡河站（今四川汉源县大树乡东北）、西番站（可能为甘洛县海棠乡一带）、邛部站（越西县治）、泸沽站（今四川冕宁县泸沽镇）、泸州站（今四川西昌市）③、建都站（今四川西昌市）、法山站（德昌县治）、明夷站（米易县治）、大龙站（今四川会理市益门镇西北）、浍川站（会理市治）、黎溪站（今四川会理市黎溪镇）、姜站（今云南元谋县姜驿镇）、环州站（今云南武定县环州乡）、勒站（可能为武定县白露乡一带）、虚仁站（今云南武定县高桥镇）、和曲站（今云南武定县城附近）、利浪站（富民县治）、中庆路站（今云南昆明市）。这条路也是元代马可·波罗出使，从成都至中庆所走的道路。

明清两朝此道路的走向与元代一致，只是驿站的设置有所调整。

（二）岷江道

先秦时期的岷江道，从成都至宜宾，一直是以陆路交通为主。但到了元代，岷江航道得到全面开发建设，水路航运的地位得到很大提高，从成都至宜宾

---

① 〔明〕解缙等编：《永乐大典》卷一九四一八引《经世大典》，文渊阁《四库全书》本。
② 蓝勇：《四川古代交通路线史》，西南师范大学出版社，1989年，第97页。
③ 泸州站，《经世大典》原作"建昌府泸州"。《明一统志》卷七十三："废泸州，在（四川）都司城西南二十五里。"

就主要走岷江水路，其线路为：成都—广都（今双流）—平安（今双流区付家坝）—龙山（今彭山区）—眉州—石佛—青神—峰门（今青神县东南60里）—平羌（今乐山市西北）—嘉定—三圣（今犍为县北）—犍为—下坝—月峰波—宣化（今宜宾市泥溪镇）—真溪—喁口（今宜宾思波牛口坝）—叙州。

明清两朝岷江道的走向与元代一致，加强了航道建设，陆路交通也同时存在。

（三）五尺道

从宜宾经滇东北至昆明的道路，即先秦时期便已开辟的五尺道（唐时称石门关道），在元代有水路、陆路多条交通线。至元十三年（1276年）以后，元朝开通了叙州经乌蒙（今云南昭通）至中庆的水陆驿传，"诏开乌蒙道，帅师至玉连（今四川宜宾筠连）等州，所过城寨未附者尽击下之，水陆皆置驿传"[1]。《李公神道碑》也记载："思、播既降，改由蜀入，命公开二途，陆由乌蛮，水由马湖……自是水陆驿传皆达叙州。"

水路主要有横江水路，从叙州至滇东北的水路，其走向为：叙州—横江—云南大窝—蒲二—盐井—华帖[2]。此外还有金沙江水路。

陆路主要是叙州经乌蒙至中庆陆的道路。此路基本沿袭五尺道的走向，从中庆至乌蒙段开辟了一些支路，设置驿站。

明清两朝此道路的走向与元代一致，只是驿站的设置有所调整，加强了道路建设。

五尺道不仅是四川至云南重要的交通线，而且是沟通云南与长江中下游的重要交通线。

---

[1] 〔明〕宋濂等：《元史》卷一二二《昔里钤部传附爱鲁》，文渊阁《四库全书》本。
[2] 陈世松主编：《四川通史》第五册，四川大学出版社，1993年，第260页。

（四）乌撒入蜀旧路

元朝至元三十年（1293年），元廷开设了中庆经乌撒至泸州的驿道，即乌撒入蜀旧路。其道路走向为（今地名）：从中庆出发，经嵩明、马龙、曲靖、宣威，向东北入贵州威宁、赫章、毕节，再折向北入云南威信和四川叙永、纳溪，抵达泸州。泸州之后可以西北至成都，东北至重庆[①]。

此线路在云南境内及贵州赫章以前，是沿着五尺道线路而行，只是在赫章以后转为向东北行，目的地也就从宜宾向东移到了泸州。

明朝夺取元朝江山，进军云南就是走的这条道路。在军临云南之时，朱元璋曾下令："兵既艰食，固不宜分，止于赤水、毕节、七星关各置一卫，黑张之南、瓦店之北，中置一卫，如此分守，则云南道路往来无碍矣。"[②]明朝此路的走向及驿站设置为：从中庆出发向东至曲靖站、交水（今云南沾益）、松林站、炎方站、沾益州（今云南宣威）、倘塘站、可渡、乌撒卫（今贵州威宁）、瓦甸、黑张、周泥、毕节卫、层台所、白崖、赤水卫、摩泥所、普市、永宁卫（今四川叙永）、永安站、江门站、大洲站、纳溪县城、泸州。

清代此道路仍然置驿，道路畅通。

随着云南政治经济重心向东转移至中庆，道路交通的重心也向东移，这条乌撒入蜀道路的重要性也不断提高，成为由蜀入滇以及长江中游入滇的重要通道。

（五）滇缅通道

此道路国内段是在先秦时期即已开通的南方丝绸之路博南道和永昌道

[①]〔明〕解缙等编：《永乐大典》卷一九四一九《站赤四》，文渊阁《四库全书》本。
[②]《明实录·太祖高皇帝实录》卷一四七，南京国学图书馆影印本。

（只是延长至中庆），以及唐代安南通天竺道拓东以西道路的基础之上建设的。

1. 元代

元代建设的滇缅通道，是中庆经大理至缅甸的驿道。中庆至大理段的道路走向和驿站为：中庆站、安宁站、路品站（今安宁禄脿）、禄丰站（今禄丰城区）、舍资站（今禄丰舍资镇）、路甸站（今禄丰广通镇）、威楚站（今楚雄）、禄葛站（今楚雄吕合镇）、砂桥站（今南华沙桥镇）、普淜站（今祥云普淜镇）、云南站（今祥云云南驿镇）、建宁站（今弥渡城区）、河尾关站（今大理下关镇）、大理路在城站（今大理中和村）。

大理至腾冲的道路走向和驿站为：河尾关站、样备站（今漾濞城区）、打牛坪站（今漾濞打牛坪）、永平站（今永平城区）、沙磨和站（今保山瓦窑镇南）、永昌站（今保山）、龙江站（今腾冲芒棒镇上营社区）、腾冲站（今腾冲市区）[1]。

从腾冲出国境至缅甸江头城的交通线，元朝曾经设置驿站，但具体道路及驿站名不确。《经世大典·征缅录》记载："（至元）十二年四月，建宁路安抚使贺天爵言金齿人阿郭知入缅三道：一由天部马，一由骠甸，一由阿郭地，俱会缅之江头城。"表明由三条道路可进入缅甸。此三条路林超民先生考订归纳为：

第一条，出天马关入缅甸道。从腾冲南下至梁河（南甸），沿着杨柳江穿过萝卜坝（萝卜丝庄）到清平（杉木笼，也即沙摩弄），过陇川、警坎、章凤、孟卯（今云南瑞丽），出汉龙关或天马关入缅甸。这条道路是元至近代从滇西入缅甸的主要交通线。

据《滇西兵要界务图》（上）记载：孟卯"距天马关百七十里，西南距汉龙关百三十里"，"自孟卯出天马关，自天马关五十里而至小滥，又五十

---

[1] 〔明〕解缙等编：《永乐大典》引《经世大典·各路站赤》，文渊阁《四库全书》本。

里而蛮布,三十里而猛卡,四十里而蛮空,四十五里而猛老,四十里而猛勒,四十五里而蛮黑,六十里而猛密土司,三十里而不亚,七十里而章谷洞,三十里而尼孤,凡五百九十五里。然后下船,两日即抵阿瓦。……计天马关至阿瓦水陆兼行不过九百里尔"。

第二条道路称之为骠甸路。骠甸"因其地当要冲。今地图在格萨(江头城)东南,太公城东北,龙川江边有地名孟卑(Mabein),疑骠甸即在此附近,而孟乃(Manna)在其东南,隔龙川江而居"①。《中国历史地图集》第七册《元代·云南行省》也将骠甸定位于缅甸马贝英。林超民指出:"骠甸路即是自南甸(今云南梁河县)沿杨柳江经杉木龙,过陇川,至章凤。从章凤向西出虎踞关,经骠甸,沿瑞丽江抵江头城。"②骠甸路进入缅甸的方位较第一条路稍偏北一些。

第三条,经阿郭地界入缅。"阿郭即建宁路头目。建宁路在干崖。知阿郭地即以干崖为中心的建宁路地。因之,行经阿郭地界的第三条路当经干崖(今云南盈江)。据乾隆《腾越州志》和《滇西兵要界务图注》,这条路由干崖向西,沿大盈江从弄璋街或太平街至蛮允,再经蚌西、三台坡,至红蚌河。从红蚌河入缅,大盈江在今蛮暮与大金沙江(伊洛瓦底江)汇流,沿江而下,至江头城。"③这条道路比前两条路的方位都更靠北,而且是一条水陆兼行的道路。

三条道路在江头城汇合。滇西入缅三道路,正是至元二十年(1283年)元军分三路征缅甸所走的道路。

2. 明代

明代由滇西南入缅,进而至印度的驿道主要是走腾冲入缅之路,在国内

---

① 林超民:《元代金齿入缅三道考》,《思想战线》1989年增刊。
② 林超民:《元代金齿入缅三道考》,《思想战线》1989年增刊。
③ 林超民:《元代金齿入缅三道考》,《思想战线》1989年增刊。

部分增加了一些驿站，如永乐五年（1407年）设置了腾冲站、龙川江站、南甸站和萝卜思庄站，六年（1408年）又增设了潞江站、甸头站。不过，明正统年以后，云南边境动乱，往来人士减少，腾冲以西的驿站被裁减。

方国瑜先生对明代此路（昆明至腾冲段）的走向、里程（或日程）及驿站等论述详细：

> 昆明西南（经碧鸡关）八十里为安宁州。安宁西六十里曰禄脿驿，西行（经老鸦关）五十里曰炼象关（今名大腰站）。关西五十里曰禄丰县，又（经南平关、响水关即兰谷关）七十里曰舍资驿。驿西二十里曰回蹬关，又四十里为广通县，今有路甸驿。驿西百里为楚雄府（有峨崀驿）。楚雄西四十里曰吕合驿，驿西三十里为镇南州，由镇南州北行百里为姚安府，今有蜻蛉驿①。姚安西南行百里曰普淜驿（按：自镇南三十五里为沙桥，又五十里为英武关，又经普昌河四十里为普淜驿）。驿西行（经安南关）五十里为小云南（云南驿），西南四十里为品甸，今立云南县（洱海卫同城）。县西北行四十里为白崖甸（今红崖），甸西山有关（即定西岭），关西四十里为赵州。赵州西南三十里曰龙尾关，入关三十里则大理府也。
>
> 出龙尾关南行五里许，有石门天桥（即天生桥），又南行七十里曰漾濞江（有漾濞驿）。西南八十里曰打牛坪，又西南行（经黄连堡）百二十里为永平县。永平西行六十里，俗名丁当丁山（即博南山），又二十里曰沙木和驿。驿西南行二十里曰澜沧江（渡霁虹桥，登山至水站，经板桥街），百里乃永昌府。
>
> ……

---

① 《明会典》卷一四六"姚安军民府"载："旧有蜻蛉驿，革。"

……由永昌府西行至蒲骠驿一日，至潞江驿一日，过红木树至龙川江驿二日，至腾冲城一日[①]。

另有一条支线："又由永昌府南经水眼关、施甸三日至姚关，又经湾甸小猛统三日至德党（今永德县城）。""瑜之行程，自耿马城四日至今永德城（德党），又三日至姚关，由姚关三十里至施甸坝之人和桥，又二十五日至保场（银川街），又四十五里至辛街，又三十里保山城。"[②]

明代从腾冲入中南半岛有两条交通线，称之为"贡道上路""贡道下路"或"贡象上路""贡象下路"。此道路是边境土司、中南半岛诸国进入明朝廷朝贡觐见所走的道路，因常有大象进贡，所以又称贡象之路。

贡道上路，据万历《云南通志》卷十六《羁縻志》十二"贡象道路"记载："由永昌过蒲缥，经屋床山，箐险路狭，马不得行。过山即怒江，过江即僰夷界也。江外高黎贡山，路亦颇险，山巅夷人，立栅为寨。此栅，三代谓之徼外也。过腾冲卫西南行至南甸、干崖、陇川三宣抚司。陇川有诸葛孔明寄箭山。陇川之外，皆是平地，一望数千里，绝无山溪。陇川十日至猛密。二日至宝井。又十日至缅甸。又十日至洞吾。又十日至摆古，见今莽酋居住之地。"这里的缅甸是指曼德勒，洞吾是东吁，摆古即勃固。

贡道上路是明代由滇入缅，进而走到下缅甸的主要道路，沟通了云南至上下缅甸经济开发最好的地区。

贡道下路，是在南诏时期就已经开辟的南诏至海上交通线，以及元代加以整修的大理赵州至车里驿道的基础上，进一步建设而成的。万历《云南通志》卷十六《羁縻志》十二"贡象道路"记载，贡道下路"由景东历赭乐甸，

[①] 方国瑜：《中国西南历史地理考释》下册，中华书局，1987年，第1160、1161页。
[②] 方国瑜：《中国西南历史地理考释》下册，中华书局，1987年，第1161、1200页。

行一日，至镇沅府。又行二日，始达车里宣慰使司之界。行二日，至车里之普洱，此处产茶，一山耸秀，名光山，有车里一头目居之，蜀汉孔明营垒在焉。又行二日至一大川原，广可千里，其中养象。其山为孔明寄箭处。又有孔明碑，苔泐不辨字矣。又行四日，始至车里宣慰使司，在九龙山之下，临大江，一名九龙江，即黑水之末流也。由车里西南行八日，至八百媳妇宣慰司，此地寺塔甚多，一村一寺，每寺一塔，村以万计，塔亦以万计，号慈国，其酋恶杀，不喜争，敌人入侵，不得已举兵，得所雠而罢。由此又西南行一月，至老挝宣慰司，其酋一代止生一子承袭，绝不生女。西行十五六日，至西洋海岸，乃摆古，莽酋之地也"。赭乐甸即者乐甸，九龙江即澜沧江。

3. 清代

清代沿袭了元明时期的道路，加以整修，只是设置的驿站稍有变化。从昆明至永昌府的走向不变，从永昌府入缅的走向及驿站为：至腾冲以后，折向南去曩宋军站（今梁河曩宋）、南甸（今梁河县城）、龙抱树军站（距南甸60里）、杉木笼（今陇川县杉木龙）、蛮笼军站入缅甸。或从保山县军站经龙陵厅军站、镇安军站等，由芒市出境入缅甸[①]。

《清史稿》之《兵志》对滇缅通道的记叙为：

> 云南沿边，环接外夷，南境之蒙自，当越南国，西南境之腾越，当缅甸国，尤为南维锁钥。腾越界连野番，旧设八关九隘，以土练驻防。缅甸国入贡之道，向由虎踞关（今云南省陇川县西南境外）入，经孟卯、陇川等处，以达南甸，设南营都司以备之。自外海轮舶南来，直抵新街，商贾咸趋北道，由腾越城西南行，经南甸、千崖、盏达三宣抚司，历四

---

① 龙云主修，周钟岳、赵式铭等编纂：《新纂云南通志》卷五十六《交通考一》，云南省地方志编纂委员会办公室翻印，1989年；〔清〕陈宗海纂修，〔清〕赵端礼同修：光绪《腾越厅志稿》卷三《地志八·道里》，清光绪十三年刻本。

程而至蛮允,过此即野人境。其间有三路。下为河边路,中为石梯路,上为炎山路。下路较近,上路则柴草咸便,行四日至蛮暮,入缅甸界。舟行一日,可达新街。又印度东境之野山,系珞瑜番族,英吉利人由印度侵入,辟地种茶桑,其地可通孟养而达腾越……边外强邻野俗,错处可虞。明代旧置铜壁、巨石(今云南省盈江县西部边境)、万仞(今云南省盈江县西北部边境)诸关,以固边围。水道则海珀江自干崖以下,水势渐宽,与大金沙江河流,元代征缅,以舟制胜,取建瓴之势也。其永昌、顺宁、大理三府,及蒙化一厅,楚雄府之姚州,皆迤西边界,山深菁密,汉、夷杂处。清初原设永顺镇总兵,迨改镇为协,仅于永昌城驻兵,沿边一带,有鞭长莫及之虞。

……

自云南入缅甸,共有六途,以蛮允一途为捷径[①]。

(六)滇越通道

元代的滇越通道,即中庆通安南驿道,是在先秦时期即已开通的南方丝绸之路步头道,唐代安南通天竺道拓东以东南道路的基础上发展建设的。

至元十三年(1276年)元军曾沿红河而下,进攻大瞿越国[②],重新打通了云南通往安南的道路。在南宋灭亡之前,元朝通往安南的主要道路就是这条滇越通道。

中庆通安南驿道的道路走向为:从鄯阐出发向南,经过安宁、晋宁、澄江、江川、通海、建水、开远进入蒙自,再向南直抵红河江边,然后或从河

[①] 赵尔巽等:《清史稿》卷一三七《兵志》,转引自余定邦、黄重言编:《中国古籍中有关缅甸资料汇编》中册,中华书局,2002年,第424、425页。
[②] 〔明〕宋濂等:《元史》卷二〇九《外夷传二·安南》,文渊阁《四库全书》本。

阳隘，或从莲花滩（今河口西北）下红河，经河口进入安南界。之后，分别沿洮江（今红河）左右两岸向下游行进，汇合于白鹤三岐江，再行渡富良江（红河下游）抵达河内。其中洮江右岸的道路因地势较为平缓，成为主要干道[①]。此路抵达河内后，还可向南延伸至占城。至元二十二年（1285年），元军攻打占城，这条道路就是行军线路[②]。

元朝在中庆通安南驿道上设置的驿站包括：中庆、安宁、晋宁、澄江路（今澄江）、江川、临安路（今通海）、建水州（今建水）、八甸[③]等。至元十三年（1276年），元廷于舍资（今蒙自以东）设安南道防送军千户，保护这条驿道[④]。

随着元朝灭了南宋，将南宋之地尽数收纳，中国通往安南的交通有了变化。由于中国内地从广西入安南的路途更近、更方便，元廷便加强了从广西入安南的驿道建设，逐渐取代了元初主要由滇入安南的交通，成为中国通往安南的主要交通线。这就使得由中庆通安南道的交通地位有所下降，但此道路仍然畅通，包括明清时期，一直都是滇越间交通往来的重要通道。

清代此驿道的走向及驿站为：昆明县滇阳驿（今昆明）、呈贡县军站（今呈贡区）、晋宁州军站（今晋宁区晋城）、河阳县县前铺（今澄江县城）、江川县县前铺（今江川区）、通海县县前铺（今通海县城）、建水县县前铺（今建水县城）、阿迷州州前铺（今开远市）、倘甸铺（今蒙自市倘甸）、矣坡铺（今蒙自市雨过铺镇）、十里铺（今蒙自市十里铺）、县前铺（今蒙自市县前铺）、芭蕉铺等。可在蒙自，也可在个旧蔓耗、河口等地下红河入越南老街，

---

① 〔明〕邓钟：《安南图志》，商务印书馆，1937年影印本。
② 〔明〕宋濂等：《元史》卷二〇九《外夷传二·安南》，文渊阁《四库全书》本。
③ 八甸，《经世大典》记为"蒙自县八甸"。王颋的《元代云南行省站道考略》（《历史地理研究》第2辑，复旦大学出版社，1990年）认为八甸位于今开远。
④ 〔明〕宋濂等：《元史》卷六十一《地理志四》，文渊阁《四库全书》本。

直至河内。

其实，滇越交通线还应包括自先秦时期便已开通的进桑道。这条线路国内段，即从昆明经弥勒至文山，在宋及以后都有从文山通往广西的道路，元明清时期也都建成驿道。而就进桑道整个道路而言，也是畅通的，是经麻栗坡出境进入越南，在越池与步头道汇合，最终抵达河内。

在先秦时期即已开通的南方丝绸之路步头道、进桑道，一直使用到中华人民共和国成立以后，在现代化公路修通之前，长期是中越两国边境各民族交通、交流的主动脉。

（七）大理、中庆至车里道

大理至车里的道路，在南诏国时期便已开通。到了元朝，云南省政治中心东移至中庆，又新建了中庆至车里道。

元代大理至车里道的走向为（今地名）：大理—景东—镇沅—普洱—思茅—景洪。这条路在景东以后与明代史籍记载的"贡象下路"重合。从中庆至车里道的走向为（今地名）：昆明—晋宁—建水—元江—普洱市小橄榄坝—景洪。

这条道路往外延伸，即可通往八百媳妇国。至元二十一年（1284年），元军在征伐了罗必甸（位于云南元江）后，接着又向南，经车里征八百媳妇国，行军就是走的中庆至车里道[1]。普洱市小橄榄坝澜沧江整控渡口曾发现记载元军征八百媳妇国的摩崖石刻，但落款是至元十九年（1282年）十二月，表明元军在此时间前后到达了车里[2]。

至正初年，车里路总管寒赛在车里至建水段设置了驿站。

---

[1] 〔明〕宋濂等：《元史》卷一三二《步鲁合答传》，文渊阁《四库全书》本。
[2] 西双版纳州政协编印：《版纳文史资料选辑》第二辑，1987年，第4页。

明朝在大理赵州至车里驿道上设置了开南驿（今巍山城区）、定边驿（今南涧城区）、新田驿、板桥驿（今景东彝族自治县北龙街）、景东驿（今景东彝族自治县县城）等驿站。昆明至车里的道路，仅将驿站设到了元江，元江以外的土司（包括土官统治的宣慰司、宣抚司）统治区域没有设置驿站。

清朝改土归流成功后，将驿站建设到了元江以外的地区。清朝昆明至车里道的走向及驿站为：昆明、晋宁州军站（今晋宁区晋城）、刺桐关、新兴州军站（今玉溪市）、嶍峨县军站（今峨山彝族自治县县城）、新平彝族傣族自治县吕罗乡军站、扬武坝军站（今新平彝族傣族自治县扬武镇）、青龙厂军站（今青龙厂镇）、元江州军站（今元江城区）、莫浪塘军站、大歇厂军站、阿黑江军站（今墨江哈尼族自治县阿黑江畔，忠爱桥附近）、他郎厅军站（今墨江哈尼族自治县县城）、把江边军站（今普洱区把边街）、通关哨军站（今墨江哈尼族自治县通关镇）、磨黑军站（今普洱区磨黑镇）、宁洱厅军站（今普洱市区）。此后，道路未设驿站，仅设铺，有思茅铺、铁厂河铺等直抵车里[①]。

清朝大理赵州至车里驿道，仅蒙华厅设置了漾濞军站、合江军站（约在今巍山彝族回族自治县县城附近）两个军站，另设十多个铺。道路在普洱与昆明至车里的驿道汇合。

大理或中庆至车里道，不仅沟通滇西、滇东经滇中至滇南西双版纳的交通，而且还可以进一步延伸通往东南亚的老挝、泰国、缅甸等国。

（八）滇越铁路

滇越铁路是西南地区第一条铁路，连接中国昆明至越南海防，全长约859千米，铁路线滇段（中国境内）约465千米（正线铺轨464多千米），越段（越南境内）约394千米，轨道宽度约1米，因此被称为"米轨铁路"。

[①] 陆韧：《云南对外交通史》，云南人民出版社、云南大学出版社，2011年，第188页。

滇越铁路的线路走向及主要站点为：昆明—呈贡—宜良县江头村—宜良县城—华宁县盘溪—弥勒市巡检司—开远市打兔寨—大塔—大庄—蒙自市草坝—碧色寨—黑龙潭—芷村—屏边苗族自治县波渡箐—北寨—河口瑶族自治县老范寨—河口瑶族自治县县城—越南老街—安沛—越池—河内—海阳—海防。

滇越铁路的走向基本沿袭了南方丝绸之路步头道、进桑道的走向，将二者相结合，铁路在云南的前半段，基本走的是进桑道的线路，从开远以下为步头道的走向。出河口后沿着红河河谷行进这条线路，更是自先秦时期起，中国西南各民族通往越南北部的交通线。

其实，综观各朝代南方丝绸之路交通网络体系，可以看出，其主要干道都是基于先秦时期便已开辟出来的那些道路，包括灵关段、岷江道、五尺道、博南道、永昌道、进桑道和步头道。以后各朝代新增加的道路数量不多，只有很少一些朝代新建了较重要的道路，如唐代，南诏国新开辟的南诏通南海的道路，成为南方丝绸之交通网络中很重要的一部分，被后来的各朝代所承袭。

及近代、现当代，南方丝绸之路各干道的走向，也是兴修公路、铁路的基本走向。

第三节　中国文明对外传播

元明清时期是大一统的时代，疆域辽阔，八方来朝，有利于中国文明对外传播。但是，这一时期也是中国封建社会的后期，制度腐朽，思想僵化落后，失去了汉唐时期开拓进取、蓬勃向上之气象。明清两朝都实行过一段时间的闭关锁国政策，严重影响了中国与世界的交流和中国文明的对外传播。

鸦片战争以后，帝国主义的侵略使中国逐步沦为半殖民地半封建社会，成为帝国主义掠夺资源和倾销产品之地，中国文明对世界文明的影响和作用日益下降。

一、对外文化传播的途径

元明清时期，中国文明对外传播的主要途径包括疆域扩展、军事行动、对外贸易及民族迁徙往来等方面。其中，民族迁徙是比较突出的。

11世纪，伊斯兰教进入印度。1206—1526年为印度的德里苏丹时代，伊斯兰教在印度广泛传播，而佛教却日渐势衰，濒于灭绝。另一方面，中国的佛教仍然较为兴盛，发展成熟。在这样的形势下，中国历史上历时600来年的赴印度求法运动就此终结，因而通过宗教人士往来中印之间传播文化，也不再是中国文明对外传播的重要途径了。

（一）疆域扩展

元朝建立后，开疆拓土，建立了空前强大、辽阔的国家。在南方丝绸之路沿线地区，中央王朝的统治区域包括今缅甸北部、泰国北部、老挝北部及越南西北部的广大地区。《元史·地理志四》记载，云南行省"东至普安路之横山，西至缅地之江头城，凡三千九百里而远；南至临安路之鹿沧江，北至罗罗斯之大渡河，凡四千里而近"。赵子元在《赛平章德政碑》中记载云南行省："东接宋境，西距蒲甘，北抵吐蕃，南届交趾，地方千里者五，总隶一百余州。"

元朝设置的管辖地区包括东南亚地区的行政机构有：大理金齿宣慰司（驻今云南保山）、邦牙宣慰司（驻今缅甸阿瓦）、八百宣慰司（驻今泰国清迈）、蒙庆宣慰司（驻今泰国昌盛）、老告总管府（驻今老挝琅勃拉邦），等等。

明朝继承了元朝的西南疆域。在明朝永乐年的全盛时期，明廷设置了孟养、木邦、缅甸、底兀剌、古剌、底马撒、八百、老挝等八个宣慰司，孟密、蛮莫宣抚司以及孟艮府、宁远州等行政机构，其地辖今缅甸北部（除阿拉干外）、泰国北部（清迈地区）、老挝北部（琅勃拉邦地区）以及越南西北部（莱州地区）。甚至在缅甸南部勃固一带也设置了宣慰使司，勃固王朝成为明朝的藩属国。但是，随着16世纪西方帝国主义入侵中南半岛，缅甸东吁王朝崛起并向中国云南扩张，明朝的西南疆域大为收缩。明万历年间，在干崖宣抚司、陇川宣抚司一带修筑八大关口，采取防守之势。到了明朝后期，云南"西至干崖与西蕃界，南至木邦与交趾界"。这也是清朝前期的西南疆域。到了清朝后期，不仅丧失了今缅甸、泰国、老挝及越南等国的地域，而且还被迫割让了云南南部大片国土给英、法两国。

另外，在明朝永乐年间，中国曾直接统治越南20年。永乐五年（1407年），明永乐帝为助越南陈朝后裔推翻胡朝，出兵越南，随后在越南设立交趾布政司等"三司"，以及府州县行政机构，直至1428年明军撤退回国，此即越南历史上的"属明时期"。在这一时期，越南与中国内地的沟通更加直接和频繁，甚至有许多人到内地为官、为工匠。如交趾总兵官张辅总就曾先后三次送交趾人才1.6万余人至南京。仅永乐十一年（1413年），就送130多名交趾工匠携家属齐至南京。还有许多交趾人到内地为地方官员，甚至到京城担任较高级别的官职，官至工部尚书的胡澄（又名黎澄）、建筑"总工程师"阮安等就是杰出的代表[1]。这些入内地的交趾人士再返回家乡，就成为中国文明的传播者。

在元明清三朝，统治疆域扩展到中南半岛北部时期，中国文明得以迅速地传播到这些地区。

---

[1] 张秀民：《明代交趾人移入内地考》，载氏著：《中越关系史论文集》，文史哲出版社，1992年，第79、57、47—52页。

（二）军事行动

在元明清时期，南方丝绸之路的云南边疆、缅甸及越南等地都发生了较频繁的中外战争。并且，中国西南边疆地区也长期驻扎军队，开展镇守边关、军屯等军事行动（军屯详见本章第一节）。

中央王朝曾多次出兵云南边疆地区、缅甸及越南等地，较大的军事行动有：元朝于至元十三年（1276年）进攻安南攻取都城大罗城，至元二十二年（1285年）元军征伐占城并再次攻入大罗城，至元二十四年（1287年）再讨安南；至元十四年（1277年）元缅之战，至元二十年（1283年）元军征战缅甸攻下江头城，两年后元军再次发兵攻入缅甸都城蒲甘。明朝于正统年间开展的"三征麓川"之战，地域包括今缅甸北部及云南西南部，历时9年，先后三次出兵，约45万军人远征，从永昌入缅甸兵至大金沙江（即伊洛瓦底江）流域[①]，"骚动几半天下"。清朝于顺治十七年（1660年）由吴三桂率兵攻入缅甸，捕获明永历帝后回国；乾隆年早期，缅甸雍籍牙王朝屡次出兵进犯云南西南边疆，乾隆三十二年（1767年）清廷调兵遣将，集合大军进攻缅甸，直抵其都城阿瓦（即曼德勒），终因孤军深入而失败；两年后，清廷集结3万多人马进攻缅甸，兵至老官屯（今缅甸杰沙），双方对峙，最终议和。

军事行动是文化传播的直接方式之一。元明清时期中国与缅甸、越南等国开展的军事行动，次数较多、规模较大，必然伴随着文化的传播。

（三）对外贸易

元明清时期，经由南方丝绸之路开展的对外贸易，无论是民间的自由贸易还是官方的朝贡往来，虽然有战争、摩擦，以及明清两朝都曾实行过的闭

[①]〔清〕张廷玉等：《明史》卷一七一《王骥传》，文渊阁《四库全书》本。

关政策等因素的影响，但总的来看，还是很兴盛的。元朝采取兴商政策，明朝中国资本主义经济萌芽，这些都促进了对外贸易的发展，对外贸易成为南方丝绸之路上最持久而活跃的活动，也是中国文明对外传播的主要途径之一。

然而，元明清时期海上贸易兴旺，尤其是在近代，西方帝国主义列强将南亚、东南亚诸国占为殖民地，中国也沦为半殖民地半封建社会后，国际贸易为其控制，海运、海上贸易成为东西方贸易的主角。

元明清时期，中国输往国外的主要商品有：丝绸（包括锦、缎、绫、绸、杂缯等）、棉纱、生丝、布匹、靴袜、瓷器、糖果、茶叶、酒、盐巴、玉器、金器、铜器、铁器、玻璃器皿、瓦器、纸张、颜料、烟、药材、豆类、马等，外国输往中国的主要商品有：玉石、宝石、琥珀、珍珠、珊瑚、大象、象牙、花马、黑狮、犀角、犀牛、犀牙、乳香及龙涎香等香料、金、银、铜、锡、铅、棉花、棉纱、棉织品、锦、土绸、毛织品、大米、冰糖、药材、乌木等木材、竹木器、海产品、燕窝、鱼胶、琉璃、玻璃、金银器皿、菠萝蜜等水果、糖果、树胶、鸦片等。

这一时期南方丝绸之路的对外贸易，中国与印度及东南亚诸国的民间贸易仍然进行。马可·波罗在其游记中说，大理、开远一带所产良马，颇负盛名，多售之印度人，而为一种极盛之贸易，云南地区通行的货币海贝也是来自印度。

在中越贸易方面，元代越南北方的云屯和中部的清化为中越间重要的贸易口岸，民间贸易往来不绝；明代越南"属明时期"，经济交流更加频繁；清代从云南开化府（今云南文山）入越南（即南方丝绸之路进桑道）是中越民间贸易繁荣的通道。

中国云南与老挝的民间贸易持续开展，云南马帮商队常深入老挝内地，贸易中使用的货币也是流通于南方丝绸之路西线的贝币。中国史籍记载老挝人"知耕种，勤纺织，其近在普洱府东界外者，常入内地贸易"①。

不过，相较于与东南亚其他国家的贸易，中国与缅甸两国的贸易显得格外突出，可谓盛况空前。但需要看到的是，中国销售到缅甸的货物，有相当部分经缅甸转运至西亚乃至欧洲国家。英国历史学家霍尔曾说："17世纪中叶，中国丝绸及其他商品已大量由陆路运往缅甸，商队的牛车多至三四百辆，驮运的骡马多达二千匹。"②

元代，缅甸北部开始开采玉石，大量贩卖至中国。明代，缅玉作为云南进贡皇室的珍品，官方大量采买。同时，大量民间商贩也将缅玉贩运至云南腾冲、大理一带加工，再转售内地。官办私贩，使得缅甸玉石贸易经久不衰。丝绸也是交易的大宗商品，缅甸作家貌觉温说："从15世纪开始，中国商人就循着从永昌至勃固的商道，把中国的丝绸和其他货物源源运抵勃固。"③"从云南到巴莫的这条国际通道上，有从中国来的庞大的驮运商队（马帮），数千骡马、数百劳工和商人，从中国运来大量丝绸。在巴莫有座供中国商人休息和文化活动的关帝庙，还有许多仓库，堆满运来的丝绸和待运回去的棉花。"④其他商品贸易也很发达。明末朱孟震的《西南夷风土记》，反映了缅北商城的繁荣："自孟密以上，山多宝，蛮莫以下，地饶五谷，当国初兵力盛时，剪荆棘为乐土，易鳞介以冠裳。""惟孟密一日一小市，五日一大市。盖其地多宝藏，商贾辐辏，故物价常平。"⑤

---

① 〔清〕溥恒等：《皇清职贡图》卷一，文渊阁《四库全书》本。
② 转引自王介南、王全珍：《中缅友好两千年：纪念周恩来总理到德宏40周年》，德宏民族出版社，1996年，第80页。
③ 〔缅〕貌觉温：《妙瓦底》，1977年，第78—80页。
④ 史古特：《锦绣东方——旅缅生活记录》，转引自周一良：《中外文化交流史》，河南人民出版社，1987年，第24页。
⑤ 〔明〕朱孟震：《西南夷风土记》，《丛书集成初编》第3277册《西南夷风土记 异域竹枝词》，中华书局，1985年。关于《西南夷风土记》的作者，据方国瑜先生考证，并非朱孟震，见方国瑜主编：《云南史料丛刊》卷五，云南大学出版社，1998年，第486页。

沿蛮莫从水路向西南可至伊洛瓦底江上游重镇江头城，因地处要道，聚集了四面八方经商之人士，至明代已经发展成为繁华的商业城市。《西南夷风土记》记载：

> 江头为门十二，东入者东出，西入者西出，南北如之。或出入不由故道者罚之。夹道有走廊三十里。至摆古等温城，每日中为市。市之周围亦有走廊三千余间，以避天雨[①]。

该书的"治理"条还记载："江头城外有大明街，闽、广、江、蜀居货游艺者数万。"

缅甸也有大量商人前去云南经商，以至于明廷在昆明城的布政司署东南开设了"缅字馆"，专门教授缅语翻译，以接待缅甸朝贡使团和缅甸商人。

清代中缅贸易更甚于明代，贸易品涵盖矿产、土产及日常生活用品的方方面面，尤以矿产、丝绸、珠宝和棉花为大宗。

对缅甸而言，中缅贸易已不再是简单的日常商品交换，而是关系到民生的大事。乾隆年间的中缅战争期间（1762—1769年），两国贸易中断——禁市，使得缅甸经济遭受重创。在战争结束，清朝与缅甸关系逐渐修好后，缅王孟云在给清廷入贡的奏文中特别恳求："再自禁止通商以后，边民生计艰难，还祈照旧开关，使小臣所产棉花等物藉以销售。"[②]而清廷则视情况给予开关通市，如《清史稿》记载："（乾隆）五十二年……越四年，缅甸效顺，亦准开关通市，于永昌、腾越、顺宁收征出口税，杉木笼、暮福、南河口征收入口

---

① 〔明〕朱孟震：《西南夷风土记》，《丛书集成初编》第3277册《西南夷风土记 异域竹枝词》，中华书局，1985年。
② 〔缅〕孟陨：《缅人入贡表文》，载李根源辑：《永昌府文征》卷十一，云南美术出版社，2001年校注本，第2405页。

税……货物进口，复运往他处，限一月内免重征；若逾限出口，或限内移货别船，均征出口税。"①

清朝云南成为棉纺大省，很大程度上得益于缅甸输入的棉花。英国人西姆施的《1795年出使阿瓦记》记载："在缅甸首都与中国云南之间存在着广泛的贸易，从阿瓦输出的主要商品是棉花。……沿伊洛瓦底江运到巴莫，同中国人交换商品，后者沿着水陆两路把棉花运入中国。"②据统计，19世纪中叶滇缅贸易额约为40万英镑。1920年代，每年输入云南的棉花货值超过20万英镑，重量不少于500万公斤③。

清代王昶的《征缅纪略》记载，缅甸"其酋居阿瓦城，城三面皆距南大金沙江，发源于番境，至蛮暮南来河汇之，至速怕又合孟卯江，及近阿瓦之堵御营，则锡箔江又入焉，南流以注入南海。沿海富鱼盐，缅人载之以上，行十日抵老官屯、新街、蛮暮，贸市边内外，诸夷人皆赖之。而江以西为孟拱土司地，出琥珀，江东为孟密，有宝井，多宝石。又波龙山者产银，是以江西、湖广及云南大理、永昌人出边商贩者甚众"④。《清史稿》卷五百二十八属国三《缅甸暹罗南掌苏禄》之缅甸部分，也有类似的记载。

清道光二十一年（1841年），云南人马德新（复初）经普洱、思茅、景洪、阿瓦、仰光至麦加朝圣，回国后著有《朝觐途记》一书，记载了沿途见闻。马德新在书中记叙了他在缅甸一路上与商人同行，从阿瓦至仰光，是乘坐运铜的商船沿江南下，所运之铜是从中国出口的。

---

① 赵尔巽等：《清史稿》卷一二五《食货志》，中华书局，1977年。
② 王介南、王全珍：《中缅友好两千年：纪念周恩来总理到德宏40周年》，德宏民族出版社，1996年，第81页。
③ 贺圣达：《缅甸史》，人民出版社，1992年，第214页。
④ 〔清〕王昶：《征缅纪略》，载李根源辑：《永昌府文征》卷十七，云南美术出版社，2001年校注本。

薛福成在《出使英法义比四国日记》中记载1892年的缅甸："而滇商之众，首数阿瓦，约万二千人，次则新街、孟拱，不下五千，其余各数十百人。至行商货驼，年常二三万，秋出春归。""新街亦称汉人街，临近江岸，袤延八九里，滇商数百家居中区，其街之首尾则掸人居之。"而仰光"江口轮艘如织，贸易极盛，闽粤大商不下万人，滇商亦十余家。"[①]"阿瓦有汉人街二条，每长五六里，间有土民在内，而散居各街之商号亦多。"在新街、滨江街不足十里，"滇商居于中要，地产皆经百年"[②]。

19世纪末，中国商人在中缅边境的德宏各县及腾越经商者甚众，道路沿线行商、坐商、客栈鳞次栉比，汉族、白族、回族等民族的商人都在当地设立商号，著名的有四川商帮、鹤庆商帮、喜洲商帮等。马帮络绎不绝，以鹤庆、喜洲、蒙化（今云南巍山）、顺宁等地的马帮规模最大。德宏、腾越成为中缅、中印对外贸易的重要口岸。

近代南方丝绸之路对外贸易有了巨大的变化。英、法帝国主义强迫清王朝签订了一系列不平等条约，迫使中国西南一些城市开埠通商，设立海关。从19世纪80年代到20世纪伊始，先后设立了北海海关、龙州海关、梧州关、南宁海关、蒙自海关、河口海关、思茅海关、腾冲海关、重庆海关等海关。1905年，中国自行开关昆明口岸。具有半殖民地性质的对外贸易，无论是在交易商品的范围上，还是在规模上，都大大超过历代。

在朝贡方面，元明清时期南方丝绸之路是沿线政权（包括境外、跨境土司）至中国朝贡的主要陆路通道。印度诸国、安南（19世纪初始改称越南）、占城、南掌（即老挝）、八百媳妇（即兰那国）、素可泰（即暹国）、缅甸（即缅国）等国及中央王朝设立的境外、跨境土司，都长期、频繁地派出使团

---

① 〔清〕薛福成：《出使英法义比四国日记》，岳麓书社，1985年，第512、543、722页。
② 〔清〕薛福成：《缕陈缅甸近年情形》，〔清〕姚文栋：《集思广益编》卷一，滇南四种本。

入中国朝贡，如缅国仅在元朝就遣使或入贡达30次之多，进贡大象超过50头。明朝，老挝（时称南掌国、澜沧王国）10位国王先后派遣使团入贡达34次。清朝，琅勃拉邦王国（今老挝北部）也先后派出了24次使团前往中国朝贡。缅甸与中国的关系很紧密，频繁朝贡，乾隆五十五年（1790年）三月，"缅甸国长孟陨遣使表贺万寿，贡驯象，请封号。命封为缅甸国王"[1]。

明清两朝都实行"怀柔远人"的方针，制定了非常优厚的朝贡回赐标准，并且准许朝贡国家同中国开展广泛的双边贸易，这就吸引了周边国家积极入朝进贡。前引缅王孟云在使团入贡清廷时的奏文中，还有这样的词句："仍求大皇帝逾格恩施，敕赏小臣阿瓦封号，并准十年一进贡一次，俾子子孙孙得以世世藩臣，仰承恩泽。"[2]表现出对朝贡的渴望。明代，从腾冲入中南半岛有两条交通线由于是朝贡者常走的，被称为"贡道上路""贡道下路"。又由于常进贡大象，被称为"贡象上路"和"贡象下路"。

在明清两朝实行海禁期间，朝贡是中国丝绸等珍贵物品输出海外的重要方式。

近代，在印度、缅甸、越南、老挝、柬埔寨等国相继沦为英、法殖民地后，这些国家与中国的朝贡贸易也不再进行。

（四）移民与民族迁徙

元明清时期，大量汉族及少数民族由南方丝绸之路移民，迁徙至东南亚，迁入地包括缅甸、泰国、老挝及越南等，成为传播中国文明的重要使者。

1. 汉族移民

汉族移民东南亚的主要原因是军事行动和商业活动。军事行动造成的移

---

[1] 赵尔巽等：《清史稿》卷十五《本纪十五》，中华书局，1977年。
[2] ［缅］孟陨：《缅人入贡表文》，载李根源辑：《永昌府文征》卷十一，云南美术出版社，2001年校注本，第2405页。

民多为战争遗留者,如明代永乐年间,明军出兵越南,有一些军民就没有"北还",而是留居当地。再如清初进入缅甸的军士遗留。清军入关后,追剿南明永历政权,南明永历帝及李定国、白文选率部辗转进入缅甸。在南明政权覆灭后,有相当多的将士及其家属流落缅甸,逐渐形成两个较大的群体:"桂家"(或"贵家")和"敏家"(或"明家")。据《缅考》记载:"缅劫永明时,诸人分散驻沙洲……百余年生聚日盛,称桂家,兵力强,群蛮畏之。……时亦有敏家,大抵桂家之与也。"① 《清史稿·缅甸传》也有记:"贵家者,随永明入缅之官族也,其子孙自相署曰'贵家',据龙波厂采银。"再如1765—1769年间进行的清缅战争,失散、流落最终定居在缅甸的中国士兵数量相当多,仅在缅甸首都阿瓦登记的中国战俘就有2500人②。

中缅贸易昌盛,工商业人士也就大量进入缅甸。明万历时期,缅甸伊洛瓦底江上游商业重镇江头城外建有大明街,聚集了"闽、广、江、蜀居货游艺者数万","而三宣六慰被携者亦数万"③。在缅甸龙波银厂从事采银的,不仅有落籍缅甸的桂家、敏家,还有相当多的内地人,极盛时矿工人数多达4万余人。而龙波银厂以东的茂隆银厂(时属云南,今属缅甸),也有两三万矿工。另有民众自行前往缅甸,如缅甸蛮暮,在明弘治时期"又有江西、云南、大理逋逃之民多赴之"④,清代云南人至缅甸经商、务工的人数更多。经商者如前对外贸易中所述。英国殖民者进入缅甸后,为了尽快开发和掠夺,公开招募了一些华工,许多滇西破产农民便进入缅甸,时有"穷走夷方急走厂"的

---

① 〔清〕师范:《滇系》卷十九《典故四》,光绪十三年云南通志局刻本,转引自余定邦、黄重言编:《中国古籍中有关缅甸资料汇编》下册,中华书局,2002年,第1049页。
② 〔英〕哈威:《缅甸史》,姚枬译注,陈炎校订,商务印书馆,1957年,第298页。
③ 〔明〕朱孟震:《西南夷风土记》,《丛书集成初编》第3277册《西南夷风土记 异域竹枝词》,中华书局,1985年。
④ 〔明〕朱孟震:《西南夷风土记》,《丛书集成初编》第3277册《西南夷风土记 异域竹枝词》,中华书局,1985年。

说法。到18世纪末19世纪初，在缅北商业重镇巴莫、孟拱等地还形成了规模较大的华人居住街区，缅人称为"得由谬"，意即"中国城"[①]。

中国与越南的关系一直非常紧密，内地移民一直不断。不仅有军队遗留人士定居，还有做官、行医、经商、宗教传播者等移居越南，在越南政治、经济领域中占有重要地位。

虽然从汉代开始，就有汉族人进入泰国中、南部，但是直到元代，才有明确记载华侨到泰国定居。当时，泰国的素可泰王朝统治者兰甘亨（1275—1317年）为了发展本国的陶瓷业，聘请了几百名中国工匠到泰国。这批工匠创造了泰国历史上有名的宋加洛瓷器，其中有一部分长期居留在宋加洛[②]。另有移民从云南南部进入今泰国北部的八百媳妇国，包括军士、商人、工匠及其他百姓。明代宣德官方就有记录："河底自洪武中官置渡船以济往来，路通车里、八百诸长官司，近年军民有逃逸出境诈称使者，逼令乘载。"[③]明清时期，暹罗官员中有为数不少的中国人，如《明史·暹罗传》就记载："汀洲人谢文彬以贩盐入海，飘入其国，仕至岳坤，犹天朝学士也。"清朝陈伦炯在《海国闻见录》中说：暹罗"尊敬中国，用汉人为官属。理国政，掌财赋"。吞武里王朝就是祖籍广东的郑信开创的。

自明朝永乐时期就有华人定居老挝，至明末清初增至3000余人，移民主要是来自云南的农民，分布于老挝上寮地区。老松族系中的和（贺）族，其来源就是中国云南。到清代中后期，华侨在老挝经济中占有了很重要的地位，如南巴登的露天锡矿，就是由华侨首先开采；著名的"镇宁茶"，是由华侨

[①] 王介南、王全珍：《中缅友好两千年：纪念周恩来总理到德宏40周年》，德宏民族出版社，1996年，第81页。
[②] 覃圣敏主编：《东南亚民族·越南、柬埔寨、老挝、泰国、缅甸卷》，广西民族出版社，2006年，第172页。
[③] 《明实录·宣宗章皇帝实录》卷一〇六，南京国学图书馆影印本。

在富散山采集野生茶叶加工制作的[①];华侨还教授老挝人制酒、养蚕的方法,等等[②]。

近代以来,更多的华侨进入东南亚,华侨成为中国文明直接传播的重要力量。

2. 少数民族移民与迁徙

元明清时期,中国境内一些少数民族较大规模地向东南亚迁徙。一些民族在长期的形成及不断的迁徙流动过程中,以及国界的变化过程中,最终成为跨境民族。这一时期的民族迁徙流动,基本上形成和固定了沿袭至今的南方丝绸之路区域民族分布状况。

元明清时期迁入东南亚的少数民族主要有回族、傈僳族、母瑟族、苗族、瑶族及布依族等。

回族先民自元代起就大量迁入云南,而在19世纪中叶云南杜文秀起义失败后,有相当数量的云南回族人迁往缅甸和位于今泰北的暹罗北部,以长途贩运为主业。

傈僳族,其主体居住在中国云南和四川两省。傈僳族的名称最早见于唐代的著述,被认为是当时"乌蛮"的一个组成部分,在族源上与彝族及纳西族有密切的关系。傈僳族先民在8世纪时居住在金沙江两岸,16世纪中叶,由于战争,大批傈僳族人在头人母必帕的率领下南迁进入怒江流域。此后,又继续往西和往南迁徙,进入缅甸八莫及景栋一带,逐渐分布于缅甸北部。迁入泰国的傈僳族主要分布在清莱、清迈、夜丰颂和达府等地,人口约3万。

母瑟族迁入泰国。母瑟族分为"红母瑟"和"黑母瑟",其实是拉祜族的两个分支,因此又称为"红拉祜"和"黑拉祜",泰人称之为母瑟,中文史籍

---

① 张文和:《越南高棉寮国华侨经济》,海外出版社,1956年,第119、120页;马树德编:《中外文化交流史》,北京语言大学出版社,2000年,第193页。
② 赵尔巽等:《清史稿》卷五二八《南掌传》,中华书局,1977年。

中也译作"木瑟",意为"猎人"。拉祜族的主体在中国云南,与彝族、纳西族同源于氐羌族系,曾经受大理政权的统治。10世纪后,母瑟族脱离大理南迁,现在主要分布于泰国的清迈、清莱两府的北部,人口约3万[①]。

苗族,其远古先民居住在黄河以南、长江以北地区,汉代移居湘、黔一带,后逐渐迁徙分布于湖南、贵州、广西、四川和云南。进入云南的苗族是明初从贵州迁来的。从清代初期开始,部分苗族部落因战乱等原因,大规模南迁,从贵州、滇东南、滇南等地进入东南亚的越南、老挝、泰国及缅甸等国家。迁入越南的苗族被称为赫蒙族,主要分布在越北山区,是越南人口较多的一个民族,人口超过55.8万人。迁到泰国的苗族分布在泰国的东北部、北部,约6万人,自称"蒙",现在还会讲中国西南官话。迁到老挝的苗族在1975年时,人口多达30万人。

瑶族的主体在中国,其先民是秦汉时期长沙"武陵蛮"的一部分,分布在广西、湖南及云南等省区。瑶族迁徙至东南亚的时间要早于苗族,在元朝时,就有瑶族人开始活动在越南,但瑶族大规模迁入越南还是在明末清初时期,其迁徙线路为:从广东、广西至滇东南,再至越南,以后还迁至东南亚其他国家,包括老挝、泰国等。瑶族约在清代迁至泰国,主要分布在泰国北部的清莱、清迈、南府和东北部普潘山脉部分府、县,人口3万[②]。

布依族是以夜郎僚人后裔为主体,吸收部分骆越后裔形成的民族,分布于贵州和云南地区。从19世纪中叶起迁徙进入越南,分为布依、布那、布田3个支系,生活在越南北部中越边界越方一侧的河宣、黄连山一带,其宗教信仰、婚嫁丧葬节日等民俗与中国境内的布依族基本相同。

---

① 覃圣敏主编:《东南亚民族·越南、柬埔寨、老挝、泰国、缅甸卷》,广西民族出版社,2006年,第171页。
② 覃圣敏主编:《东南亚民族·越南、柬埔寨、老挝、泰国、缅甸卷》,广西民族出版社,2006年,第172页。

南方丝绸之路区域内，逐渐形成的中外跨境民族主要有壮族、傣族、苗族、布依族、瑶族、彝族、哈尼族、景颇族、拉祜族、傈僳族、怒族、阿昌族、佤族、布朗族、独龙族、德昂族、京族、回族和藏族，等等。此外，还有中国尚未确认为单一民族的克木人。

少数民族迁徙至东南亚以及中外跨境少数民族，促进了中国文明对外传播。

二、中国文明对外传播及影响

元明清时期，大一统的国家有助于文化的广泛交流和传播，但明清以后故步自封、"守在四夷"的思想影响了中国文化的进步和传播。另一方面，西方帝国主义列强入侵，控制了东西方交通线，使南亚、东南亚诸国逐步沦为殖民地，阻碍了这些国家正常的独立发展和经济交往。近代中国沦为半殖民地半封建社会后，文化上也再难具有以往那样强大的对外影响力。

（一）南亚地区

与南亚地区国家的交往日趋走海路，如印度，中国与之开展的直接贸易多取海上丝绸之路。然而明代郑和下西洋以后，中印之间无论是经陆路还是经海路的文化交流都迅速陷入低谷，一直延续到清代和民国时期。这一时期中印文化交流的特点，季羡林先生认为："我们中国同西方的交通对象——更换。我们不得不丢开昔日文化交流的伙伴，被迫眼睛看着欧洲，另寻新欢了。简而言之，这就是我说的'大转折'。""明清之际开始的大转折，改变了中外文化交流的'流'的性质。中国同欧洲的交流，成了一股激流，而同有传统交流关系的亚洲国家的交流，则成为一股涓涓细流，没有中断，但不强烈，大有若断若续之概。"① 这一时期没有发现中国文明新要素经由南方丝绸之路传播到印度。

（二）东南亚地区

元明清时期，经由南方丝绸之路，中国文明许多要素传播到了东南亚地区，包括农业生产技术、采矿技术、建筑技术、雕刻、火药、文学、艺术，等等，对东南亚许多国家近代文化的形成具有很大的影响。

1. 土司制度广泛传播

朝廷在边远地区、少数民族地区，任用当地土官进行封建领主性质的管理，在三国蜀汉时期就传播到了缅甸东北部一带。

元朝建立后，在西北、西南少数民族地区大量任用当地少数民族首领，让其担任本地行政长官，称之为"土官"，借土官的力量来管理、统治一方土地。土官由朝廷任命，是国家正式官员，官职包括宣慰使、安抚使、总管、长官、总把等，与流官一样被授予虎符等凭证。

明代在元代土官制的基础上，进一步发展，形成土司制度。土司由朝廷任命，职位准许世袭，但必须遣送人质入朝。土司作为本地首领，有权力管理、处置本地的一切军政事宜，但必须向朝廷缴税纳贡，并在朝廷需要时按照征发令派兵出征。

由于元明时期及清前期中国西南疆域包括今缅甸、泰国和老挝等国的北部及越南的西北部这样广大的区域，因此，土司制度也推行到这些地区。元明清时期土司制度的传播，相较于三国蜀汉时期范围更广，对缅甸、泰国和老挝等国的政治制度影响很大，加速了这些地区封建制度的发展。尤其是缅甸，历朝历代皆奉行土司制度，即使是在近代沦为英国的殖民地后，仍然实

---

① 季羡林：《中印文化交流史》，新华出版社，1991年，第157、159页。

行土司制度，直至1959年。

2. 农作物及农业生产技术传播

中国农作物及农业生产技术的传播是伴随着民族迁徙而进行的。

玉米传播至东南亚。玉米是16世纪初期传入中国的农作物，西南地区是中国最早引种玉米的地区之一，俗称"苞谷"，到清乾隆中期后，云南边疆地区许多少数民族已经广泛种植玉米。并且随着苗族、瑶族、景颇族等民族向南迁徙到东南亚，玉米及其种植技术也随之传播到了越南、缅甸、老挝、泰国等国的北部地区。

与玉米传播类似的，还有苗族人擅长的苎麻种植、纺织技术传播。

中国的农业耕种技术很早就传入东南亚，随着元明清时期大量中国人移居东南亚，更加广泛地传播了中国先进的农业生产技术。

元明清三朝以前，中国农业生产技术传播一般仅限于上缅甸的部分地区。而在元明清时期，中国先进的农业生产技术在全缅甸得到广泛传播。

1300年元缅战争期间，元军统帅、云南参知政事高庆见缅甸遭受旱灾，便不顾朝廷的指令，指挥军队帮助缅甸人抢修叫栖（今缅甸皎克西）一带的水利工程，还新建了一条名为顶兑的运河，这些运河现在仍在使用，是缅甸北部重要的农业水利灌溉工程。

明末清初逃入缅甸的农民，以及清代中缅战事中，大量失散、滞留缅甸的将士及其家属，在缅甸北部定居下来，其中一些人从事农业生产，在萨尔温江河谷开荒种植。随着生产的发展和人口的增加，他们不断向南开垦新土地，并逐渐向南迁徙，参加了对下缅甸三角洲的开发。如桂家人，就有部分人南迁到缅甸勃固一带，开垦种植，传播了中国先进的农耕技术。这一史实，清人曹树翘在《滇南杂志》中有较详细的记叙：

> 白古，一日百古……土极沃肥，倍于他壤，收获长丰。然其俗聚族

筏居，仰商贾之利以饶给，不事耕，故沃土成为旷土。近时滇人贾缅，有至其地者，则颇多村居。见滇客则惊喜，曰吾老家人也，延至其家饮食之。村中闻有老家人至，各相招具馔，黄发垂髫争以得见老家人为乐。问何以至此，则曰："传之故老，皆曰吾辈数千人从桂家至此，见地广无居人，分散居之。此间乐，不复思老家。"然见老家人来，辄相爱留数日始听客去，他客至，亦如是，滇人因知白古有桂家[①]。

在越南北部，由中国人修建的水利工程也数量众多，并以华人建设者的名字命名，如仅广宁省广河县马嘶南乡和棠花乡就有老刘闸、何屋闸、曾二基围、老严基围等。在越南南部还有条著名的"中国河"，建于1819年，命名"中国河"是为了纪念在修建运河中做出巨大贡献的中国人[②]。

此外，在柬埔寨、泰国、老挝等国，中国移民大量开荒种植，传入新的农作物品种，传播种茶、制茶技术，促进了当地农业经济发展。

3. 采矿技术传播

中国的采矿技术较早便传播到越南。在越南郡县制时期，中国内地的采矿和冶炼技术便传入交州，使得当地的采矿业，包括金、银、铁、铜、锡的开采与冶炼得到了较大的发展。越南独立以后，华人仍然是此行业的主力军，直到18世纪上半叶，越南的金银铜锡等矿山，还是依靠大量招募华人采掘。

在缅甸，采矿主要是以玉石、银矿、宝石为主。13世纪时，中国云南一小商贩在缅甸无意中发现玉石，大量云南商人便涌入缅甸开采玉石，将中国的玉石采矿技术传入。开采出来的玉石通过南方丝绸之路西线运至腾冲加工，再转至内地销售。据统计，明朝每年去缅北开采玉石的中国工人多达千

---

① 〔清〕曹树翘:《滇南杂志》卷十七，申报馆排印本，转引自余定邦、黄重言编:《中国古籍中有关缅甸资料汇编》下册，中华书局，2002年，第1095、1096页。

② 杨保筠:《中国文化在东南亚》，大象出版社，2009年，第67、68页。

人，玉石产量多时达数千担[①]。这种开采活动一直持续到清代，仅在缅甸从事宝石开采、加工和贩卖的云南商家就超过一千家。《清史稿·属国传三·缅甸》记载："又有波龙者，产银。江西、湖广及云南大理、永昌人出边商贸者甚众。且屯聚波龙以开银为生，常不下数万人。自波龙迤东有茂隆厂，亦产银。"1773年在缅都阿摩罗补罗的中国观音寺的石碑上，就刻有5000个中国玉石商人和采玉工人的名字。

中国人在缅甸传播了银矿开采及冶炼技术。对此，清人赵翼在《粤滇杂记》中说："彼地人不习烹炼法，故听中国人往采，彼特设官收税而已。"[②]

而在泰国，中国人主要从事锡矿开采，时间大约起于14世纪。14世纪，中国人在暹罗（位于今泰国北部）发现、开采锡矿，并且进行了冶炼。由此带动了大量中国人移民进入暹罗地区[③]，促进了当地经济发展。19世纪，中国人在老挝南巴登开采露天锡矿，进而冶炼、销售，传入了中国露天开采锡矿和冶炼的技术。

中国采矿技术传入东南亚，使得当地的金、银、铜、锡、玉石、宝石等得以开采，改变了当地的经济结构，丰富了文化要素，并且促进了交通及商业等经济部门的发展，对当地经济文化的发展做出了很大的贡献。

4. 中国建筑技术更加广泛传播

中国建筑技术很早就传入了东南亚，包括建筑类型以及建筑材料。至近代，中国建筑技术又得到了更加广泛的传播，尤其是缅甸、泰国，具有中国特色的建筑，包括宫殿建筑、会馆建筑、宗教建筑以及民居建筑等，非常普遍。

19世纪中叶，缅甸贡榜王朝在其王城曼德勒修建王宫，任用云南华侨尹

---

① 周一良主编：《中外文化交流史》，河南人民出版社，1987年，第25页。
② 周一良主编：《中外文化交流史》，河南人民出版社，1987年，第29页。
③ 杨保筠：《中国文化在东南亚》，大象出版社，2009年，第67、68页。

荣负责设计和督造。建造出来的曼德勒王宫与中国北京故宫有许多相似的地方，其中御花园可谓完全相同，缅甸人称为"德由物茵"（意即中国花园）。

尹荣还仿照云南腾冲和顺乡中天寺宫殿，在曼德勒设计建造了云南会馆，该会馆具有浓郁的中国建筑风格，并沿用至今。

中国式的宗教建筑遍布缅甸各地，并且至少有三十多座为中国寺庙，较著名的有阿瓦观音寺、仰光观音古庙及武帝庙、孟拱关帝庙、腊戍观音寺、巴莫关武庙、东枝中华寺，等等。

中国的百叶窗传入缅甸，因其非常适合缅甸的气候，既透光通风，又防晒防雨，故而深受缅甸人欢迎，很快便得以推广。无论是皇宫、寺庙、会馆，还是民居建筑，都普遍使用百叶窗。

泰国曼谷王朝拉玛一世在修建曼谷王城时，也是仿照中国北京城设计建造的，由中国工匠负责建造了曼谷王宫和城墙。在大王宫四个宫门前，各放置一对高大的中国石狮子。拉玛四世王、六世王的寝宫也包含大量中国文化因素，包括中文大字对联、中国画等。从泰国各地的城墙和省会的大型建筑物上，都可以看到中国建筑文化的因素，反映出泰国建筑深受中国建筑文化的影响。最典型的代表是阿瑜陀城挽巴茵行宫，它于1889年由华人出资建成并献给拉玛五世王，完全按照中国宫殿式样进行建造，不仅有中国式红墙绿瓦的宫殿，建筑物的装饰也具有中国风格，如丹凤朝阳、双龙戏珠、凤翔龙舞等，室内家具陈设也都是中国式样的。

泰国的许多宗教建筑也受到中国建筑文化的影响，在曼谷王朝拉玛三世时期建造和修葺的60座寺庙中，有15座寺庙完全是中国式建筑，而其他的寺庙建筑也显示出中国建筑文化的因素。位于曼谷挽坤县的王子寺，就是泰国的中国式寺庙建筑的代表。

移居泰国的华人，按照家乡的样式修建的居所，不仅丰富了泰国民居的式样，有些技术还被当地人采用、借鉴，影响了泰国普通民居建筑文化。

此外，缅甸、泰国及其他东南亚国家在修建大型建筑如王宫时，还常常从中国进口大量的建筑材料。

元明清时期是东南亚诸国建筑文化基本确定的时期，而此期间，南方丝绸之路上进行的中国建筑文化传播，对东南亚各国建筑文化产生了深远的影响。

5. 中国珠算方法传播

明清时期，中国人发明创立的珠算方法传入东南亚。明代，在越南可以看到中国数学家程大位撰写的《直指算法统宗》。这是一本入门级珠算方法介绍书。此书在越南传播后，被阮朝人潘辉框采用、借鉴，并体现在潘氏的《指法立成算法》中。

中国珠算方法还传入泰国、柬埔寨等国，被翻译成泰语、柬埔寨语，供当地人使用。法国国家图书馆收藏着一本名为《中国算法》的文献，使用柬埔寨文，撰写在9片棕榈叶上，内容是进行珠算的口诀及方法，这是中国珠算方法传入柬埔寨的极好证据[1]。

中国珠算方法传播到东南亚，丰富了当地的数学计算方法。中国珠算还广泛地应用于各国的商业、银行业等行业，对促进其经济发展做出了贡献。

6. 戏剧传播

元代是中国戏曲兴起与发展的时期，中国戏剧的多个种类很快就传播到了东南亚的越南、泰国、缅甸、柬埔寨等国。

越南是最早接受中国音乐、舞蹈及戏剧艺术的东南亚国家，早在东汉、三国时期，中国的音乐文化就传入了越南。至元代，中国戏剧又传入越南。1285年，元军在越南作战时，元军随军艺人李元吉被俘，此后便长期居住在越南，并将中国的戏剧传播到了越南，据越南的《大越史记全书》记载，陈

---

[1] 杨保筠:《中国文化在东南亚》，大象出版社，2009年，第81页。

裕宗大治五年（1362年）"春正月，令王侯公主诸家献诸杂戏，帝阅定其优者赏之。先是，破唆都时获优人李元吉，善歌，诸势家少年婢子从习北唱。元吉作古传戏，有《西方王母献蟠桃》等传。……感人令悲则悲，令欢则欢。我国有传戏自此始。"[①]至于越南的旧戏，从服装、脸谱、道具、音乐以及演出方式，都模仿中国戏剧。中国许多传统优秀剧目，也被越南戏剧界采用。19世纪初，湄公河三角洲产生的新型通俗戏剧——巴萨克戏剧，在服装、脸谱、演唱方式等方面，都显示出其受到了中国戏剧文化的很大影响。

柬埔寨也很早就有中国戏剧传入，据19世纪到柬埔寨国都的西方人士记载，经常有中国戏班到柬埔寨演出。巴萨克剧也传入柬埔寨，逐渐流行。上演的剧目既有柬埔寨传统作品，也有许多根据中国文学作品改编的剧目，如《三国演义》《哪吒》《昭君》《薛仁贵》《狄青》等[②]。

泰国、缅甸的情况也是如此。缅甸吴巴巧在《缅甸的剧和中国的戏》中说："缅甸古典剧和中国古典戏，至今不受西方英美现代戏剧的影响而有所改变，独具一格，富有民族特色，在本质上是相同的。"

中国古代戏剧的传播，对东南亚古代戏剧的产生和发展具有很大的影响，可以说，中国戏剧传播至东南亚，开启了东南亚古代戏剧时代。

7. 中国古代通俗小说传播

明清时期是中国古代通俗小说的高度发展时期，而且很快就传播到了东南亚的越南、泰国、缅甸、柬埔寨等国。

中国古代通俗小说传入东南亚诸国，被翻译成当地国家的语言，以泰国最为突出。19世纪初期，中国古代通俗小说被进入泰国开矿、做生意的华人传入泰国。曼谷王朝拉玛一世（1782—1809年在位）在1802年指令将中文

---

① ［越］吴士连等编纂：《大越史记全书·本纪》卷七，明治十七年埴山堂刻印本。
② 杨保筠：《中国文化在东南亚》，大象出版社，2009年，第114页。

的《三国演义》《西汉通俗演义》翻译成泰文，泰文译名为《三国》和《西汉》。两部小说面世后，引起泰国社会的极大反响，尤其是《三国》，成为当时上至国王、下至百姓都十分喜爱的文学作品。至拉玛五世时期，《三国演义》的泰文译本就已经再版了6次。拉玛二世（1809—1825年在位）时期，又有中国通俗小说《红楼梦》《水浒传》《西游记》《封神演义》《聊斋志异》《金瓶梅》《东周列国志》《东汉通俗演义》等被翻译成泰文。拉玛四世时期翻译了《西晋通俗演义》《东晋通俗演义》《南宋中兴通俗演义》《隋唐演义》《说岳全传》等。拉玛五世时期翻译了《薛仁贵东征》《说唐后传》《英烈传》《大红袍》等。拉玛六世时期翻译了《清史通俗演义》《元史通俗演义》《武则天》等。据泰国丹隆亲王统计，从拉玛二世至拉玛六世的百余年间，先后有32部中国古代通俗小说被翻译成泰文。尤其是拉玛三世时期，泰国出现近代印刷所，开始发行报纸。报纸的连载使得中国小说得以更加广泛地传播。

越南原本使用汉语，因此，中国古代通俗小说被官人、商人等带入越南后，便直接得以流传。而在20世纪初，拉丁化的越南语产生并成为越南的"国语"后，由于越南通晓汉语的学者众多，于是大量中国小说被翻译成越南语，包括《岳飞传》《三国演义》《西汉通俗演义》《西游记》《封神演义》《聊斋志异》《三下南唐》等，其中，《三国演义》是最受欢迎的。

中国古代通俗小说传播到东南亚，不仅大大丰富了当地的文化生活，还有力地促进了当地文学的发展。东南亚诸国早期小说作品，都模仿了中国小说的写法，甚至照搬了一些内容。泰国翻译的《三国》是泰国历史上首部翻译小说，被誉为"三国文体"，在泰国文学史上占有重要的地位。

8. 其他

由于元明清时期在缅甸、泰国、老挝等国的北部及越南西北部等地都设置了宣慰司等行政机构，中国的历法、天文、节气、支干、纪年、五行、七曜日、十二生肖等文化得以直接而广泛地传播，其影响直至今日。

中国字典、中医药书籍、经书等被传播并翻译为当地文字。如在缅甸，据师范的《滇系·杂载》记载："乾隆六十年，孟干以贡使入都，乃购《御纂五经》《康熙字典》《渊鉴类函》《朱子纲目》、李时珍《本草》十数种以归。诗书之泽，被及化外。"[1]

杂技技艺也传播至这些国家。1350年，元朝杂技名家丁庞德为避乱，携全家迁居越南，传播了中国杂技缘竿技艺，自此，越南杂技有了险竿技艺[2]。

还有民俗方面，起于先秦至近现代，中国的民俗文化大量传播至东南亚，最突出的是饮食文化，东南亚国家日常饮食中的食品如酱油、豆腐、豆芽、面条、米线、米粉等的制作方法，炊具如铁锅，餐具如筷子等，都是从中国传播过去的。饮食文化中的词汇也有许多来自中国，如缅甸、老挝、泰国北部人的筷子发音近似"箸"。

中国服饰传播至东南亚，对东南亚诸国的服饰文化产生了很大的影响，包括民间服饰和官服，尤其是越南历朝的官服，都与中国官服相近。清代乾隆五十七年（1792年），越南国王阮光平曾经派人带了几万两银到中国江宁（今江苏南京）制买袍服。此外，缅甸缅族服装与中国对襟式长袖衫相似；泰国在吞武里及曼谷王朝时期，上至国王、下至百姓都喜欢穿着中国样式的服装。

---

[1] 余定邦、黄重言编：《中国古籍中有关缅甸资料汇编》下册，中华书局，2002年。
[2] ［越］吴士连等编纂：《大越史记全书·本纪》卷七，明治十七年埴山堂刻印本。

主要参考文献

一、古典文献类

方诗铭、王修龄:《古本竹书纪年辑证》(修订本),上海古籍出版社,2005年。

袁说友等编,赵晓兰整理:《成都文类》,中华书局,2011年。

《春秋左传正义》,《十三经注疏》,文渊阁《四库全书》本。

《国语》,文渊阁《四库全书》本。

〔汉〕班固:《汉书》,文渊阁《四库全书》本。

〔汉〕孔安国传,〔唐〕孔颖达等正义:《尚书正义》,上海古籍出版社,1990年。

〔汉〕刘向辑录:《战国策》,上海古籍出版社,1995年。

〔汉〕司马迁:《史记》,文渊阁《四库全书》本。

〔汉〕许慎:《说文解字》,文渊阁《四库全书》本。

〔汉〕扬雄撰,〔晋〕郭璞注:《方言》,中华书局,1985年。

〔三国〕诸葛亮著,段熙仲、闻旭初编校:《诸葛亮集》,中华书局,1960年。

〔晋〕常璩:《华阳国志》,文渊阁《四库全书》本。

〔晋〕陈寿:《三国志》,文渊阁《四库全书》本。

〔北魏〕郦道元:《水经注》,文渊阁《四库全书》本。

〔南朝宋〕范晔:《后汉书》,文渊阁《四库全书》本。

〔南朝梁〕释慧皎:《高僧传》,文渊阁《四库全书》本。

〔南朝梁〕萧子显:《南齐书》,文渊阁《四库全书》本。

〔唐〕崔致远:《桂苑笔耕集》,中华书局,1985年。

〔唐〕房玄龄等:《晋书》,文渊阁《四库全书》本。

〔唐〕李吉甫:《元和郡县图志》,中华书局,1983年。

〔唐〕李延寿:《北史》,文渊阁《四库全书》本。

〔唐〕释道宣:《续高僧传》,文渊阁《四库全书》本。

〔唐〕释慧琳:《一切经音义》,台湾大通书局,1985年。

〔唐〕释义净撰,王邦维校注:《大唐西域求法高僧传校注》,中华书局,1988年。

〔唐〕孙樵:《孙樵集》,《四部丛刊初编·集部》,上海书店,1989年。

〔唐〕魏征等:《隋书》,文渊阁《四库全书》本。

〔唐〕姚思廉:《梁书》,文渊阁《四库全书》本。

〔后晋〕刘昫等:《旧唐书》,文渊阁《四库全书》本。

〔宋〕晁载之:《续谈助》,中华书局,1985年。

〔宋〕洪迈:《容斋随笔》,上海古籍出版社,2015年。

〔宋〕扈仲荣等编:《成都文类》,文渊阁《四库全书》本。

〔宋〕乐史:《太平寰宇记》,文渊阁《四库全书》本。

〔宋〕李昉等:《太平广记》,中华书局,1961年。

〔宋〕李昉等:《太平御览》,文渊阁《四库全书》本。

〔宋〕李焘:《续资治通鉴长编》,文渊阁《四库全书》本。

〔宋〕李心传编撰，胡坤点校：《建炎以来系年要录》，中华书局，2013年。

〔宋〕欧阳修、宋祁等：《新唐书》，文渊阁《四库全书》本。

〔宋〕释赞宁：《宋高僧传》，文渊阁《四库全书》本。

〔宋〕司马光：《资治通鉴》，文渊阁《四库全书》本。

〔宋〕宋敏求编：《唐大诏令集》，中华书局，2008年。

〔宋〕王溥：《唐会要》，文渊阁《四库全书》本。

〔宋〕王钦若等编：《册府元龟》，中华书局，1989年。

〔宋〕王象之：《舆地纪胜》，中华书局，1992年。

〔宋〕吴曾：《能改斋漫录》，文渊阁《四库全书》本。

〔宋〕吴淑撰注，冀勤等校点：《事类赋注》，中华书局，1989年。

〔宋〕杨佐撰：《云南买马记》，《续资治通鉴长编》卷二六七引，文渊阁《四库全书》本。

〔宋〕佚名：《五国故事》，《丛书集成初编》，中华书局，1985年。

〔宋〕张君房纂辑，蒋力生等校注：《云笈七签》，华夏出版社，1996年。

〔宋〕张舜民：《画墁录》，中华书局，1991年。

〔宋〕赵朴：《成都古今记》，商务印书馆，1930年。

〔宋〕朱翌：《猗觉寮杂记》，中华书局，1985年。

〔元〕郭松年撰，王叔武校注：《大理行记校注》，云南民族出版社，1986年。

〔元〕李京撰，王叔武校注：《云南志略校注》，云南民族出版社，1986年。

〔元〕马端临：《文献通考》，中华书局，1986年。

〔元〕脱脱等：《宋史》，文渊阁《四库全书》本。

〔元〕姚燧：《牧庵集》，《丛书集成初编》，中华书局，1985年。

〔明〕陈文撰，李春龙、刘景毛校注：《景泰云南图经志书校注》卷一《云南府·风俗》，云南民族出版社，2002年。

〔明〕邓钟:《安南图志》，商务印书馆，1937年。

〔明〕郭子章著，赵平略点校:《黔记》，西南交通大学出版社，2016年。

〔明〕解缙等编:《永乐大典》，文渊阁《四库全书》本。

〔明〕李元阳：嘉靖《大理府志》，录自云南省图书馆藏抄本（翻印），大理白族自治州文化局，1983年。

〔明〕刘文征撰，古永继校点:《滇志》，云南教育出版社，1991年。

〔明〕钱古训撰，江应梁校注:《百夷传》，云南人民出版社，1980年。

〔明〕宋濂等:《元史》，文渊阁《四库全书》本。

〔明〕谢肇淛:《滇略》，文渊阁《四库全书》本。

〔明〕杨慎编:《全蜀艺文志》，文渊阁《四库全书》本。

〔明〕朱孟震:《西南夷风土记》，《丛书集成初编》，中华书局，1985年。

〔明〕邹应龙修，李元阳纂：万历《云南通志》，中国文联出版社，2011年。

〔清〕常恩总纂，〔清〕邹汉勋、吴寅邦总修:《安顺府志》，贵州人民出版社，2007年。

〔清〕常明、杨芳灿等纂修：嘉庆《四川通志》，巴蜀书社，1984年。

〔清〕陈登龙:《蜀水考》，巴蜀书社，1985年。

〔清〕陈宗海纂修，〔清〕赵端礼同修，彭文位等点校:《腾越厅志（点校本）》，云南美术出版社，2002年。

〔清〕董诰等编:《全唐文》，文渊阁《四库全书》本。

〔清〕冯甦著，徐文德、李孝友注:《滇考》，云南人民出版社，2017年。

〔清〕溥恒等:《皇清职贡图》，文渊阁《四库全书》本。

〔清〕顾祖禹撰，贺次君、施和金点校:《读史方舆纪要》，中华书局，2005年。

〔清〕罗纶监修，〔清〕李文渊纂修：康熙《永昌府志》，云南人民出版社，2015年。

〔清〕罗绕典：《黔南职方纪略》，道光二十七年，罗氏家刻本。

〔清〕倪蜕辑，李埏校点：《滇云历年传》，云南大学出版社，1992年。

〔清〕师范：《滇系》，光绪十三年，云南通志局。

〔清〕魏源：《圣武记》，中华书局，1984年。

〔清〕徐成栋纂修：康熙《廉州府志（影印本）》，广西人民出版社，2011年。

〔清〕徐松辑：《宋会要辑稿》，文渊阁《四库全书》本。

〔清〕宣世涛纂修，中共保山市委史志委、保山学院编：《乾隆永昌府志点校》，方志出版社，2016年。

〔清〕张廷玉等：《明史》，文渊阁《四库全书》本。

〔清〕周作楫辑，〔清〕朱德璲刊，贵阳市地方志编纂委员会办公室校注：《贵阳府志》，贵州人民出版社，2005年。

赵尔巽等：《清史稿》，中华书局，1977年。

二、考古报告类

宝兴县文化馆：《四川宝兴县汉代石棺墓》，《考古》1982年第4期。

成都文物考古研究所、阿坝藏族羌族自治州文物管理所、茂县羌族博物馆：《四川茂县营盘山遗址试掘报告》，《成都考古发现（2000）》，科学出版社，2002年。

成都文物考古研究所：《金沙——21世纪中国考古新发现》，五洲传播出版社，2005年。

成都文物考古研究所、阿坝藏族羌族自治州文物管理所、茂县羌族博物馆:《四川茂县沙乌都遗址调查简报》,《成都考古发现(2004)》,科学出版社,2006年。

成都文物考古研究所、阿坝藏族羌族自治州文物管理所、茂县羌族博物馆:《四川茂县白水寨及下关子遗址调查简报》,《成都考古发现(2005)》,科学出版社,2007年。

成都文物考古研究所等:《2007年蒲江铁牛村遗址发掘简报》,《成都考古发现(2009)》,科学出版社,2011年。

成都文物考古研究所等:《四川蒲江铁牛村冶铁遗址出土冶炼遗物的初步分析》,《成都考古发现(2009)》,科学出版社,2011年。

甘孜考古队:《四川巴塘、雅江的石板墓》,《考古》1981年第3期。

广西壮族自治区文物工作队、那坡县博物馆:《广西那坡县感驮岩遗址发掘简报》,《考古》2003年第10期。

贵州省文物考古研究所、四川大学历史文化学院考古系、威宁县文物管理所:《贵州威宁县鸡公山遗址2004年发掘简报》,《考古》2006年第8期。

贵州省文物考古研究所、四川大学历史文化学院考古系、威宁县文物管理所:《贵州威宁县吴家大坪商周遗址》,《考古》2006年第8期。

贵州省文物考古研究所、四川大学历史文化学院考古系、威宁县文物管理所:《贵州威宁县红营盘东周墓地》,《考古》2007年第2期。

礼州遗址联合考古发掘队:《四川西昌礼州新石器时代遗址》,《考古学报》1980年第4期。

凉山州博物馆:《发现笮文化》,《中国文物报》2001年12月14日第4版。

茂汶羌族自治县文化馆:《四川茂汶营盘山的石棺葬》,《考古》1981年第5期。

攀枝花市文物管理处:《攀枝花市发现旧石器时代晚期洞穴遗址》,《四川文物》1988年第1期。

四川省文物管理委员会:《成都羊子山第172号墓发掘报告》,《考古学报》1956年第4期。

四川省文物管理委员会:《成都羊子山土台遗址清理报告》,《考古学报》1957年第4期。

四川省文物管理委员会、雅安地区文化馆、荥经县文化馆:《四川荥经曾家沟战国墓群第一、二次发掘》,《考古》1984年第12期。

四川省文物管理委员会等:《成都十二桥商代建筑遗址第一期发掘简报》,《文物》1987年第12期。

四川省文物管理委员会、四川省文物考古研究所、四川省雅安地区文物管理所等:《雅安沙溪遗址发掘及调查报告》,《南方民族考古(第三辑)》,四川科学技术出版社,1991年。

四川省文物考古研究所等:《四川炉霍卡莎湖石棺墓》,《考古学报》1991年第2期。

四川省文物考古研究所、阿坝藏族羌族自治州文物管理所、汶川县文物管理所:《四川汶川县姜维城新石器时代遗址发掘报告》,《四川文物》2004年增刊。

四川省文物考古研究所、阿坝藏族羌族自治州文物管理所、汶川县文化体育局:《四川汶川县姜维城新石器时代遗址发掘简报》,《考古》2006年第11期。

四川省文物考古研究院、陕西省考古研究院:《中越两国首次合作:越南义立遗址2006年度考古发掘的收获》,《中国文物报》2007年4月6日。

王涵:《云南昭通营盘古墓群发掘简报》,《云南文物》1995年第41期。

云南省博物馆:《云南宾川白羊村遗址》,《考古学报》1981年第3期。

云南省博物馆:《元谋大墩子新石器时代遗址》,《考古学报》1997年第

1期。

张森水:《富林文化》,《古脊椎动物与古人类》1977年第1期。

中国科学院考古研究所实验室:《放射性碳素测定年代报告(三)》,《考古》1974年第5期。

三、国内论著类

A

安志敏:《"干兰"式建筑的考古研究》,《考古学报》1963年第2期。

安志敏:《海拉尔的中石器遗存——兼论细石器的起源和传统》,《考古学报》1978年第3期。

C

岑仲勉:《据〈史记〉看出缅、吉蔑(柬埔寨)、昆仑(克伦)、暹罗等族由云南迁去》,《中山大学学报(社会科学)》1959年第3期。

常存库主编:《中国医学史》,中国中医药出版社,2010年。

陈德安、罗亚平:《蜀国早期都城初露端倪》,《中国文物报》1989年9月15日。

陈鹏:《东南亚各国民族与文化》,民族出版社,1991年。

陈茜:《川滇缅印古道初考》,《中国社会科学》1981年第1期。

陈世松主编:《四川通史》第五册,四川大学出版社,1993年。

陈显丹:《论蜀绣蜀锦的起源》,《四川文物》1992年第3期。

陈显丹、雷雨:《从越南义立遗址的发掘看越南红河流域》,《"三星堆与南方丝绸之路青铜文化学术研讨会"论文集》,大会刊印。

陈显泗等:《中国古籍中的柬埔寨史料》,河南人民出版社,1985年。

陈序经:《浉史漫笔——西双版纳历史释补》,中山大学出版社,1994年。

陈序经:《猛族诸国初考》,《陈序经文集》,中山大学出版社,2004年。

陈序经:《扶南史初探——古代柬埔寨与其有关的东南亚诸国史》,作者自印本。

陈炎:《中缅两国历史上的友好关系》,《向达先生纪念论文集》,新疆人民出版社,1986年。

陈炎:《中缅文化交流两千年》,《中外文化交流史》,河南人民出版社,1987年。

陈兆复:《剑川石窟》,云南人民出版社,1980年。

D

邓聪:《中越牙璋竖向刻纹辨识》,《巴蜀文化研究集刊7·南方丝绸之路研究论集2》,巴蜀书社,2012年。

段立生:《泰国通史》,上海社会科学院出版社,2014年。

段渝:《论巴蜀地理对文明起源的影响》,《四川大学学报》1988年第2期。

段渝:《先秦秦汉成都的市及市府职能的演变》,《华西考古研究》(一),成都出版社,1991年。

段渝:《巴蜀古代城市的起源、结构和网络体系》,《历史研究》1993年第1期。

段渝:《古代巴蜀与近东文明》,台北《历史月刊》1993年第2期。

段渝:《四川通史》第一册,四川大学出版社,1993年。

段渝:《渭水上游的古蜀文化因素》,《三星堆文化》,四川人民出版社,1993年。

段渝:《"支那"名称起源之再研究——论"支那"名称本源于蜀之成都》,《中国西南的古代交通与文化》,四川大学出版社,1994年。

段渝:《黄帝、嫘祖与中国丝绸的起源时代》,《中华文化论坛》1996年第4期。

段渝:《嫘祖考》,《炎黄文化研究》1997年第4期。

段渝:《论秦汉王朝对巴蜀的改造》,《中国史研究》1999年第1期。

段渝:《先秦巴蜀文化的尚五观念》,《四川文物》1999年第5期。

段渝:《政治结构与文化模式——巴蜀古代文明研究》,学林出版社,1999年。

段渝:《玉垒浮云变古今:古代的蜀国》,四川人民出版社,2001年。

段渝、谭洛非:《濯锦清江万里流:巴蜀文化的历程》,四川人民出版社,2001年。

段渝:《论金沙江文化与文明起源》,《中华文化论坛》2002年第4期。

段渝:《三星堆与巴蜀文化研究七十年》,《中华文化论坛》2003年第3期。

段渝:《先秦巴蜀地区百濮和氐羌的来源》,《贵州民族研究》2006年第5期。

段渝:《巴蜀古代文明与南方丝绸之路》,《中外关系史论丛》第11辑,新疆人民出版社,2007年。

段渝:《古蜀文明与早期中印交通》,《南方丝绸之路研究论集》,巴蜀书社,2008年。

段渝：《中国西南早期对外交通——先秦两汉的南方丝绸之路》，《历史研究》2009年第1期。

段渝：《商代中国西南青铜剑的来源》，《社会科学研究》2009年第2期。

段渝：《中国西南地区海贝和象牙的来源》，《巴蜀文化研究集刊》（5），巴蜀书社，2009年。

段渝：《五尺道开通时代考》，《巴蜀文化研究集刊》（7），巴蜀书社，2012年。

段渝：《五尺道的开通及其相关问题》，《四川师范大学学报（社会科学版）》2013年第4期。

段渝：《蜀身毒道与丝绸西传》，《巴蜀文化研究集刊》（8），四川师范大学电子出版社，2013年。

段渝：《古代氐羌与丝绸之路》，《巴蜀文化研究集刊》（10），四川师范大学电子出版社，2015年。

段渝：《古代四川与伊朗的经济文化交流》，"南方丝绸之路伊朗考察研讨会"所作大会报告，2015年。

段渝：《发现三星堆》，中华书局，2021年。

段渝、邹一清：《古蜀文明：璀璨的四川古代文化》，四川人民出版社，2004年。

段渝、邹一清：《成都城市聚合形成模式的中外比较》，《中华文化论坛》2005年第4期。

段渝、刘弘：《论三星堆与南方丝绸之路青铜文化的关系》，《巴蜀文化研究集刊7·南方丝绸之路研究论集2》，巴蜀书社，2012年。

段渝等：《西南酋邦社会与中国早期文明：西南夷政治与文化的演进》，商务印书馆，2015年。

段渝、邹一清：《成都：南方丝绸之路起点考察研究》，研究报告。

段渝、邹一清:《南方丝绸之路步头道考察报告》,研究报告。

段玉明:《大理国史》,云南人民出版社、云南大学出版社,2011年。

段志刚:《从楚雄地区的考察看南方丝绸之路》,《南方丝绸之路货币研究》,四川人民出版社,1994年。

F

方国瑜:《步头之方位》,《滇史论丛》第一辑,上海人民出版社,1982年。

方国瑜:《古涌步之位置》,《滇史论丛》第一辑,上海人民出版社,1982年。

方国瑜:《中国西南历史地理考释》,中华书局,1987年。

方国瑜编:《云南史料丛刊》卷五,云南大学出版社,1998年。

方国瑜:《南宋邕州与大理之交通及市马》,《方国瑜文集》(第二辑),云南教育出版社,2001年。

方国瑜、林超民:《〈马可·波罗行纪〉云南史地丛考》,民族出版社,1994年。

方豪:《中西交通史》(上册),岳麓书社,1987年。

方铁主编:《西南通史》,中州古籍出版社,2003年。

费孝通:《关于我国民族的识别问题》,《中国社会科学》1980年第1期。

费孝通:《谈深入开展民族调查问题》,《中南民族学院学报(哲学社会科学版)》1982年第3期。

费孝通:《民族社会学调查的尝试》,《从事社会学五十年》,天津人民出版社,1983年。

冯汉骥、童恩正:《岷江上游的石棺葬》,《考古学报》1973年第2期。

冯汉镛:《中越两国医药文化的交流》,《中医杂志》1958年第8期。

G

葛剑雄:《关于古代西南交通的几个问题》,《中国西南的古代交通与文化》,四川大学出版社,1994年。

耿德铭:《哀牢国与哀牢文化》,云南人民出版社,2003年。

龚荫:《中国土司制度》,云南民族出版社,1992年。

谷跃娟:《南诏史概要》,云南大学出版社,2007年。

贵州省毕节地区地方志编纂委员会编:《毕节地区志·交通志》,贵州人民出版社,1994年。

贵州省威宁彝族回族苗族自治县志编纂委员会编:《威宁彝族回族苗族自治县志》,贵州人民出版社,1994年。

郭沫若:《殷契粹编考释》,北京图书馆出版社,1937年。

H

韩吉绍:《道教炼丹术传入印度考论》,《宗教学研究》2015年第3期。

何芳川主编:《中外文化交流史》,国际文化出版公司,2008年。

何平:《中南半岛北部孟高棉语诸民族的形成》,《西南边疆民族研究》(3),云南大学出版社,2003年。

何堂坤:《部分四川青铜器的科学分析》,《四川文物》1987年第4期。

何志国、唐光孝:《我国最早的人体经脉漆雕》,《中国文物报》1994年4月17日。

贺圣达:《东南亚文化发展史》,云南人民出版社,1996年。

贺圣达:《缅甸藏缅语各民族的由来和发展——兼论其与中国藏缅语诸民族的关系》,《西南边疆民族研究》(3),云南大学出版社,2003年。

贺圣达:《缅甸史》,云南人民出版社、云南大学出版社,2015年。

华觉民:《中国古代金属技术》,《世界冶金发展史》第二部分,科学技术文献出版社,1985年。

黄家祥:《汶川县姜维城新石器时代遗址及汉明城墙》,《中国考古学年鉴(2001年)》,文物出版社,2002年。

黄家祥:《汶川姜维城发掘的初步收获》,《四川文物》2004年第3期。

霍巍:《西藏高原古代墓葬的初步研究》,《文物》1995年第1期。

霍巍:《"一带一路"视野下的成都与"高原丝路"》,《"天府之国与丝绸之路学术研讨会"论文集》,2017年。

霍巍、黄伟:《试论无胡蜀式戈的几个问题》,《考古》1989年第3期。

J

季羡林:《中国蚕丝输入印度问题的初步研究》,《中印文化关系史论文集》,生活·读书·新知三联书店,1982年。

季羡林:《中印文化交流史》,新华出版社,1991年。

季羡林:《文化交流的轨迹——中华蔗糖史》,经济日报出版社,1997年。

季羡林等校注:《大唐西域记校注》,中华书局,1985年。

贾大泉主编:《四川通史》第四册,四川大学出版社,1993年。

江章华:《滇西地区新石器文化分析》,《三星堆与南方丝绸之路》,四川科学技术出版社,2016年。

蒋成、陈剑:《岷江上游考古新发现述析》,《中华文化论坛》2001年第3期。

蒋成、陈剑:《2002年岷江上游考古的收获与探索》,《中华文化论坛》2003年第4期。

蒋廷瑜：《铜鼓史话》，文物出版社，1982年。

金寿铁：《文明的外流与回流：数学的发展》，社会科学战线网，2016年8月29日。

景振国：《古代中国与老挝的关系》，《中国古籍中有关老挝资料汇编》，中州古籍出版社，1985年。

景振国：《老挝地区民族的变迁》，《中国古籍中有关老挝资料汇编》，中州古籍出版社，1985年。

K

阚勇：《试论云南新石器文化》，《云南省博物馆建馆三十周年纪念文集》，云南省博物馆，1981年。

L

蓝勇：《四川古代交通路线史》，西南师范大学出版社，1989年。

蓝勇：《南方丝绸之路》，重庆大学出版社，1992年。

李安民：《云南早期文明的宏观研究》，《南方丝绸之路上的民族与文化》，四川民族出版社，2016年。

李春龙、牛鸿斌点校：《新纂云南通志》，云南人民出版社，2009年。

李富强：《西南—岭南出海通道的历史考察 "西南—岭南出海通道上的社会文化变迁"研究之一》，《广西民族研究》1997年第4期。

李根源辑：《永昌府文征校注》，云南美术出版社，2001年。

李昆声：《云南在亚洲栽培稻起源研究中的地位》，《云南社会科学》1981年第1期。

李昆声：《亚洲稻作文化的起源》，《社会科学战线》1984年第4期。

李昆声编著：《云南文物古迹》，云南人民出版社，1984年。

李昆声：《论云南与黄河流域新石器时代文化的关系》，《史前研究》，1985年第1期。

李昆声：《云南考古五十年》，《云南省博物馆建馆五十周年论文集》，云南教育出版社，2001年。

李昆声、肖秋：《试论云南新石器时代文化》，《文物集刊》第2辑，文物出版社，1980年。

李昆声、黄德荣：《中国与东南亚的古代铜鼓》，云南美术出版社，2008年。

李良品：《元明清时期土司的地理分布》，《乌江论丛》2017年第12卷第3期。

李淼：《南丝绸之路的开凿与形成》，《南方丝绸之路文化论》，云南民族出版社，1991年。

李谋、姜永仁：《缅甸文化综论》，北京大学出版社，2002年。

李绍明：《凉山博什瓦黑南诏大理石刻中"梵僧"画像考》，《古代西南丝绸之路研究（第二辑）》，四川大学出版社，1990年。

李绍明：《古蜀人的来源与族属问题》，《三星堆与巴蜀文化》，巴蜀书社，1993年。

李绍明：《西南丝绸之路与民族走廊》，《中国西南的古代交通与文化》，四川大学出版社，1994年。

李绍明：《南方丝绸之路滇越交通探讨》，《南方丝绸之路研究论集》，巴蜀书社，2008年。

李学勤：《三星堆文化与西南丝绸之路》，《巴蜀文化研究集刊7·南方丝绸之路研究论集2》，巴蜀书社，2012年。

李映福:《四川炉霍县呷拉宗村冶铁遗址初步研究》,《"四川盆地及中国古代早期冶铁与中国古代社会"国际学术研讨会论文集》,2012年。

李枝彩:《滇西南地区的青铜文化》,《南方丝绸之路文化论》,云南民族出版社,1991年。

梁启超:《中国印度之交通》,《改造》1921年7月第3卷第11号。

梁志明等:《古代东南亚历史与文化研究》,昆仑出版社,2006年。

林超民:《蜀身毒道浅探》,《西南民族历史研究集刊》第二集,云南大学历史系西南边疆民族历史研究所,1981年。

林超民:《元代金齿入缅三道考》,《思想战线》1989年增刊。

林巨兴:《百越民族同东南亚民族关系研究》,《百越民族研究》,江西教育出版社,1990年。

林向:《羊子山建筑遗址新考》,《四川文物》1988年第5期。

凌纯声:《记台大二铜鼓兼论铜鼓的起源及其分布》,《中国边疆民族与环太平洋文化》(上),台湾联经出版事业公司,1979年。

刘弘:《巴蜀文化在西南地区的辐射与影响》,《南方丝绸之路研究论集》,巴蜀书社,2008年。

刘建、朱明忠、葛维钧:《印度文明》,中国社会科学出版社,2004年。

刘稚:《中国—东南亚跨界民族发展研究》,云南人民出版社、云南大学出版社,2011年。

刘志远、余德章、刘文杰:《四川汉代画象砖与汉代社会》,文物出版社,1983年。

陆韧:《明代云南汉族移民定居区的分布与拓展》,《中国历史地理论丛》2006年第21卷第3辑。

陆韧主编:《现代西方学术视野中的中国西南边疆史》,云南大学出版社,2007年。

陆韧:《云南对外交通史》,云南人民出版社、云南大学出版社,2011年。

罗二虎:《成都指挥街遗址孢粉分析研究》,《南方民族考古(第二辑)》,四川科学技术出版社,1989年。

罗二虎:《汉晋时期的中国"西南丝绸之路"》,《南方丝绸之路研究论集》,巴蜀书社,2008年。

罗开玉:《成都城的形成和秦的改建》,《成都文物》1989年1期。

罗开玉:《四川通史》第二册,四川大学出版社,1993年。

吕子方:《中国科技史论文集·天数在蜀》,四川人民出版社,1983年。

M

马继兴:《双包山汉墓出土的针灸经脉漆木人形》,《文物》1996年第4期。

马树德编:《中外文化交流史》,北京语言大学出版社,2000年。

马学良等主编:《中国少数民族文学比较研究》,中央民族大学出版社,1997年。

马曜:《云南各民族的源和流》,《云南简史》,云南人民出版社,1983年。

马曜等主编:《云南各族古代史略》,云南人民出版社,1977年。

梅建军、何军:《中国古代镍白铜冶炼技术的研究》,《中国冶金史论文集(二)》,北京科技大学,1994年。

蒙默、刘琳、唐光沛、胡昭曦、柯建中:《四川古代史稿》,四川人民出版社,1989年。

蒙文通:《略论〈山海经〉的写作时代及其产生地域》,《中华文史论丛》第1辑,上海古籍出版社,1962年。

蒙文通:《越史丛考》,人民出版社,1983年。

莫东寅:《汉学发达史》,上海书店,1989年。

木芹:《云南志补注》,云南人民出版社,1995年。

N

《南宁古籍文献丛书》编纂委员会编:《南宁府志》,广西人民出版社,2008年。

P

彭适凡:《中国南方古代印纹陶》,文物出版社,1987年。

Q

钦州市地方志编纂委员会编:《钦州市志》,广西人民出版社,2000年。

覃圣敏主编:《东南亚民族·越南、柬埔寨、老挝、泰国、缅甸卷》,广西民族出版社,2005年。

邱登成:《从三星堆遗址考古发现看南方丝绸之路的开通》,《巴蜀文化研究集刊7·南方丝绸之路研究论集2》,巴蜀书社,2012年。

屈小玲:《南方丝绸之路沿线古国文明与文明传播》,人民出版社,2016年。

R

饶宗颐:《蜀布与Cīnapaṭṭa——论早期中、印、缅之交通》,《"中央研究院"历史语言研究所集刊》45本4分册,1974年。

饶宗颐:《梵学集》,上海古籍出版社,1993年。

饶宗颐:《由牙璋略论汉土传入越南的遗物》,《南中国及邻近地区古文化研究》,香港中文大学出版社,1994年。

任可澄等:民国《贵州通志》,贵州人民出版社,1991年。

任乃强:《中西陆上古商道——蜀布之路》,《文史杂志》1987年第1、2期合刊。

S

桑秀云:《蜀布邛竹传至大夏路径的蠡测》,《"中央研究院"历史语言研究所集刊》41本1分册,1969年。

申旭:《老挝史》,云南大学出版社、云南人民出版社,2011年。

沈福伟:《中西文化交流史》,上海人民出版社,2014年。

四川省地方志编纂委员会:《四川省志·文物志》(上),四川人民出版社,1999年。

宋治民:《试论周秦汉时期中国西南交通》,《中国西南的古代交通与文化》,四川大学出版社,1994年。

苏秉琦:《中国文明起源新探》,生活·读书·新知三联书店,1999年。

T

谭其骧:《中国历史地图集》,中国地图出版社,1982年。

陶元甘:《茶为古巴蜀语译音说》,《巴蜀历史·民族·考古·文化》,巴蜀书社,1991年。

田长浒:《从现代实验剖析中国古代青铜铸造的科学成就》,《成都科技大学学报》1980年第3、4期合刊。

田怀清:《从大理出土文物看蜀身毒道开发》,《南方丝绸之路文化论》,云南民族出版社,1991年。

童恩正:《我国西南地区青铜戈的研究》,《考古学报》1979年第4期。

童恩正:《试谈古代四川与东南亚文明的关系》,《文物》1983年第9期。

童恩正:《略谈秦汉时代成都地区的对外贸易》,《成都文物》1984年第2期。

童恩正:《略述东南亚及中国南部农业起源的若干问题——兼谈农业考古研究方法》,《农业考古》1984年第2期。

童恩正:《古代中国南方与印度交通的考古学研究》,《考古》1999年第4期。

W

汪前进:《中缅科技交流的历史足迹》,《文史知识》1993年第5期。

王大道:《再论云南新石器文化的类型》,《云南考古文集》,云南民族出版社,1998年。

王国维:《散氏盘跋》,《观堂集林》卷十八《史林十》,中华书局,1959年。

王介南:《中国与东南亚文化交流志》,上海人民出版社,1998年。

王介南、王全珍:《中缅友好两千年:纪念周恩来总理到德宏40周年》,德宏民族出版社,1996年。

王鲁茂、黄家祥:《汶川姜维城发现五千年前文化遗存》,《中国文物报》2000年11月26日第1版。

王明强、张稚鲲、高雨:《中国中医文化传播史》,中国中医药出版社,

2015年。

王颋:《元代屯田考》,《中华文史论丛》第4辑,上海古籍出版社,1983年。

王颋:《元云南行省占道考略》,《历史地理研究》第2辑,复旦大学出版社,1990年。

王小平、翟慕东、翟翎编著:《巴蜀中医特色医学史话》,中国文史出版社,2005年。

王毅:《成都市蜀文化遗址的发现及其意义》,《成都文物》1988年第1期。

王毅:《从考古发现看川西平原治水的起源和发展》,《华西考古研究》(一),成都出版社,1991年。

王有鹏:《犍为巴蜀墓的发掘与蜀人的南迁》,《考古》1984年第12期。

王韵:《唐代中印经济文化交流述略》,《南方丝绸之路上的民族与文化》,四川民族出版社,2016年。

汶江:《滇越考——早期中印关系的探索》,《中华文史论丛》第2辑,上海古籍出版社,1980年。

汶江:《试论道教对印度的影响》,《南亚与东南亚资料》1984年第5辑。

汶江:《古代中国与亚非地区的海上交通》,四川省社会科学院出版社,1989年。

汶江:《历史上的南方丝路》,《古代西南丝绸之路研究(第二辑)》,四川大学出版社,1990年。

武敏:《吐鲁番出土蜀锦的研究》,《文物》1984年第6期。

X

西双版纳州政协编印:《版纳文史资料选辑》1988年第二辑。

夏光南:《中印缅道交通史》,中华书局,1948年。

夏鼐:《我国古代蚕、桑、丝、绸的历史》,《考古》1972年第2期。

向达:《蛮书校注》,中华书局,1962年。

肖明华:《西南地区古今海贝与南方丝绸之路》,《巴蜀文化研究集刊7·南方丝绸之路研究论集2》,巴蜀书社,2012年。

谢雁翔:《四川郫县犀浦出土的东汉残碑》,《文物》1974年第4期。

谢远章:《再论泰—傣古文化的华夏影响及其意义》,《东南亚》1990年第3期。

徐嘉瑞著,李家瑞校:《大理古代文化史稿》,中华书局,1978年。

徐中舒:《巴蜀文化续论》,《四川大学学报(社会科学版)》1960年第1期。

徐中舒:《论巴蜀文化》,四川人民出版社,1982年。

徐中舒:《成都是古代自由都市说》,《成都文物》1984年第1期。

Y

严耕望:《汉晋时代滇越通道考》,《香港中文大学中国文化研究所学报》1976年第8卷第1期。

严耕望:《汉晋时代滇越道》,《香港中文大学中国文化研究所学报》1985第8卷第1期。

严耕望:《唐代交通图考》,上海古籍出版社,2007年。

杨保筠:《中国文化在东南亚》,大象出版社,2009年。

杨甫旺:《云南和东南亚新石器文化的比较研究》,《云南文物》1994年第37期。

杨建芳:《云贵高原古代玉饰的越文化因素》,《考古》2004年第8期。

杨延福:《剑川石宝山考释》,云南民族出版社,1999年。

杨正泰:《明代驿站考》,上海古籍出版社,1994年。

游汝杰:《从语言地理学和历史语言学试论亚洲栽培稻的起源和传布》,《中央民族学院学报》1980年第3期。

余定邦:《中缅关系史》,光明日报出版社,2000年。

余定邦、黄重言编:《中国古籍中有关缅甸资料汇编》,中华书局,2002年。

云南省地方志编纂委员会总纂,云南省交通厅、云南省民航局编撰:《云南省志》卷三十三《交通志》,云南人民出版社,2001年。

Z

曾中懋:《磷——巴蜀式青铜兵器中特有的合金成分》,《四川文物》1987年第4期。

张光直:《中国南部史前文化》,《"中央研究院"历史语言研究所集刊》第42卷1分册,1970年。

张海超:《物与社会:略论南诏大理国时期的盐和茶》,《南方丝绸之路上的民族与文化》,四川民族出版社,2016年。

张合荣:《先秦时期滇东黔西地区的族群文化交流》,《巴蜀文化研究集刊》(10),四川师范大学电子出版社,2015年。

张天琚:《古代巴蜀瓷器的辉煌 唐宋时期四川地区瓷器》,《收藏家》2016年第10期。

张文和:《越南高棉寮国华侨经济》,海外出版社,1956年。

张星烺编注,朱杰勤校订:《中西交通史料汇编》第2册,中华书局,2003年。

张秀民:《明代交趾人移入内地考》,《中越关系史论文集》,台湾文史哲出版社,1992年。

张毅:《试论密宗成立的时代与地区》,《印度宗教与中国佛教》,中国社会科学出版社,1988年。

张玉安主编:《东方神话传说》(第六卷),北京大学出版社,1999年。

张增祺:《战国至西汉时期滇池区域发现的西亚文物》,《思想战线》1982年第2期。

张正明:《秦汉时期昭通铸币情况初探》,《南方丝绸之路货币研究》,四川人民出版社,1994年。

赵殿增、陈昱双等:《严道古城的考古发现与研究》,《牦牛道考古研究》,雅安地区文物管理所编印,1995年。

赵吕甫:《云南志校释》,中国社会科学出版社,1985年。

中国社会科学院、北京大学南亚研究所编:《南亚与东南亚资料》1982年第二辑。

中外关系史学会编:《中外关系史译丛》,上海译文出版社,1984年。

周一良:《牟子理惑时代考》,《魏晋南北朝史论集》,中华书局,1963年。

周一良主编:《中外文化交流史》,河南人民出版社,1987年。

周志清:《南方丝绸之路上的早期金属工业》,《巴蜀文化研究集刊7·南方丝绸之路研究论集2》,巴蜀书社,2012年。

朱昌利:《印度东北地区民族族源和习俗研究》,《云南与东南亚关系论丛》,云南人民出版社,1989年。

朱端强、白云:《明代新安守御所考略——云南历代汉族移民研究之一》,

《云南师范大学学报（哲学社会科学版）》1996年第5期。

朱杰勤：《中国和伊朗历史上的友好关系》，《中外关系史论文集》，河南人民出版社，1984年。

朱俊辉等：《滇缅道上的汉代钱币与佛传中国》，《南方丝绸之路货币研究》，四川人民出版社，1994年。

竺可桢：《二十八宿起源的时间和地点》，《思想与时代》1944年第34期。

邹一清：《南方丝绸之路与道教在东南亚的传播》，《中华文化论坛》2017年第10期。

四、海外论著类

Abhijnana Sakuntalam, I. 33, A Scharpe, Kālidāsa Lexicon, I, pt. 1, Brugge, Belgie, 1954.

E. H. Mims, *Scythians and Greeks,* 1913.

E. J. W. Barber, *Prehistoric Textiles*, Princeton: Princeton University Press, 1991.

Gouranganath Banerjee, *India as Known to the Ancient World*, Oxford: Oxford University Press, 1921.

G. M. A. Richter, Silk in Greece, *AJA*, 1929.

Hermann Kulke and Dietmar Rothermudn, *A History of India*, Oxford: Taylor& Francise-Libray, 2004.

H. L. Movius, "Early Man and Pleistocene Stratigraphy in Southern and Eastern Asia", Paper of Peabody Museum of Archaeology and

Ethnology, Vol. 19, Cambridge, 1944.

K. C. Chang, Major Problems in the Culture History of Southeast Asia.

M. K. Dhavalikar, Archeology of Gauhati, Bulletin Deccan College Research Institute, 1973.

M. R. Kale, ed., *Abhijnana-Sa-Kuntalam of Kālidāsa*, reprint of tenth edn of 1969, Delhi, 1987.

Philippa Scott, *The Book of Silk*, London: Thames& Hudson, 1993.

Sankalia, Hasmukhlal Dhirajlal, *Prehistory and Protohistory of India and Pakistan*, Poona: Deccan college, Postgraduate and Research Institute, 1974.

Shshi Asthana, *History and Archaeology of India's Contacts whith other Counthies: From Earliest Times to 300 B. C.*, Delhi: B. R. Publishing Corporation, 1976.

Steven M. Kassak, *The Art of South and Southeast Asia,* New York: Metropolitan Museum of Art Press, 2001.

Tarn, *The Greeks in Bactria and India*, Cambridge: Cambridge University Press, 1938.

［澳］A.L.巴沙姆主编:《印度文化史》,闵光沛等译,商务印书馆,1997年。

［法］伯希和:《交广印度两道考》,冯承钧译,中华书局,1955年。

［法］伯希和:《"支那"名称之起源》,冯承钧译,《西域南海史地考证译丛》一编,商务印书馆,1962年。

［法］戈岱司编:《希腊拉丁作家远东古文献辑录》,耿昇译,中华书局,1987年。

［法］菲利普·德维耶:《老挝》,张丽译,《世界历史译丛》1979年第

5期。

［法］沙畹：《魏略·西戎传笺注》，冯承钧译，《西域南海史地考证译丛》七编，商务印书馆，1962年。

［菲］吴文焕、洪玉华编：《文化传统——菲华历史图片》，菲律宾华裔青年联合会、纪念施振民教授奖学金基金会，1987年。

［老挝］富米·冯维希：《老挝及其胜利地反对美国新殖民主义的斗争》，老挝爱国战线出版社，1970年。

［美］B.劳费尔：《中国伊朗编》，林筠因译，商务印书馆，1964年。

［美］W.G.索尔海姆：《陶器、傣族与马来人》，彭南林译，《民族考古译文集》（2），云南省博物馆、中国古代铜鼓研究会编印，1987年。

［缅］波巴信：《缅甸史》，陈炎译，商务印书馆，1965年。

［缅］丹东：《骠族去哪了？》，缅甸仰光：迪利瑞出版社，2006年。

［缅］杜生诰：《缅语中的汉语词汇》，李晨阳译，李谋校，《中国东南亚研究会通讯》1996年第2期。

［缅］觉岱：《缅甸联邦历史》，可缅出版社，1966年。

［缅］奈佐：《文化演变过程中骠族文化的发展（五）》，《微达伊》2011年总第608期。

［缅］陶辛郭：《蒲甘的中国式古迹》，《缅甸学会学报》1911年第1卷第2分册。

［缅］吴波给：《蒲甘研究指南》，仰光文学宫出版社，1968年。

［缅］《缅甸百科全书》，缅甸文学宫出版社，1993年。

［缅］《琉璃宫史》，李谋等译注，陈炎等审校，商务印书馆，2007年。

［日］渡部忠世：《稻米之路》，尹绍亭译，云南人民出版社，1982年。

［日］齐藤道太郎：《世界美术全集》第五册《希腊1》第一册，平凡社，1950年。

[日]山本达郎主编:《越南中国关系史——从曲氏的崛起到清法战争》,山川出版社,1975年。

[日]藤泽毅美:《古代东南亚的文化交流——以川滇缅路为中心》,《南亚与东南亚资料》1984年第5辑。

[土耳其]本吉·巴萨尔·瑟尔维:《古代土耳其前古典时代的冶金》,《"四川盆地及中国古代早期冶铁与中国古代社会"国际学术研讨会论文集》,2012年。

[印]Haraprasad Ray:《从中国至印度的南方丝绸之路——一篇来自印度的探讨》,江玉祥译,曾媛媛校,《南方丝绸之路研究论集》,巴蜀书社,2008年。

[印]S.L.Baruah:《关于南方丝绸之路的印度历史证据阿豪马人迁居阿萨姆的路线》,江玉祥译,曾媛媛校,《南方丝绸之路研究论集》,巴蜀书社,2008年。

[印]谭中、[中]耿引曾:《印度与中国——两大文明的交往和激荡》,商务印书馆,2006年。

[英]哈威:《缅甸史》,姚枏译注,陈炎校订,商务印书馆,1957年。

[英]卢斯:《前蒲甘时期的缅甸》,牛津大学出版社,1983年。

[英]明斯:《斯基泰人和希腊人》,剑桥大学出版社,1913年。

[越]杜文宇:《发自地下的声音:四千年的文化》,《考古学参考资料》第一集,文物出版社,1978年。

[越]黎文兰等:《越南青铜时代的第一批遗迹》,梁志明译,中国古代铜鼓研究会,1982年。

[越]陶维英:《越南古代史》,刘统文等译,科学出版社,1959年。

[越]吴士连等编纂:《大越史记全书》,明治十七年埫山堂刻印本。